谨以此书献给

所有正在股市为梦想打拼的朋友！

精华版

五线开花
（一）

均线金叉的妙用

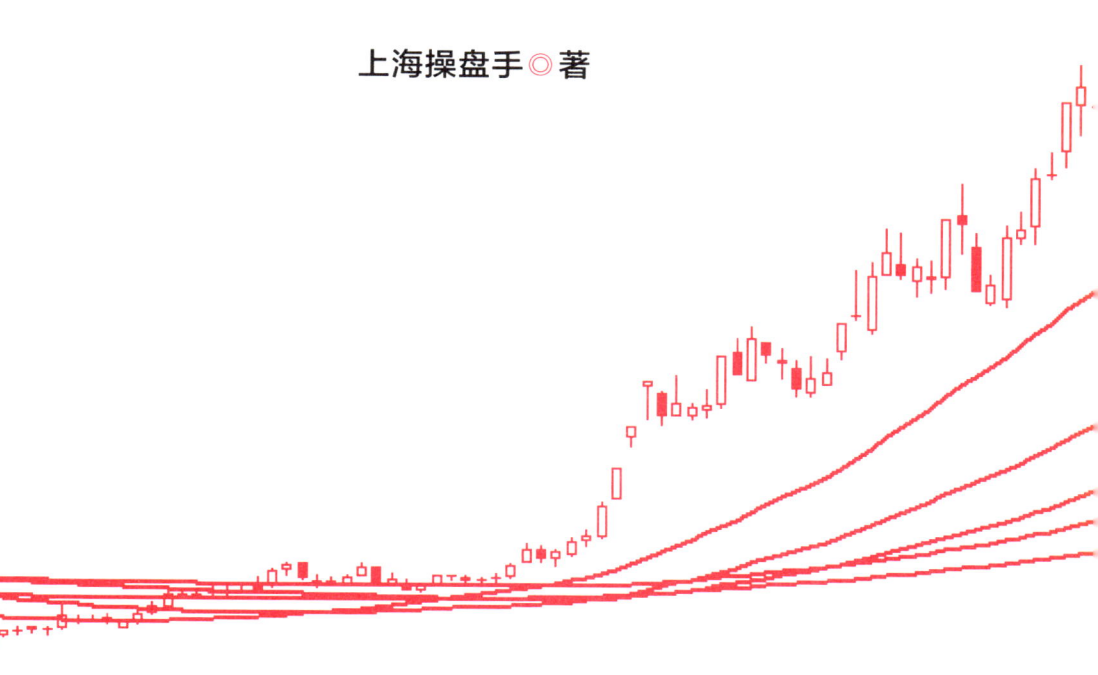

上海操盘手 ○ 著

上海财经大学出版社
SHANGHAI UNIVERSITY OF FINANCE & ECONOMICS PRESS

图书在版编目(CIP)数据

五线开花. 一, 均线金叉的妙用 : 精华版 / 上海操盘手著. -- 上海 : 上海财经大学出版社, 2025. 3.

ISBN 978-7-5642-4618-1

Ⅰ. F830.91

中国国家版本馆 CIP 数据核字第 2025TY2370 号

□ 策划编辑　廖沛昕
□ 责任编辑　廖沛昕
□ 封面设计　桃　夭

五线开花(一)
均线金叉的妙用(精华版)

上海操盘手　著

上海财经大学出版社出版发行
(上海市中山北一路 369 号　邮编 200083)
网　　址:http://www.sufep.com
电子邮箱:webmaster @ sufep.com
全国新华书店经销
上海叶大印务发展有限公司印刷装订
2025 年 3 月第 1 版　2025 年 3 月第 1 次印刷

710mm×1000mm　1/16　12 印张(插页:2)　184 千字
定价:49.70 元

读者来信（选摘）

　　首先，笔者要强调一点：你在本书中所学到的所有操盘技巧在其他任何一本股票书中都不会看到，因为书中的技巧均为笔者独创，这也是《五线开花》能畅销十余年的重要原因。很多读者和粉丝给笔者的反馈中，最常见的评价是：这是他们读过的最具实战价值的股票书。笔者建议朋友们每一本至少阅读四遍：第一遍通读，大概了解；第二遍慢读，仔细体会；第三遍精读，寻找能引发共鸣的内容，深入咀嚼和消化；第四遍对照书中的图例深读领会。只有这样，才能真正领悟书中的精髓。

　　俗话说："金杯银杯不如读者的口碑！"很多作者喜欢邀请业内知名人士为自己写的书进行推荐，这一点我并不反对。但笔者更相信每一位潜在的读者更想看到的是已经读过《五线开花》书系的朋友所给出的真实反馈。由于篇幅有限，笔者只选摘了部分读者的来信，仅供大家参考。

　　我是从上海认购证开始接触股票的，当时买了十张认购证，2007年开始职业交易，并看了大量的书籍。2010年（8月）在上海书城看到张老师的第一本书。我不能说张老师的《五线开花》是目前最顶尖的书，但却是我阅读的大量有关股票交易方面的书中，对我最有帮助、最靠谱的一本书。从2010年开始，我用了大约十年的时间，有了深刻的理解与实战所得。能在书城几百本有关股票方面的书中，遇到张老师的《五线开花》，也是缘分吧。

——上海读者

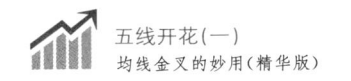

您好，张老师，拜读了《五线开花》系列书，茅塞顿开，谢谢您能为小散们着想，就像是股市中的一座灯塔，让我不再迷茫。我想所有的有心的小散有幸拜读此书后，都会记住"上海操盘手"这个网名。儿子正在大二读投资学，我推荐给他的第一套有价值的书，就是全套《五线开花》，希望他能在股市中少走弯路。你的公众号文章我每篇都看。我已将堪称股市教科书的《五线开花》融入我的交易系统。

——铁杆粉丝

张老师，最近又重温了您的书，当年肤浅没看懂，这次茅塞顿开。老师的理论太好了，现在我买股基本是一买就涨，谢谢老师，我还要继续学习。

——胡永

老师您好，我看了您的《五线开花》，写得特别好，纯技术，看完了感觉我捡了一个亿，谢谢老师。

——南山

张老师，您好！我是您的忠实粉丝，看了您的书和公众号，受益匪浅。非常感恩遇到您。您的"五线开花"——主升浪技术，让我茅塞顿开，真可谓是听君一席话，胜读十年书。您的五线开花技术，实在太厉害了。祝您投资顺利，生活愉快！

——江苏读者

老师，您的五线开花技巧太棒了，我现在只抓最有把握的机会，放在自选股里的股票只要出现买点我就操作，基本是盈利的。

——向阳

张老师，您好！以前很喜欢股票，但很迷茫。有一次去新华书店，偶然看到老师的《五线开花》，全套买下，受益匪浅，书的含金量很高。通过学习，我领悟到很多，现在每次操作基本上都能盈利，谢谢！

——燕子

读者来信(选摘)

您好,张老师,很幸运认识您,我在图书馆看到您的书,拜读后,学到了很多知识。于是在网上买了全套的《五线开花》,每天收盘后我都是根据《五线开花》写操作笔记。

——KAKA

您的《五线开花》对我帮助很大,我的思维和技术都是在您的作品里得到最大的启发,我的一点一滴的进步都和您的书息息相关,谢谢!

——大千

您好,张老师,2011年就买了您的《五线开花》,受益良多,我也极力向朋友们推荐,您是我永远的老师。

——恺恺

二十多年来,我看了不少股票方面的书,就觉得《五线开花》是真正探索股市规律的书,觉得您是一个实在的人,把探索出来的规律公之于众,做了一件大好事情,我很敬佩您,请以后多多指教。

——不倒翁

张老师,您好!我是"五线开花"的粉丝,自从学习了您的理论,炒票水平有了很大的长进,您的理论简单实用,非常适合没有太多时间看盘的人进行操作。十分感谢!《五线开花》系列我有空就反复拜读,每次都有一些新的收获和体会。

——读者

今年绝望时在省图书馆偶然看到了《五线开花》,借了看了,觉得好及时啊,对现在的市场非常实用。读到您的书,我终于对股市大彻大悟。

——风清扬

老师,您的书写得通俗易懂,像小说,特别是后记和最后一章的炒股心得和

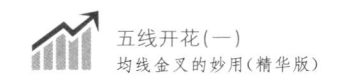

感想,我每次都是倒着看,然后再看技术章节。以后请多多指数,我觉得您的这套操作方法最接地气,可操作性强。

——五线开花的学习者

我爸爸把您的《五线开花》视为瑰宝了,确实挺好的,老师真的很棒。我爸之前看了好多书,思维都没有明朗,无意中接触了您的《五线开花》,算是醍醐灌顶啊。我爸说他看了好几年的股票书,也就您的书最好,然后准备留着让我看。

——阿伟

参加了很多学习班,买了几十本的股票书,深感老师的方法最简单易行。

——老妖

我是您的忠实读者,我与老师一样也是从学生时代就开始涉入股票这一行当的,其实我还小点,算是新手吧,到现在几个月而已,冲动进入股市,估计真出不来了。老师的《五线开花》理论写得真不错,是我到现在看过的最好的股票书,现在正在模拟实践中,准备真正开始实践了,虽然本金少到可怜。假如我真能赚到500万元,一定会去上海拜谢老师!

——大一学生

学了一圈还是回归到"五线开花",只有"五线开花",才是对趋势最完美的诠释。

——读者

老师,您好。我是股市新手,在入市之前看了很多有关股票的书,希望以此来提高操作成功率。不过每次看完,我觉得啥都没有学到,感觉能用到的真的很少,导致频频止损。不过自从四月中旬无意间在京东读书软件上看到您的书,当天晚上我直接没睡着,虽然没读完,但是我的第一感觉就是这本书是真正的干货。也许是上天看我太努力了,终于让我找到了一本精华,我很开心。接着直接定了一套《五线开花》,现在已经读完,也将部分技巧用于实践。目前已经将之前的亏损磨平,谢谢老师。

——哈哈猪

老师,您好!读您的《五线开花》是一种享受,书上流淌的文字,像一首歌,像一首诗,像滔滔江水,又像一条小溪,滋润万物,醉人心扉,令我爱不释手!我原来买的股票套得不轻,亏得不少,看了您的书才渐渐上路!五十多岁了,快退休了,读了您的大作,好像天亮了,站高了,打开了一片新天地。

——夜雨潇潇

刚刚拜读您的《五线开花》,相见恨晚,一直炒股不得其法,终于出现明灯。"五线开花"的确是最牛的技术。

——读者

原来像无头苍蝇不知从哪儿学起,自从看到《五线开花》,现在我选出来的股票多数也有很好的走势了,只是有时不敢买,不相信自己,就这么看着它涨。按照您的理论我从以前天天亏钱,到现在能赚钱了,真的很感谢您!

——悠然

《五线开花》系列使我重拾信心!感恩!学了"五线开花"操盘技术,今年的收益率达到了50%,感谢老师!

——留年

十几年前本来和您的想法一样,为了自由想做个独立投资人,可惜走了人生老路,工作成了面子工程挥之不去。但追求自由之心二十年不变,特别是学习了您的五线绝技后,恰恰在行情最不好的近三年收益颇丰。机缘所至,金石为开,至诚感恩老师!

——宽宽宝

张老师,您好!您的大作我已看完,是通读,还准备多读几遍,真是有通透

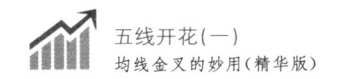

的感觉,真的好感谢您!结合您的大论,将均线全部设为书中所述五线,真是一目了然。特别是您讲的月线周期找大牛,真让人豁然开朗,"踏破铁鞋无觅处,得来全不费功夫"!我从此对炒股更增添了信心!真的谢谢您!最后告诉老师,我已将电脑里以前乱七八糟的所谓系统统统清理换成唯一的"五线开花"了,我相信老师的真知,也相信我自己。

——南海浪花

正在学习您的"五线开花",《五线开花》系列全买了,这是我看过的最好的股票书,有了您的专著,感觉如获至宝,谢谢老师!

——您的忠实读者

去年我从网上买了全套《五线开花》,学了后,用"五线开花"的技巧,操作了2只股票,让我盈利了,最多的一只股票让我盈利40%,您想啊,去年行情这么差,我竟然能盈利,您的"五线开花"技术很让我信服。因为我是经过实战验证的。最牛的是我用您的技术选中了"武昌鱼",可惜没抱住,临爆发前,发布公告要打官司,大股东大宗减持,临拉升前把我给吓跑了。

——一骑绝尘

张老师,您好!感谢您的"五线开花"理论,让我终于感觉到了成功的希望。衷心地谢谢您!

——世外浮云

张老师,您好!您的"五线开花"很神奇,我终于找到了一个适合我的操盘方法,书我已经看了不止一百遍了。

——流星蝴蝶

《五线开花》系列已全部买到,这是一套无价之宝。感谢张老师的辛勤付出,所有买到《五线开花》的学生会记住您的!

——猎豹

读者来信(选摘)

很早就买了您的《五线开花》系列,当时水平不行,也确实没有领悟。中间2015年股灾来了,我退出股市,把买的上百本股票书都扔了,唯独把《五线开花》留下。去年我又进入股市,上个月我又拿起了《五线开花》。这次入市在看您的书,理解透了,您的五线开花太牛了。

——八月花香

如果不介意的话,我还是觉得叫您五哥比较亲切。我也是朋友介绍才看到您的《五线开花》。字里行间,都能感受到您的鼓励,之前想着先看一遍知道大概的思路和方法,然后回头细读,这样会更深刻。看您的书,我的心态会不断地变好,总有恍然大悟的感觉。当我有好成绩的时候,会与您分享的,让您看到您的努力不断地惠及他人。

——俊贤

我是您四川的忠实读者,您的书写得非常好,通俗易懂。以前我炒股都拿不准,反复看了你的《五线开花》后,技术提升很多。我有一个朋友以前也做得不好,看了您的书后也提升很多。真的非常感谢您,看了您的书后,我就很少赔过。

——林家小妹

如果七年前遇到《五线开花》,我想我的人生会在另外一个轨道上。

——Fig

老师,您好啊,我买到您的一套《五线开花》,写得太经典了。老师您辛苦了,老天赐予您的智慧,您无私地分享给有缘而幸运的读者。

——马成

年初买了您的《五线开花》全套,看得入迷,按照五线技术操盘股票赚了些,希望老师您也能指导一下,能遇见"五线开花"也是缘分。我把这套书推荐给了身边正在做股票的,还有想做股票的朋友,希望他们也从老师的理论中受益。

——阿朗

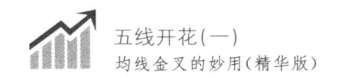

老师，我学习股票也有10年了，看了无数股票类的书，还是一头雾水，经常买在半山腰。学了您的"五线开花"，日K线图出现买点我就会到分时K线图里看看，这样万无一失。这一生能遇到您而且能做您的学生感到很开心！您的书是我看过的股票书里我最喜欢的。

——青山绿水

老师，您好！学了很多种方法，发现还是您的这套交易模式是最实用和最简单的。我把从前学习的所有东西全部清空了，现在只装着五线系统。凡是我坚守了五线系统纪律去实盘操作的就成功。每一次失败的操作都是因为不遵守30均线法则。如果有机会，去上海见见您啊，最好是在我赚了五百万之后。

——鱼跃龙门

老师，您好！我早就看了您的书，今天想真心地感谢您，心中有千言万语就化作"感谢"二字了，我也好好地在心态上下苦功，克服自身的贪婪、急躁，具体操作上做好计划，认真执行，假以时日用好的成绩来回报您所付出的艰辛。

——l19h75

老师，今天太爽了，我收摊了。今天选的股票全部涨停，谢谢您了。您的书真是太好了，我已经看了很多遍，越读越有收获。读您的书后选股不盲目，出入也有底。你把自己的毕生精华都献给大家了！相信老师的书一定能在金融领域广泛流传。

——多彩人生

帮妈妈买的，据说还不错！这书在书城基本一到货就被抢完了，妈妈说这本书真的很好，看了那么多股票书觉得最不错的就是这一套，美中不足的是，10本书中有几本有一些重复的东西，要是能精简一下就更好了。感谢老师写出这样的好书与众人分享。

——小龙

读者来信(选摘)

尊敬的上海操盘手,您好!一个偶然机会,在书店看见您的杰作《五线开花》,本人如获至宝,立即买回全套并认真阅读,深受启发。"五线开花"的确很有实操价值。本人对《五线开花》爱不释手,有空时常翻阅,且每天收市也以您杰作指点的方法进行选股。

——huye

张老师好!感谢您出版的那么好的股票书!您的书是我看过最好的股票书,能读到您的书,实在太感谢您了,也是缘分吧。

——易海

老师好,我已拜读过老师的整套书,太好用了,非常感谢老师!自己也写了些小程序,发给老师有空斧正一下。程序选股主要是不用一个一个去翻,节省时间。我对技术分析很感兴趣,也很仰慕您,太厉害了。我看了这么多股票书,就老师的最好。

——YAO

看了很多其他人写的股票书,觉得您写的书最好,《五线开花》6年来让我第一次读懂主力。看了老师的《五线开花》,受益匪浅。在股市上,我也买了好多书,越看越迷茫。老师的书犹如指路明灯,真是谢谢老师了。

——9981

我曾经买过很多的股票书,可是从2009年到现在,我始终亏损累累,直到有一位同事推荐了《五线开花》,我才找到了答案。投资是纪律、技术和心态三位一体的修炼,只有勤奋地学习和总结,并且知行合一,才能成为赢家。

——XH

上大学时,我常去学校的图书馆消磨空闲时光,也许是因为专业背景的缘故,自己关注的基本上都是经济、金融之类的相关书籍。某天我被一本书深深吸引,那就是《五线开花》,在书中,一个个经典实战案例让我愈发感觉到股市的

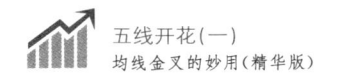

强大魅力。

——铁粉

《五线开花》太棒了,有点豁然开朗的感觉,这一段时间踏准了节奏,账户的资金直线上涨,感谢张俊老师的无私奉献,把自己的心血拿出来分享给我们散户。

——猫猫咪咪

您的书写得非常好,很鼓舞人心。技术很好,技术之外的感悟写得很真很实在,感同身受。老师把股票的复杂运动提炼成简单明了的技术呈现,确实独树一帜。只是我作为刚入市的新股民,技术、心态、纪律等各方面都急需提高。我会继续揣摩、修炼。

——常小牛牛

老师,您的书我早已拜读,而且烂熟于心,实战效果非常好。您的书让我醍醐灌顶,我买了几百本股票书,您的书最实在,也最实用,所以我一直都在研究您的书。您的理论写得最好。我也曾经在很多大群里讲过课,还是你的技术最好,希望看到您出更多的书,以飨读者。您的书一出来,我就立即买来看,有机会到上海找您探讨。

——涨停王

张老师,您的书对我有很大的帮助,是您的书把我从亏损的队伍里拉了出来,近期操作的两只股票,都是买进就涨,谢谢您,让许多散户少走了很多冤枉路!平时我也在微博关注您,我是您的忠实粉丝,今天过来向您道一声谢谢。

——无为

毫无疑问,《五线开花》是一套价值千金的经典之作,在股票操作理念中开创了一个新的时代!《五线开花》系列,反复研读,感到自己胸有成竹。入市8

年,从来没有像现在这样有信心、有底气!有了这套法宝,加上勤学苦练,一定会有所成。

——川客

我已经拜读了您撰写的《五线开花》的全部作品,感觉收获颇多,以前我也读了很多股票书,但总觉得很难把握买点,您的书买点较好把握,特别是屠龙刀涨停,标准涨停突破,实战意义非同凡响,谢谢您,老师。

——魏修兵

虽然您的书已出版多年,但是我才发现。不管如何我还得感谢2015年1月2日这一天,在图书馆众多的书中唯独借阅了您的《五线开花》。生活过得只要自己喜欢就是莫大的幸福,我喜欢您的书,喜欢那美妙的K线图。

——有叶元

老师,您好!每次操作不顺,情绪激动的时候,我就拿起《五线开花》慢慢看,真的能静下心来。谢谢您能讲出一些让普通股民能够平静下来的道理。

——笑看风云

您好,张老师,作诗一首以示感谢:上刀山去寻天剑,海底擒龙黄金坑,操作主力三十线,盘整粘合待时飞,手中个股要突破,五阳大涨卖出去,线上回抽买进来,开启突破建仓日,花开金叉上枝头,此时堪折莫贪心,技术心态两相宜,神州遍地小散户,奇书傍身走股市。

——林海

看过上述一系列读者的反馈之后,相信许多尚未阅读《五线开花》的朋友已经对《五线开花》书系整体上有了一个大概的了解。最后,再次感谢上述来信分享心得的朋友们,同时也欢迎每一位读者在阅读过程中遇到问题或有好的建议时,来信与笔者沟通。

前　言

2024年9月底,上海财经大学出版社社长黄磊先生邀请我对《五线开花》系列进行修订,并建议将原先的10本书浓缩为5本精华版,我欣然答应。因为我也有意对《五线开花》系列进行一次全方位的优化和更新。毕竟这么多年过去了,股市发生了很多重要的变化,信息传播的渠道也日新月异,短视频平台如抖音、快手、视频号、小红书已经在资本市场中扮演着重要的角色。尤其是DeepSeek的横空出世,必将对A股市场产生积极而又深远的影响。另外,读者的好评也给了我重新修订的动力,经常有读者给我留言:《五线开花》是他们看过的最好的股票类图书。

第一本为什么要写均线金叉的妙用？因为这个技巧是所有"五线开花"技巧中最被读者低估,却又是含金量极高的操盘技巧。金叉的妙用有三个,分别是:突破遇金叉,回抽遇金叉,金叉的预判。伴随着金叉的突破爆发力强。如果股价回抽时遇到金叉,这时金叉就会构成强支撑,而且提供向上的动能。尤其是"金叉的预判"这个技巧,堪称"抄底神器",很多时候,一旦发生均线的金叉,接下来往往就是见证奇迹的时刻。简单的技巧,狠狠地执行,一定可以见到效果。

股市也许是普通人逆袭的一个途径,这里不需要强大的资源、背景、人脉,只需要一台电脑,一部手机,十万左右的起步资金和一颗想要改变、勇于尝试的心。股市里能做到持续盈利的人,都是在千锤百炼后,练就了严于律己、知行合一的品质。优秀的操盘手只追求正确的操作,盈利放在第二位。当你悟透了这句话,盈利也就水到渠成。股市中只有十分之一的人能够赚钱,希望大家都能成为其中的一员。人生只有短短几十年，如果你不甘心平凡，就去努力吧！

投资是一场长跑，可以做一辈子。从何时开始并不重要，重要的是在哪里结束。一个人在股市里能否成功，既取决于自身水平，也与运势息息相关。在股市里，许多才智超群的人，往往因为错过一个机遇，而错失随后的无数机会。然而，火山终将爆发，只不过需要一个恰当的契机罢了。投资者不必纠结本金的多少，当你的技术炉火纯青时，十万资金可能在一两年内增长到百万；如果技术不到位，再多的资金也可能付诸东流。

因此，投资者必须掌握过硬的操盘技术，这是资本市场的生存之本，没有技术一定是站不住脚的。散户亏损的根本原因在于缺乏正确的交易理念、适合自己的交易系统，以及未能严格执行交易计划。许多人依赖臆测进行交易，赚一点就急于平仓，亏损时却迟迟不肯止损。最终导致"挣小赔大"，违背了成功的基本原则。而"五线开花"理论为散户朋友提供了实盘操作的买卖依据。"五线开花"操盘技巧适用于所有金融市场和交易品种，而且这也是一套永不过时的操盘技术，适用于过去、现在和未来。

根据自身条件，建立一套简单有效的交易系统，才能实现自己的投资梦想。散户在股市中注定是弱势群体，想要赚钱，唯有踏实努力地学习。学会一技之长，让命运掌握在自己手中。无论你身处哪个行业，有两件事永远不会错：一是学习，二是赚钱。学习方法远比告诉你一个股票代码更有价值，懂得融会贯通才是学习的意义。平时少盯些手机，把心沉下来，把"五线开花"的几套操盘技巧学精，反复实践，然后悟透。如果能够举一反三，信手拈来地运用，那么你就真的得道了。

2025 年 2 月 8 日于上海浦东

目　录

第一章　均线的两大布局 / 001

第一节　均线粘合 / 003

第二节　均线金叉 / 006

第三节　均线设置 / 008

第四节　读者须知 / 009

第五节　均线入门 / 010

第二章　金叉的三大妙用 / 013

第一节　突破遇金叉 / 015

第二节　回抽遇金叉 / 020

第三节　金叉的预判 / 031

第三章　金叉的三个时刻 / 045

第一节　即将金叉 / 047

第二节　正在金叉 / 056

第三节　刚刚金叉 / 063

第四章　金叉的四个分类 / 067

第一节　30金叉60 / 069

第二节　30金叉90 / 071

第三节　30 金叉 120 / 075
第四节　30 金叉 250 / 077

第五章　金叉的小变化 / 081
第一节　三线交于一点 / 083
第二节　四线交于一点 / 091
第三节　五线交于一点 / 095
第四节　出现连续金叉 / 098
第五节　其他均线金叉 / 102

第六章　金叉的时间周期 / 105
第一节　日 K 线图出现金叉 / 107
第二节　周 K 线图出现金叉 / 110
第三节　月 K 线图出现金叉 / 114
第四节　季 K 线图出现金叉 / 121
第五节　分时 K 线图出现金叉 / 124

第七章　金叉的注意事项 / 131
第一节　均线金叉的时间周期越长越可靠 / 133
第二节　伴随着均线金叉的突破爆发力强 / 137
第三节　经常配合其他的操盘技巧一起使用 / 140
第四节　适用于所有的金融市场和交易品种 / 144

第八章　抓住主力的软肋 / 157
第一节　放量突破 / 159
第二节　第一次回抽 / 163
第三节　致命一击 / 171

后记 / 173

第一章

均线的两大布局

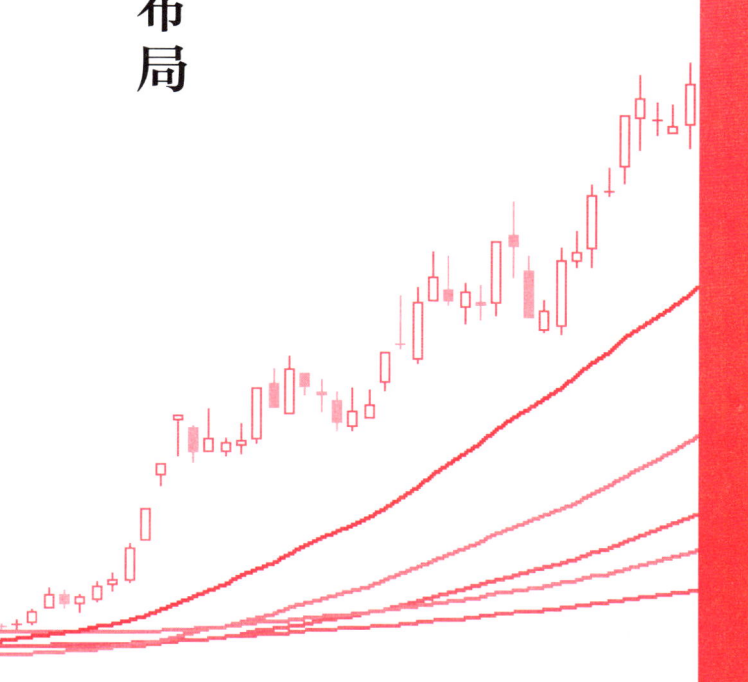

"五线开花"理论主打的是均线,均线的布局主要分为两类:粘合与金叉。均线粘合说明筹码集中,均线金叉则通常指明了股价运行的方向(向上)。

切记:"五线开花"所有的操盘技巧都是基于均线的这两大布局。

第一节 均线粘合

要点

(1) 30 均线和另外某一条或某几条均线粘合在一起;

(2) 之后双线或多线并列上行;

(3) 股价放量突破与回抽 30 均线就是建仓的机会。

图 1-1 是海立股份(600619)在 2024 年 7 月至 2024 年 11 月这段时间的日 K 线图。图中我们看到行情启动时,30 天均线和 60 天均线粘合在一起组成了屠龙刀(分类 1)的均线布局。见图中 1 处,股价放量突破 30 天均线且一阳站四线,我们放到自选股跟踪关注,随后股价回抽该均线时就是建仓的机会,见图中 4 处,之后该股开始了主升浪行情。

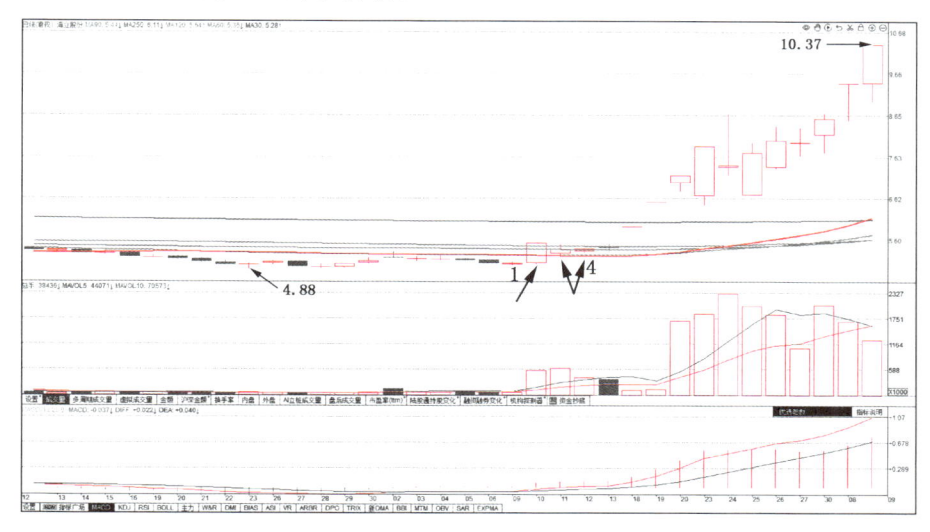

图 1-1

图1-2是南玻A(000012)在1999年9月至2000年3月这段时间的周K线图。图中我们看到30周均线和60周均线长期粘合在一起。再看图中1处,当30周均线向下靠近60周均线时,股价却逆流而上,力挽狂澜突破(分类1)30周均线,随后股价回抽30周均线时就是最佳的建仓机会,见图中右4处。

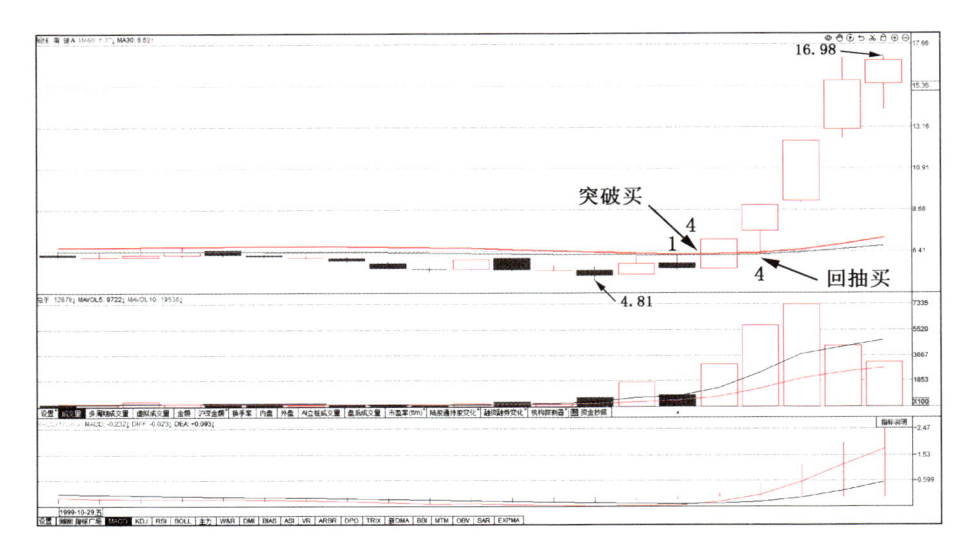

图1-2

图1-3是华昌达(300278)在2023年10月至2024年12月这段时间的月K线图。图中我们看到30月均线和60月均线长期粘合在一起组成了屠龙刀(分类1)的均线布局。再看图中左4处,股价还在30月均线下方时,我们可以低吸(因为屠龙刀有时也能起到预判的作用),随后股价回抽30月均线也是建仓的机会,见图中右4处。

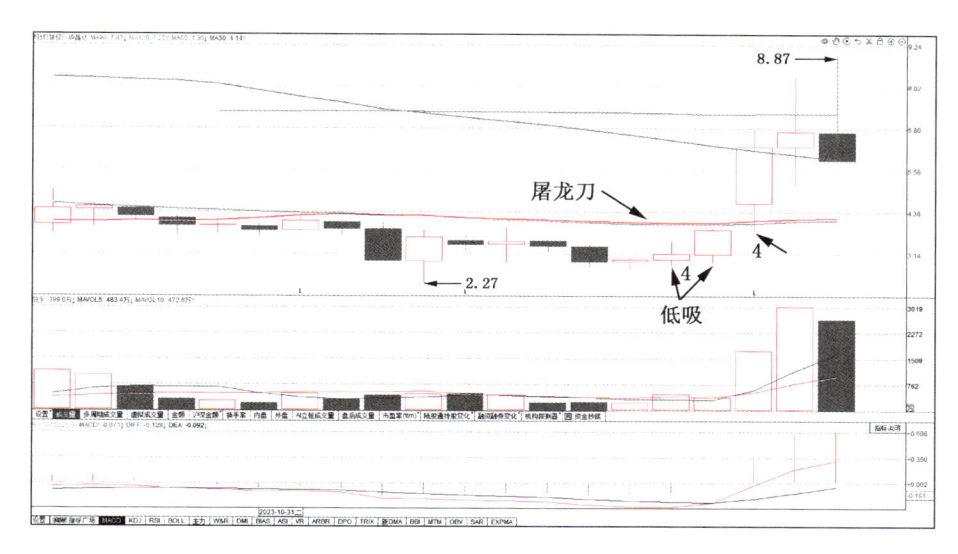

图 1—3

图 1—4 是东方盛虹(000301)在 2016 年 6 月至 2021 年 9 月这段时间的季 K 线图。图中我们看到 30 均线和 60 均线长期粘合在一起组成了屠龙刀(分类 1)的均线布局。再看图中 4 处，股价回抽 30 均线就是建仓的机会。均线粘合说明筹码集中，当然是集中在了主力的手中。随后该股走出了一轮跨年度的主升浪行情。

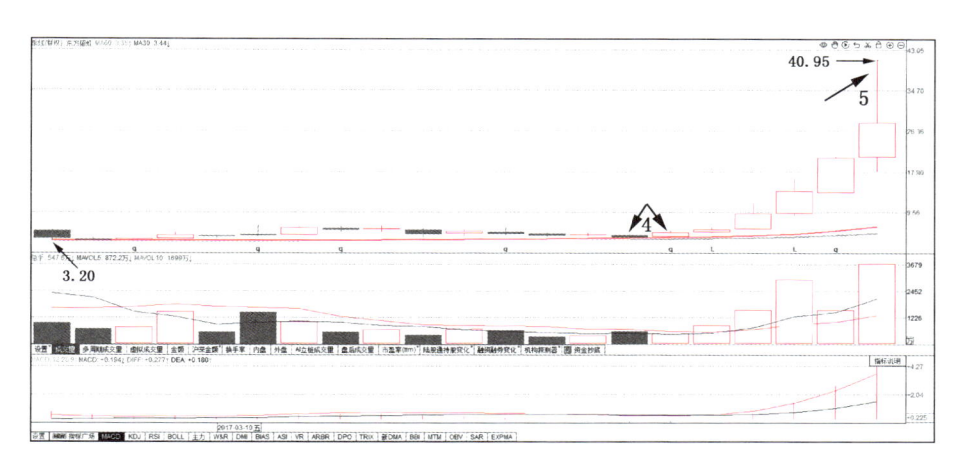

图 1—4

注意 均线粘合(屠龙刀)有四个分类,本节我们主要讲了30均线粘合60均线;此外还有30均线粘合90均线,30均线粘合120均线,30均线粘合250均线。关于这些技巧分类我们会在《五线开花(二):屠龙刀与倚天剑》中详细讲解。

第二节 均线金叉

要点

(1)30均线和另外某一条或某几条均线金叉;
(2)股价放量突破与回抽30均线就是建仓的机会;
(3)某些情况下,在金叉之前就是低吸(建仓)的机会。

图1-5是S佳通(600182)在2003年12月至2004年4月这段时间的日K线图。行情启动时五线的布局是"黄金通道"。见图中3处,股价向上突破30天均线时恰好遇到30天均线金叉60天均线,突破就是建仓的机会,随后第二天股价回调到30天均线也是建仓的机会,之后连续上涨,因为伴随着金叉的突破爆发力强。

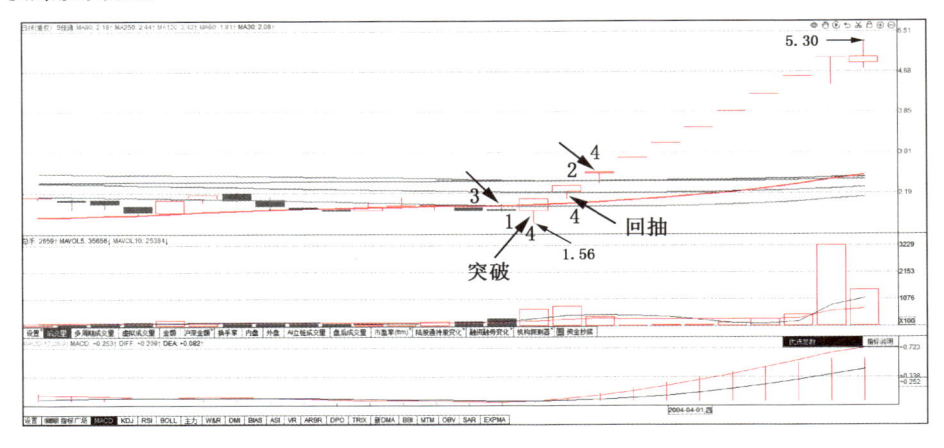

图1-5

图1—6是博济医药(300404)在2019年12月至2020年2月这段时间的日K线图。见图中3处,股价在"黄金通道"内回调到30天均线附近就是建仓的机会,因为股价回调到位时恰好遇到30天均线金叉90天均线,这里的金叉不但构成强支撑且提供了向上的动能。

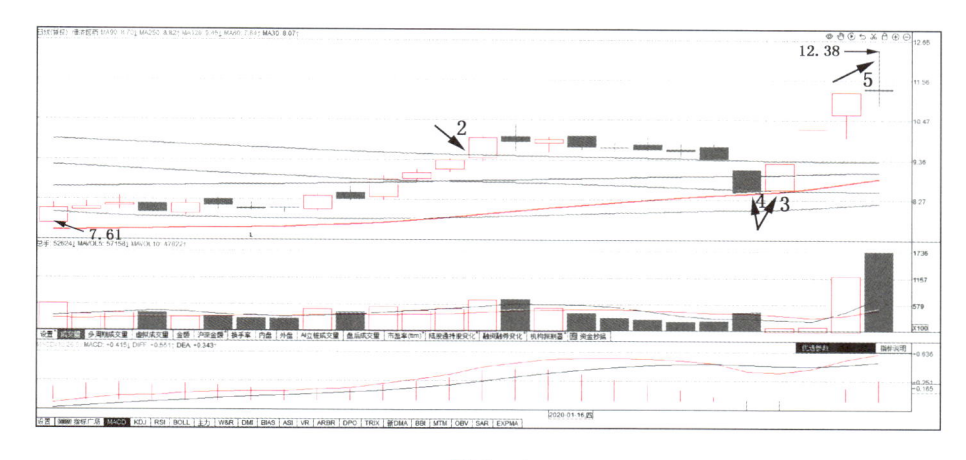

图1—6

图1—7是锋尚文化(300860)在2021年11月至2021年12月这段时间的日K线图。见图中3处,股价向上突破30天均线时恰好遇到30天均线金叉120天均线,突破就是建仓的机会,且伴随着金叉的突破爆发力强。

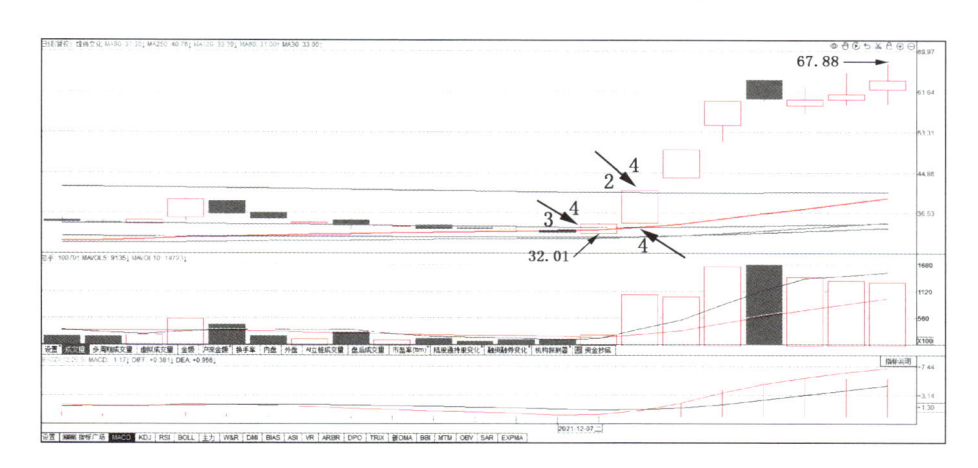

图1—7

图1—8是建艺集团(002789)在2022年4月至2022年5月这段时间的日K线图。见图中左4处,股价一阳站三线同时突破60、120、90天均线,且恰好遇到30天均线金叉250天均线,随后股价回抽90天均线也是建仓的机会,见图中右4处。因为金叉对股价有着强烈的向上牵引作用,所以炒股一定要有自己的逻辑与风格,能守能攻,最关键的一点是要有纪律性,每天的操作计划都是提前写在纸上的,不做盘中判断。

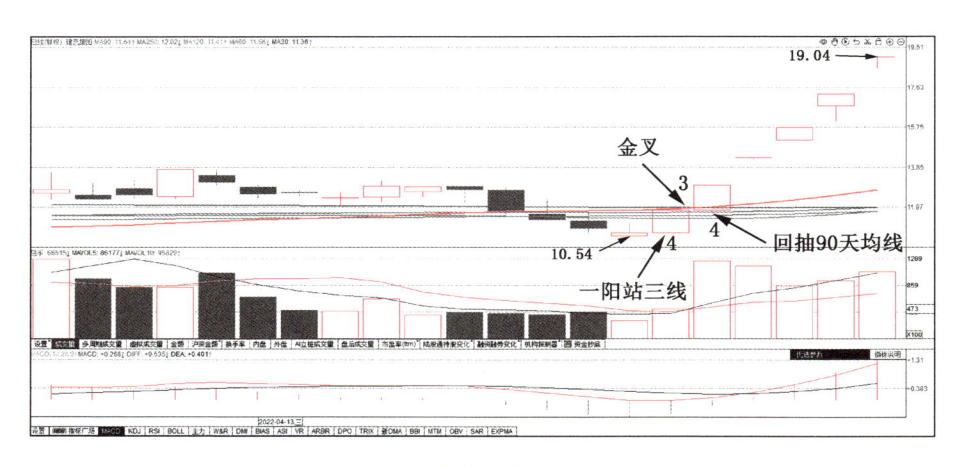

图1—8

第三节 均线设置

目前市场流行的炒股软件主要有同花顺、大智慧、通达信、钱龙等,笔者曾使用过很多炒股软件,但感觉最顺手的还是同花顺炒股软件(免费的),本书内的所有插图都是用该软件做出来的。

设置方法 将所有的时间周期统一设置为30、60、90、120、250均线。这里所有的时间周期包括:日K线图、周K线图、月K线图、季K线图,5分钟K线图、15分钟K线图、30分钟K线图、60分钟K线图。

炒股软件的基本功能都差不多,因为都是源自最早的钱龙软件,每个软件均线设置的方法可能略有不同，但应该都很简单，不懂的朋友可以请教身边的电脑高手。

下面我们以同花顺炒股软件为例，给大家简单介绍一下均线的设置方法。先打开大盘或某只个股的日K线图，双击K线图最上面一行的均线（MA），然后修改均线参数，如图1－9所示。

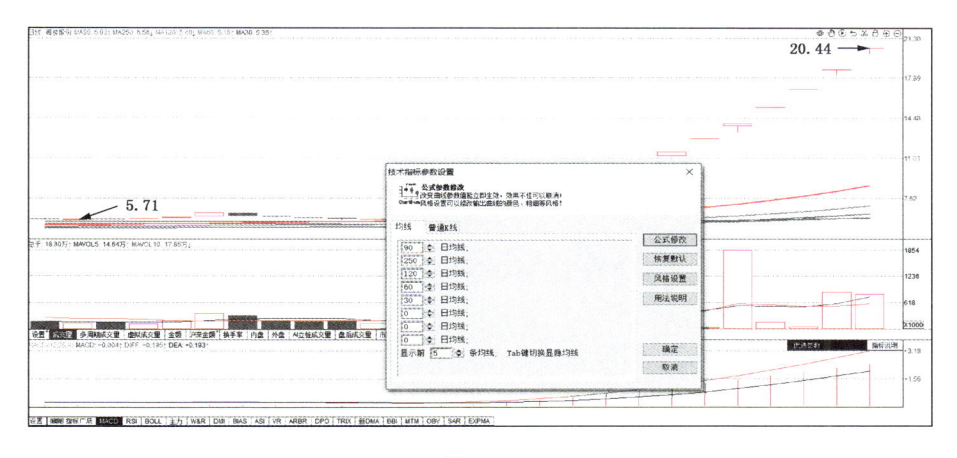

图 1－9

之后按F8键依次将周K线图、月K线图、季K线图，5分钟、15分钟、30分钟、60分钟K线图也设置为30、60、90、120、250均线。切记，要将每个时间周期的均线颜色设置得一样，这样便于选股操作。也就是说，如果你股票软件上面的30天均线用的是蓝色，那么其他时间周期的30均线也要用蓝色。

学习五线开花就这么简单，使用任何炒股软件都可以，简单到只需将均线系统统一设置为上述的五条均线即可。看似简单，但很神奇，后面的章节里大家会有深刻的体会。

第四节 读者须知

通过学习让自己变专业，就是最好的"行情"。炒股的第一原则，就是去赌性,永远对市场保持一颗敬畏之心。股市中只有十分之一的人能够赚钱,希望每个人都能成为其中的一员。那些在股市中持续盈利的人,无一不是在千锤百炼后,练就了严于律己、知行合一的品质。优秀的操盘手始终将正确的操作放在首位,而将盈利视为自然而然的结果。一个人最大的资产就是自己,只有不断磨炼,才能形成自己的核心竞争力。当你建立了一套简单有效的交易系统,盈利便会水到渠成。

注意

1. 五线开花所有的操盘技巧适用于所有的时间周期,包括:个股的日K线图、周K线图、月K线图、季K线图,5、15、30、60分钟K线图。

2. 所有K线图中标注的数字含义都是一样的:1表示突破30均线,2表示突破最上面一线,3表示均线金叉,4表示买点,5表示卖点。

3. 均线的重要性排名:30均线＞250均线＞120均线＞60均线＞90均线。当然,重要性只是相对而言,每条均线都很重要,其中30均线是价值中枢,是最核心的均线。

4. 金钱不是奢侈品,时间才是。所以我们每一次的操作都要力争做到:简单、粗暴、有效。

5. 市场资金不可能照顾到每只股票,实盘首选单阳突破或一阳站N线的个股,突破买或回抽买。突破与回抽是主力的两大软肋。

6. 五线(30、60、90、120、250)中的任何一线都可以是买点的参考。放量突破哪条线,则第一次回抽该均线就是机会;若失败,则反抽该均线时先抛,遵守纪律。

第五节　均线入门

很多人认为均线是非常简单的东西,不值得深入学习。然而,笔者要告诉你:这种看法是错误的,你并未真正理解技术分析的本质。在技术分析中,往往越简单的东西越有效,因为这些经典的分析方法存在已久,并且在多年的实战中得到了广泛的验证。曾经有一位前辈说过:"只要掌握好均线理论,就足以赚得盆满钵满!"据笔者了解,许多股市高手在研究完各种复杂的技术分析方法后,最终都回归到均线理论上来。在技术分析中,笔者最喜欢的也是均线,并将均线作为主要的技术分析手段。

均线全称移动平均线(MA),是对收盘价进行平均之后生成的一条曲线。常用的均线有5、10、20、30、60、90、120、250均线。投资者可以根据自己的需要任意设定。举个例子:30天均线就是个股最近30天的收盘价除以30,形成30日均点,然后依次连接就形成30天均线,其他以此类推。我们通常所用到的均线时间周期有日、周、月、季,以及5、15、30、60分钟。在日K线图里,均线分别被称为5、10、20、30、60、90、120、250天均线;在周K线图里,均线分别被称为5、10、20、30、60、90、120、250周均线;在月K线图里,均线分别被称为5、10、20、30、60、90、120、250月均线;在5分钟、15分钟、30分钟、60分钟K线图里,均线分别是该时间周期的5、10、20、30、60、90、120、250均线。查看上述时间周期的均线,我们连续按F8键就可办到。

均线代表了一定时期内的市场平均成本变化。例如,30天均线代表了最近30天市场的平均成本。均线有助涨和助跌的特性:当均线向上时,股价在均线推动下震荡上行;反之,当均线向下时,股价则在均线的压制下震荡下行。

均线在上方就是压力,均线在下方就是支撑。在股价运行时,压力和支撑是可以互换的:压力一旦突破就会演变为支撑,而支撑一旦跌破就会演变为压力。在实盘操作时请牢记"五线开花"的均线口诀:**线上回抽买,线下反抽抛;突破均线买,跌破均线抛;线下远离买,线上远离抛**。

另外,120天均线被称为半年线;250天均线被称为年线,又名牛熊分界线。30、60、90、120、250均线粘合在一起后同时向上发散,像开喇叭花一样,形成极度分离、多头排列的特殊技术形态,这就叫"五线开花"!

只有真正领悟均线精髓的人,才能做到"化平凡为神奇",从容地赢得一次次意料之中的胜利。如果你能够深刻理解它、掌握它,并熟练运用它,那么财富自然会随之滚滚而来。

第二章

金叉的三大妙用

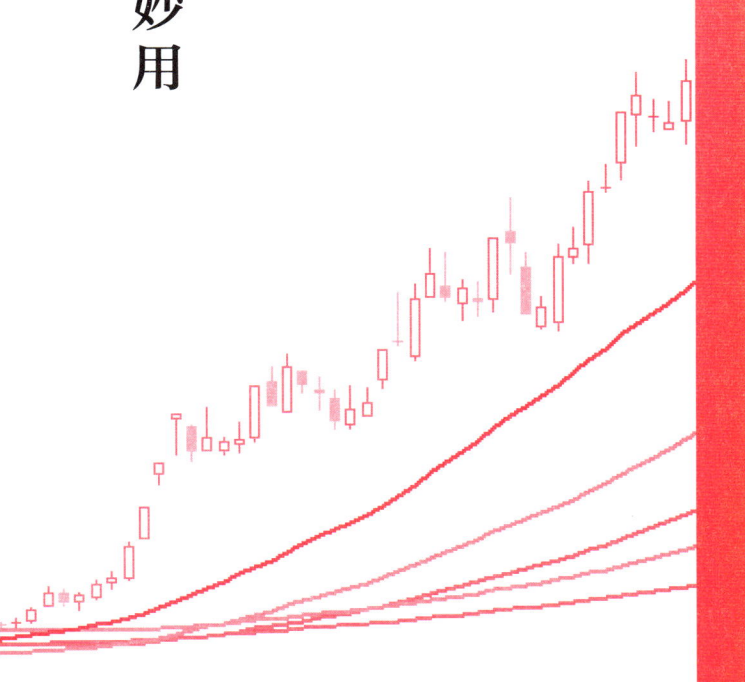

金叉的妙用分为三类：突破遇金叉，回抽遇金叉，金叉的预判。

突破遇金叉：伴随着金叉的突破爆发力强。

回抽遇金叉：股价回抽时遇到金叉，这时金叉就会构成强支撑，且提供向上的动能，同时封杀了股价下跌的空间。

金叉的预判：当股价位于 30 均线下方时，一旦均线金叉，股价就会向上运行（接下来就是见证奇迹的时刻，股价很快重返 30 均线上方）。因为金叉对股价有向上的牵引作用。

第一节　突破遇金叉

要点

(1) 股价放量突破 30 均线；

(2) 30 均线和另外某一条或某几条均线金叉；

(3) 伴随着金叉的突破爆发力强。

图 2-1 是唐德影视（300426）在 2020 年 5 月至 2020 年 6 月这段时间的日 K 线图。见图中 4 处，股价向上突破 30 天均线时恰好遇到 30 天均线金叉 60 天均线，即突破遇金叉，因此突破就是建仓的机会。当然第二天股价若是回抽 30 天均线也是机会，可惜没有回抽。实盘操作我们要首选经典的单阳突破，因为这类股票相对安全，且短线爆发力强。对于散户投资者来说，时间也是成本。

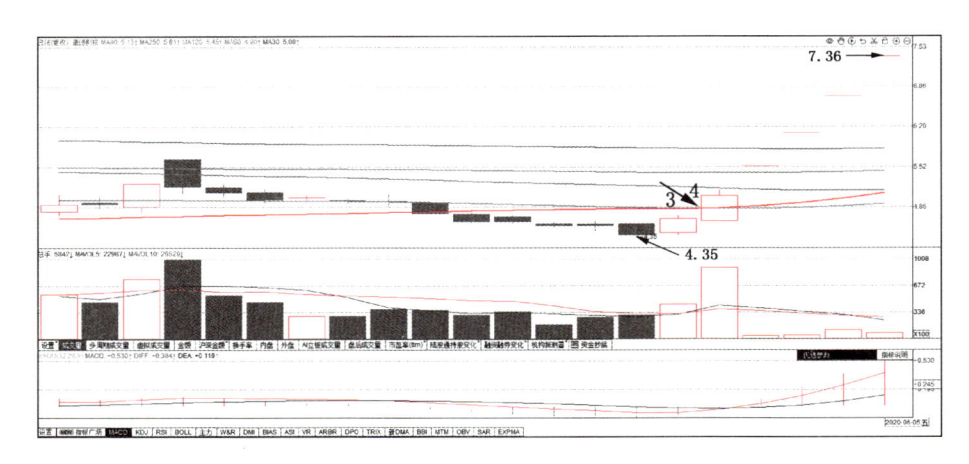

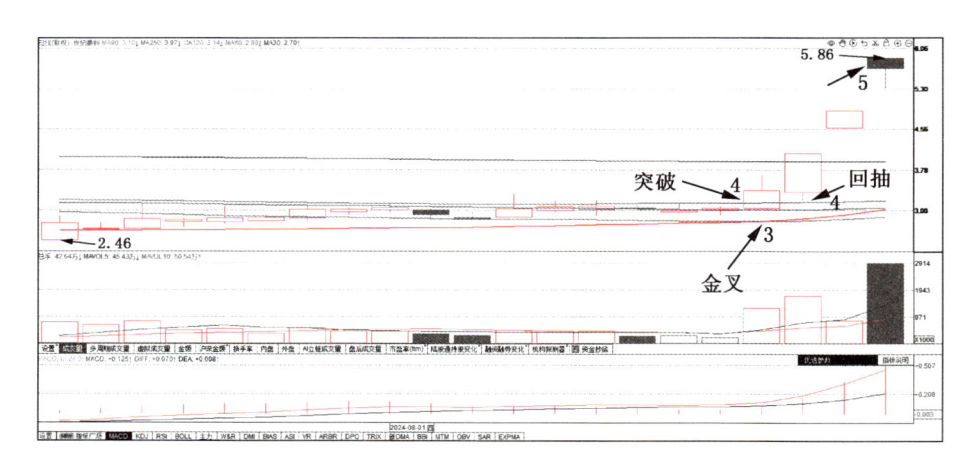

图 2－1

　　图 2－2 是世纪鼎利(300050)在 2024 年 7 月至 2024 年 8 月这段时间的日 K 线图。见图中左 4 处，股价向上突破 120 天均线时恰好遇到 30 天均线金叉 60 天均线，即突破遇金叉，因此突破就是建仓的机会。当然第二天股价回抽 120 天均线也是机会，然后从突破这天算起，五个交易日内择机抛出。通常情况下，我们需要在五个交易日内完成一次操作。要做到这一点需解决两个问题：一是精确选股，二是精准建仓。

图 2－2

图2－3是宏昌科技(301008)在2024年9月至2024年11月这段时间的日K线图。见图中3处,当30天均线金叉60天均线时,股价向上突破120天均线,即突破遇金叉,我们放到自选股跟踪关注,随后第二天股价回抽120天均线就是最佳的建仓机会。注册制时代,资金不可能照顾到每只股票,大多数股票没有操作价值,我们必须学会精选个股,踏准个股的节奏。

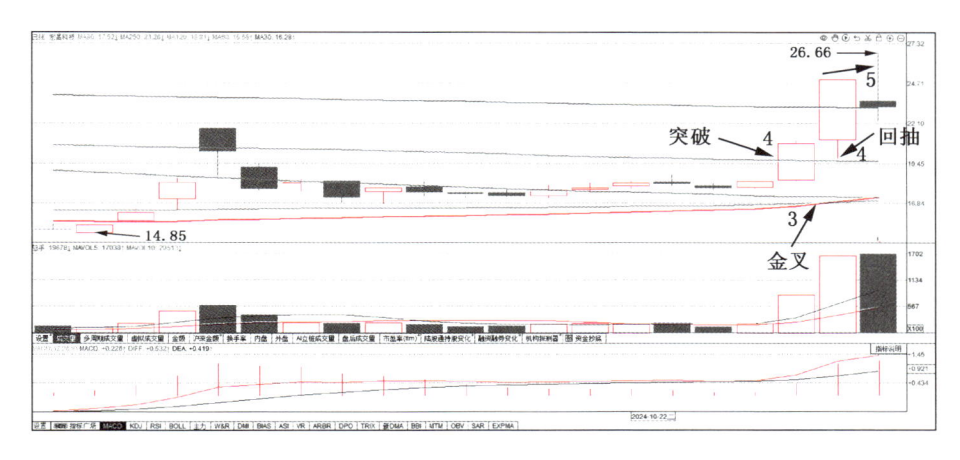

图2－3

图2－4是凤凰航运(000520)在2024年9月至2024年11月这段时间的日K线图。见图中3处,当30天均线金叉60天均线时,股价向上突破250天均线,即突破遇金叉,我们放到自选股跟踪关注,且五线布局是"黄金通道"。随后第二天股价回抽250天均线就是最佳的建仓机会,见图中右4处。当然,之前股价在"黄金通道"内回抽30天均线也是建仓的机会,见图中左4处。

请注意:书中的某些K线图案例看似有些重复,但实际上都有一些小变化,而且具有一定的代表性。

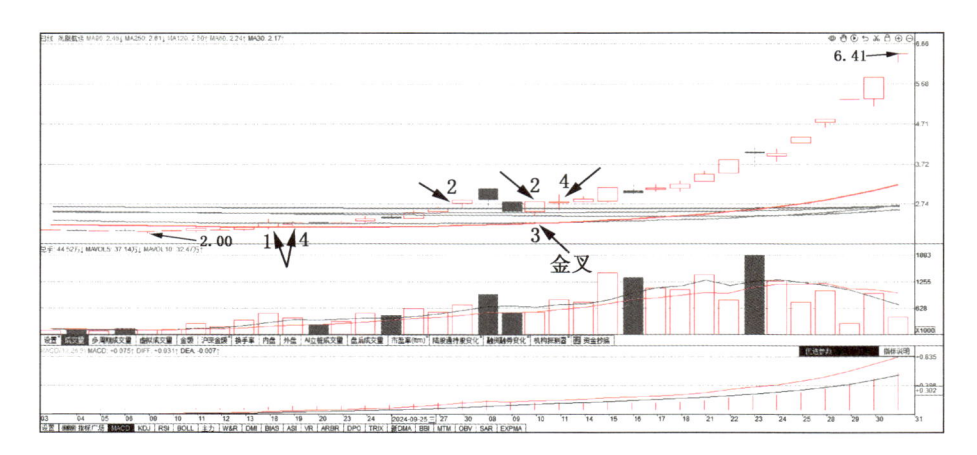

图 2—4

图 2—5 是星光农机(603789)在 2023 年 11 月至 2023 年 12 月这段时间的日 K 线图。见图中 3 处，股价向上突破 30 天均线时恰好遇到 30 天均线金叉 90 天均线，即突破遇金叉，且五线布局是"黄金通道"，所以突破就是最佳的建仓机会。如果第二天股价回抽 30 天均线则也是建仓的机会，可惜没有回抽。当然，股价第二天小幅高开后回调到最上面一线附近也是建仓的机会。你看很多"大神"的交割单，基本都是小亏、小亏、大赚、小亏、小亏、大赚，这就是所谓的割着割着账户就创新高了。

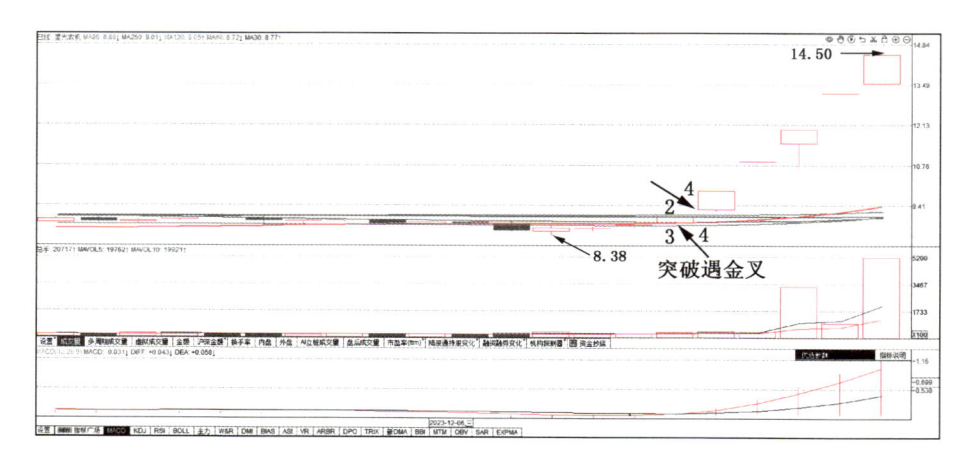

图 2—5

图2-6是富奥股份(000030)在2023年5月至2023年6月这段时间的日K线图。见图中3处,股价向上突破30天均线时恰好遇到30天均线金叉120天均线,即突破遇金叉,所以突破就是最佳的建仓机会。随后第二天股价回抽30天均线也是建仓的机会,见图中右4处。对于散户投资者来说,每周一股是最佳的操作频率。实盘操作时,我们要力争每次做到买入就涨,这样就可以快速脱离我们的成本区,然后五日内择机抛出。

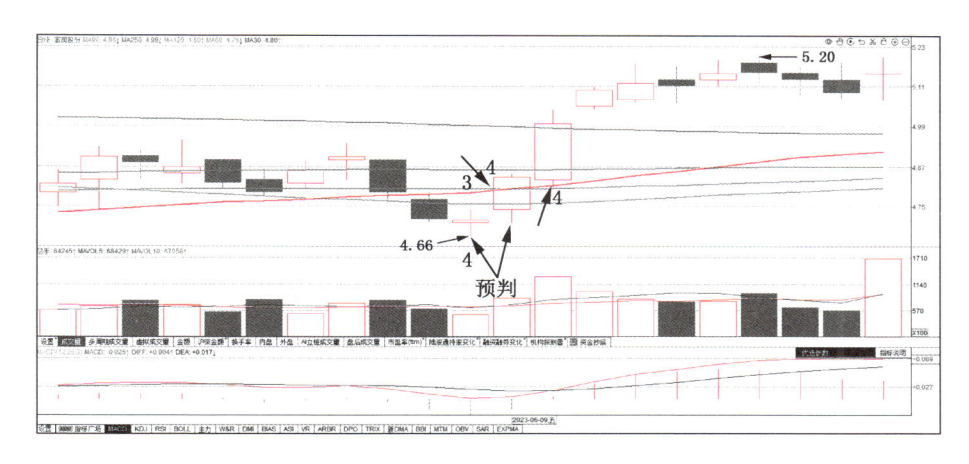

图2-6

图2-7是安硕信息(300380)在2023年6月至2023年8月这段时间的周K线图。见图中3处,股价向上突破30周均线时恰好遇到30周均线金叉250周均线,即突破遇金叉,随后第二周股价回抽30周均线就是最佳的建仓机会,见图中4处,买点要尽量靠近30周均线。注册制时代,资金不可能照顾到每只股票,每只股票都有自己的节奏,我们必须学会精选个股,踏准个股的节奏。

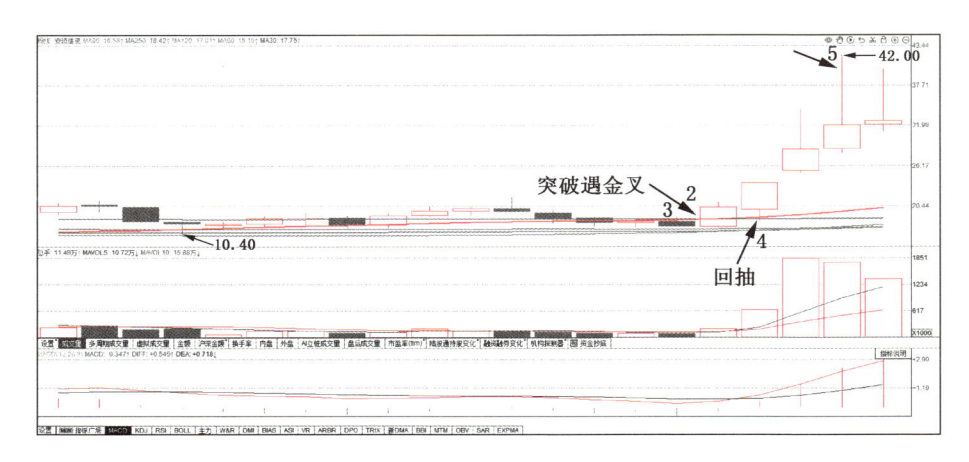

图 2—7

第二节　回抽遇金叉

要点

（1）股价回抽 30 均线；
（2）30 均线和另外某一条或某几条均线金叉；
（3）这时金叉就会构成强支撑，且提供向上的动能（变盘）。

图 2—8 是恒大高新（002591）在 2022 年 6 月至 2022 年 7 月这段时间的日 K 线图。五线的布局是标准的"黄金通道"，见图中 3 处，股价在"黄金通道"内回抽 30 天均线时恰好遇到 30 天均线金叉 60 天均线，即回抽遇金叉。这里的金叉不但构成强支撑且提供了向上的动能，所以股价在"黄金通道"内回抽 30 天均线就是最佳的建仓机会。实战的方法从来都不复杂，都是超级简单的，关键是简单的事情认真去做，做了就必然有效果。

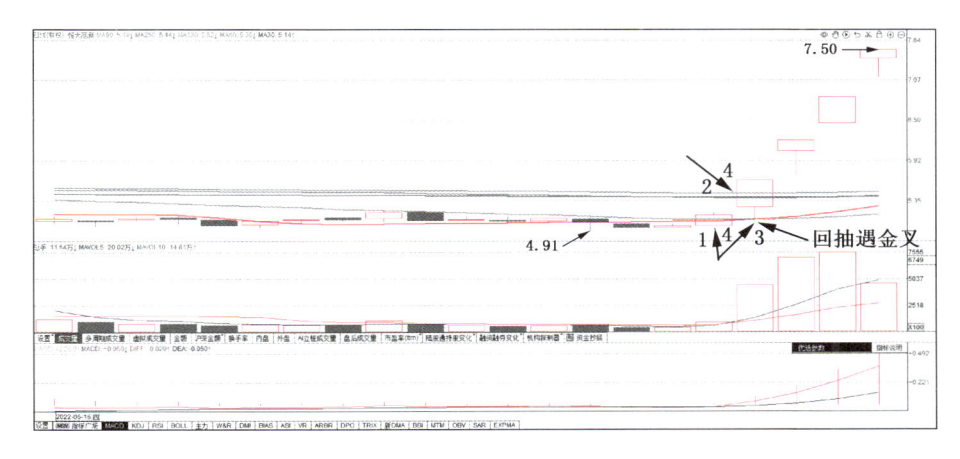

图 2－8

图 2－9 是帅丰电器(605336)在 2024 年 3 月至 2024 年 5 月这段时间的日 K 线图。见图中 3 处,股价回抽 30 天均线时恰好遇到 30 天均线金叉 60 天均线,即回抽遇金叉。这里的金叉不但构成强支撑且提供了向上的动能,所以股价回抽 30 天均线就是最佳的建仓机会。随后股价反弹到最上面一线附近就可抛出。然后转战下只股票,我们只做最有把握的波段行情。当我们建仓一只股票后,如果五日内还不赚钱就说明操作可能失败了,随时做好止损出局的准备。

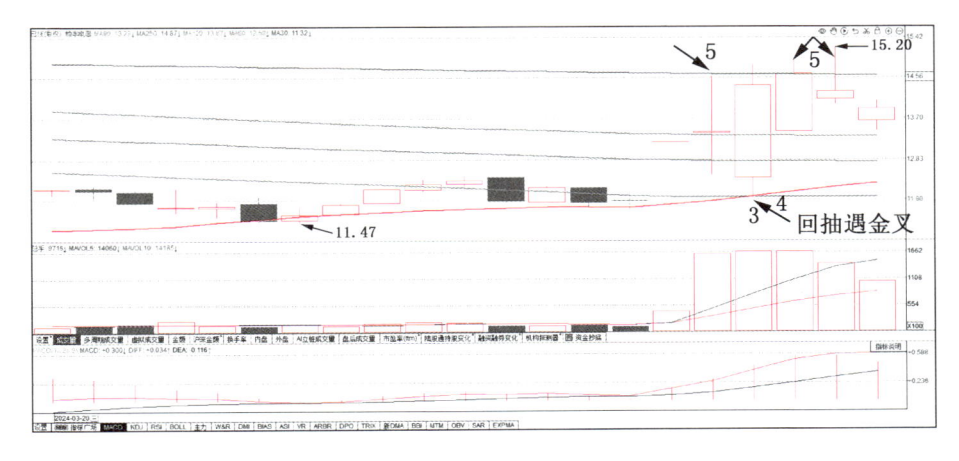

图 2－9

021

图2-10是富春股份(300299)在2024年7月至2024年8月这段时间的日K线图。见图中3处,股价回抽120天均线时恰好遇到30天均线金叉60天均线,即回抽遇金叉。这里的金叉不但构成强支撑且提供了向上的动能,所以股价回抽120天均线就是最佳的建仓机会。当然,之前股价回调到30天均线附近也是建仓的机会。A股的红利期已过,现在和未来考验的就是大家的择时和选股的能力。

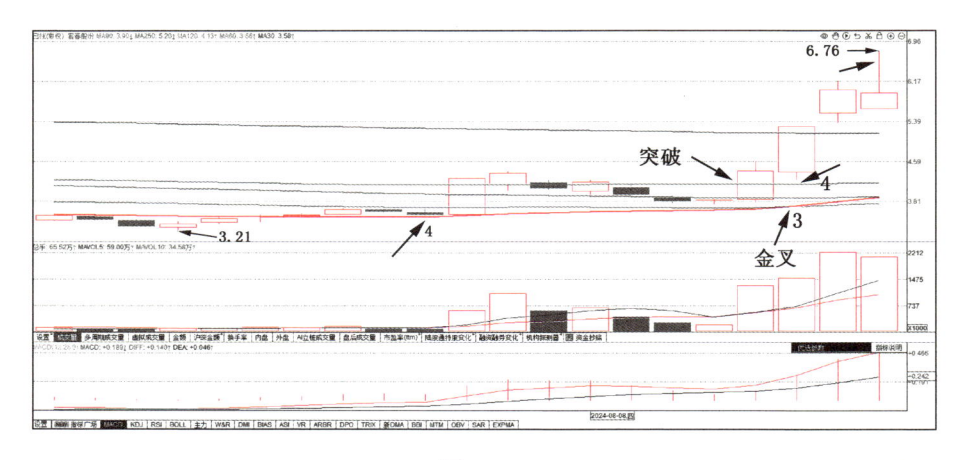

图2-10

图2-11是欧菲光(002456)在2023年7月至2023年10月这段时间的日K线图。见图中3处,股价回抽60天均线(最上面一线)时恰好遇到30天均线金叉60天均线,即回抽遇金叉。这里的金叉不但构成强支撑且提供了向上的动能,所以股价回抽30天均线就是最佳的建仓机会。细节决定成败,选好了个股还要做到精确地买入。

图2-12是东方国信(300166)在2024年10月至2025年2月这段时间的周K线图。见图中3处,股价回抽30周均线时恰好遇到30周均线金叉60周均线,即回抽遇金叉。这里的金叉不但构成强支撑且提供了向上的动能,所以股价回抽30周均线就是最佳的建仓机会。投资者一旦解决了最困扰自己的问题,往往就能进入良性循环,之后会越做越顺利。

第二章 金叉的三大妙用

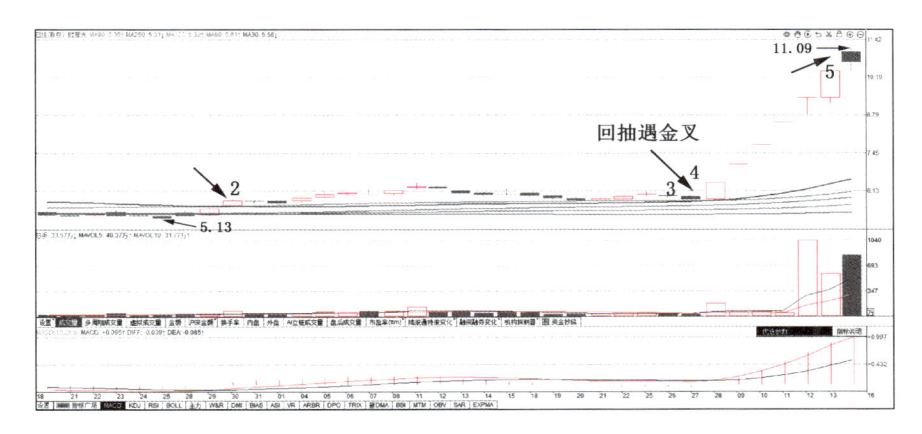

图 2—11

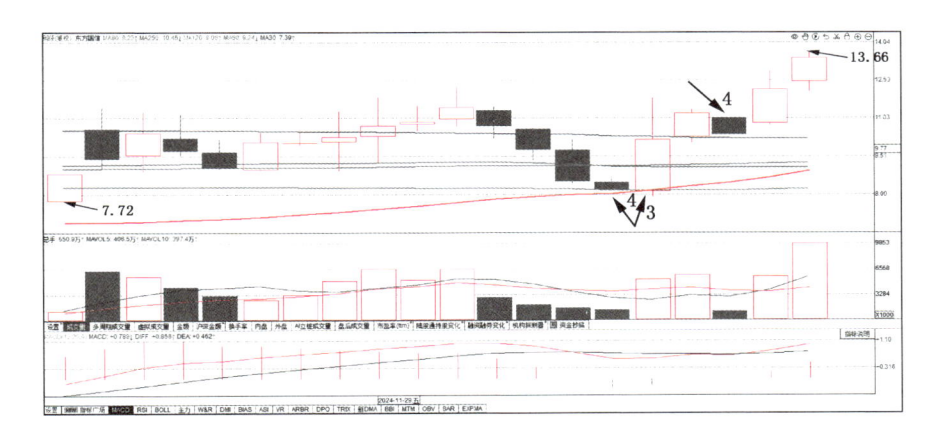

图 2—12

图 2—13 是捷捷微电(300623)在 2024 年 7 月至 2024 年 10 月这段时间的周 K 线图。见图中 4 处，股价回抽 30 周均线时恰好遇到 30 周均线金叉 60 周均线，即回抽遇金叉。这里的金叉不但构成强支撑且提供了向上的动能，所以股价回抽 30 周均线就是最佳的建仓机会。连续拉升后股价远离 30 周均线(价值中枢)时我们择机抛出(5 个交易周内择机抛出)。

023

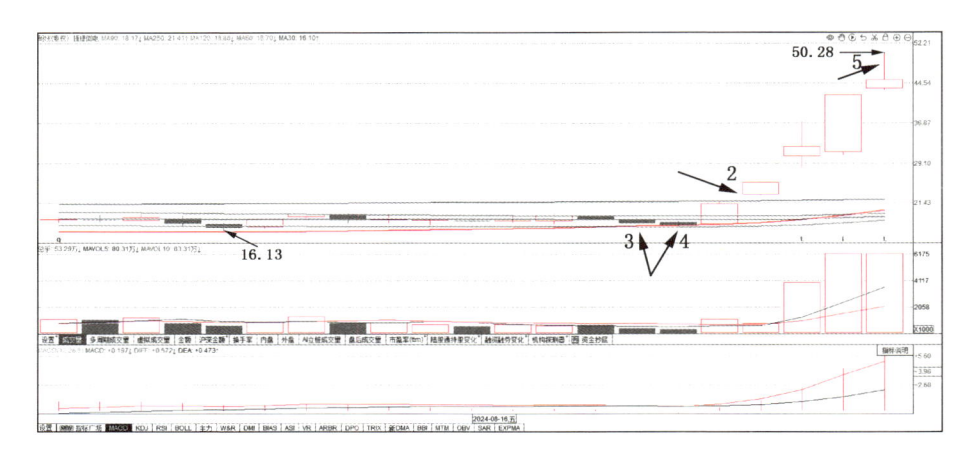

图 2-13

图 2-14 是敦煌种业(600354)在 2021 年 4 月至 2023 年 5 月这段时间的月 K 线图。见图中 3 处,股价回抽 30 月均线时恰好遇到 30 月均线金叉 60 月均线,即回抽遇金叉。这里的金叉不但构成强支撑且提供了向上的动能,所以股价回抽 30 月均线就是最佳的建仓机会,见图中右 4 处。当然,之前股价回调到 30 月均线附近也是建仓的机会,见图中左 4 处。炒股最难的莫过于在合适的时间操作合适的股票,如此循环复利,收益惊人。

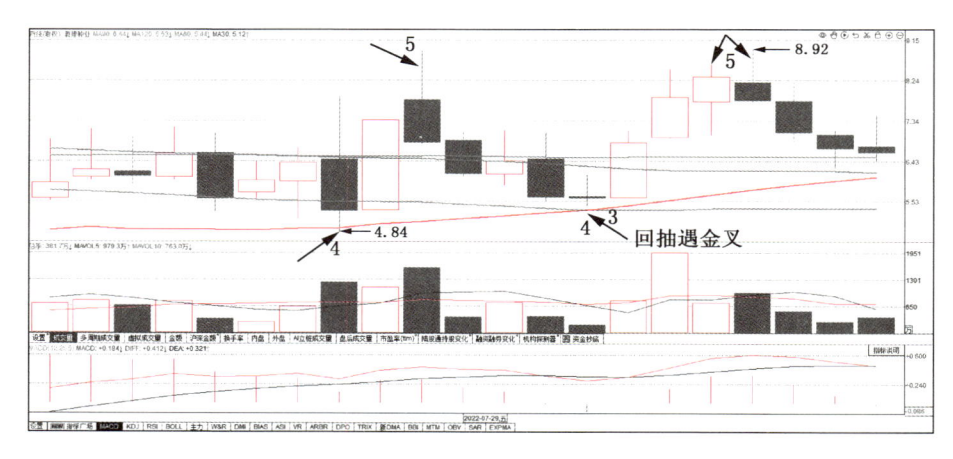

图 2-14

图 2-15 是万里扬(002434)在 2023 年 7 月至 2023 年 8 月这段时间的日 K

线图。见图中3处，股价回抽30天均线时恰好遇到30天均线金叉90天均线，即回抽遇金叉。这里的金叉不但构成强支撑且提供了向上的动能，所以股价回抽30天均线就是最佳的建仓机会。当然之前股价突破30天均线也是建仓的机会。做股票不能赌，一定要本金安全第一，宁愿不赚，也不能亏。

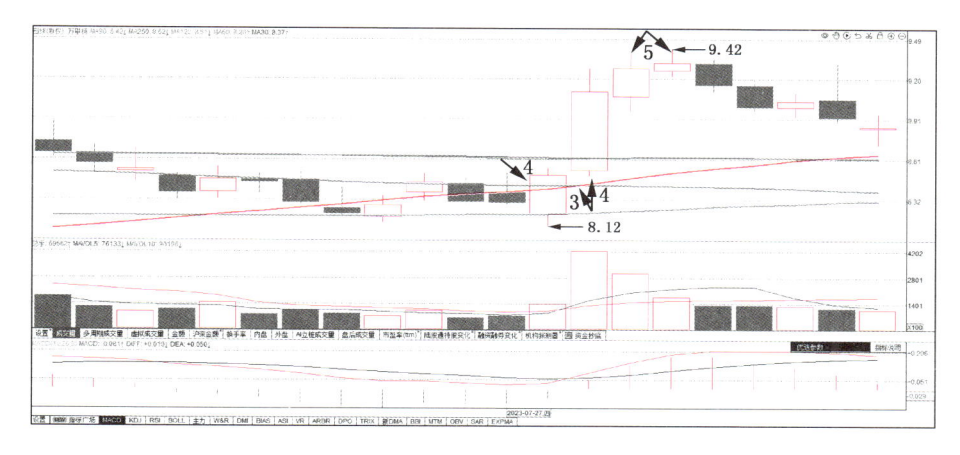

图 2—15

图2—16是同星科技（301252）在2024年10月至2024年11月这段时间的日K线图。见图中4处，股价回抽30天均线就是建仓的机会，因为回抽到位时恰好遇到30天均线金叉90天均线，即回抽遇金叉。这里的金叉不但构成强支撑且提供了向上的动能，所以股价回抽30天均线就是最佳的建仓机会。

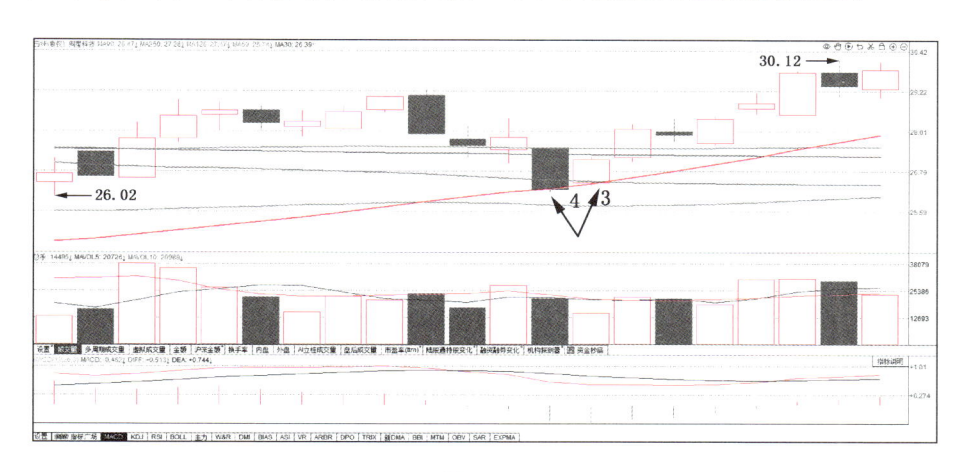

图 2—16

图 2—17 是科华生物(002022)在 2012 年 12 月至 2013 年 2 月这段时间的日 K 线图。图中我们看到五线布局是"黄金通道"。见图中 4 处，股价在"黄金通道"内回抽 30 天均线时恰好遇到 30 天均线金叉 90 天均线，即回抽遇金叉。这里的金叉不但构成强支撑且提供了向上的动能，所以股价回抽 30 天均线就是最佳的建仓机会。

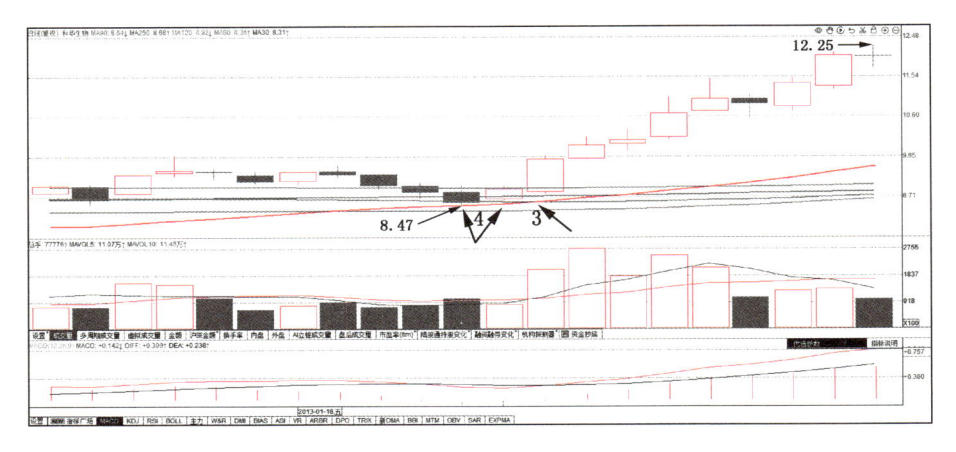

图 2—17

图 2—18 是 ST 园城(600766)在 2021 年 11 月至 2022 年 8 月这段时间的周 K 线图。见图中 4 处，股价回抽 30 周均线时恰好遇到 30 周均线金叉 90 周均线，即回抽遇金叉。这里的金叉不但构成强支撑且提供了向上的动能，所以股价回抽 30 周均线就是最佳的建仓机会。

图 2—19 是领益智造(002600)在 2019 年 1 月至 2019 年 9 月这段时间的周 K 线图。图中我们看到五线布局是"黄金通道"。见图中 4 处，股价在"黄金通道"内回抽 30 周均线时恰好遇到 30 周均线金叉 90 周均线，即回抽遇金叉。这里的金叉不但构成强支撑且提供了向上的动能，所以随后股价选择了向上突破。

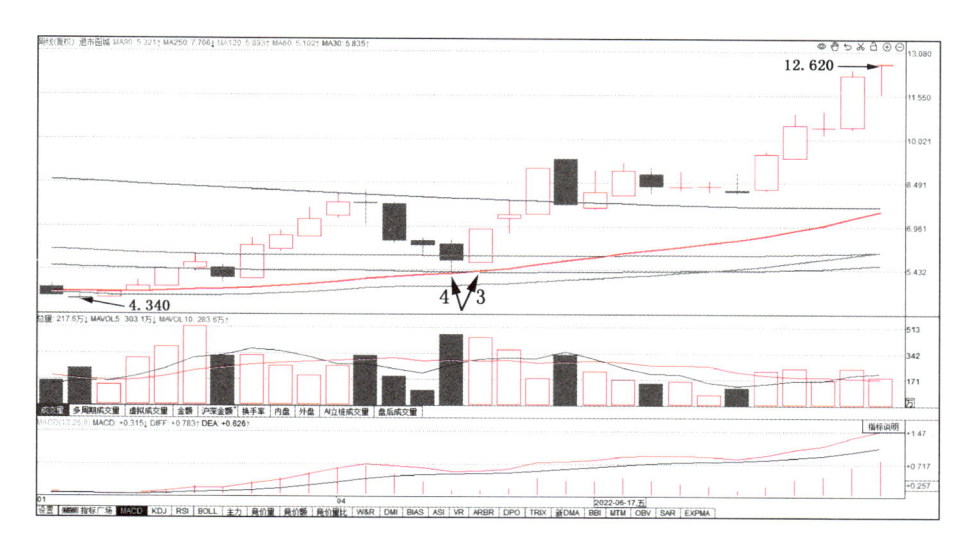

图 2－18

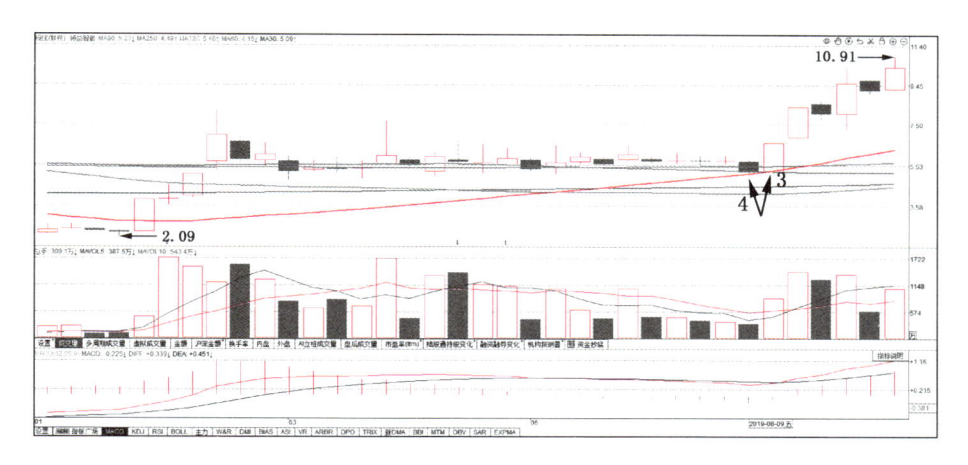

图 2－19

图 2－20 是香溢融通（600830）在 2023 年 1 月至 2023 年 12 月这段时间的月 K 线图。见图中左 3 处，股价在"黄金通道"内回抽 30 月均线时恰好遇到 30 月均线金叉 60 月均线，即回抽遇金叉。再看图中右 3 处，股价在"黄金通道"内再次回抽 30 月均线时恰好遇到 30 月均线金叉 90 月均线，又是回抽遇金叉。这里的金叉不但构成强支撑且提供了向上的动能，所以股价两次回抽 30 月均线都是建仓的机会。

请注意：实盘操作一定要选择最有把握的时间周期来判断。

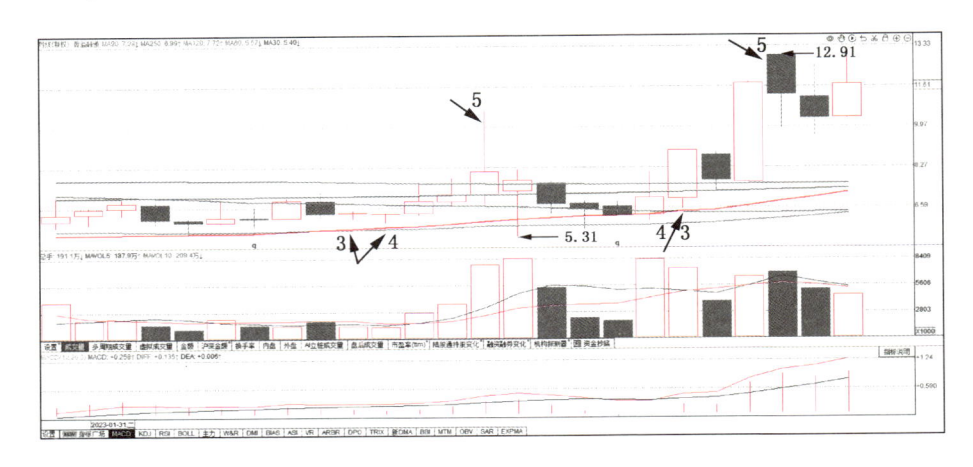

图 2－20

图 2－21 是江苏北人(688218)在 2022 年 6 月至 2022 年 8 月这段时间的日 K 线图。见图中 3 处，股价回抽 30 天均线时恰好遇到 30 天均线金叉 120 天均线，即回抽遇金叉。这里的金叉不但构成强支撑且提供了向上的动能，所以股价回抽 30 天均线就是最佳的建仓机会。

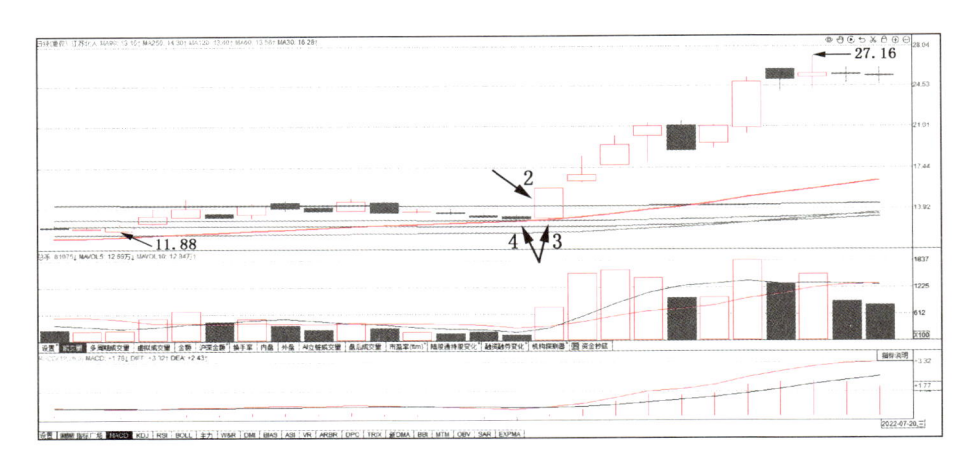

图 2－21

图 2－22 是荣联科技(002642)在 2023 年 8 月至 2023 年 10 月这段时间的日 K 线图。见图中 4 处，股价回抽 120 天均线时恰好遇到 30 天均线即将金叉

120天均线,即回抽遇金叉。这里的金叉不但构成强支撑且提供了向上的动能,所以股价回抽120天均线就是最佳的建仓机会。投资要有逻辑、有纪律、有风险预案、能自我救赎。若只是盲目地推理、猜测,早晚会栽跟头的。

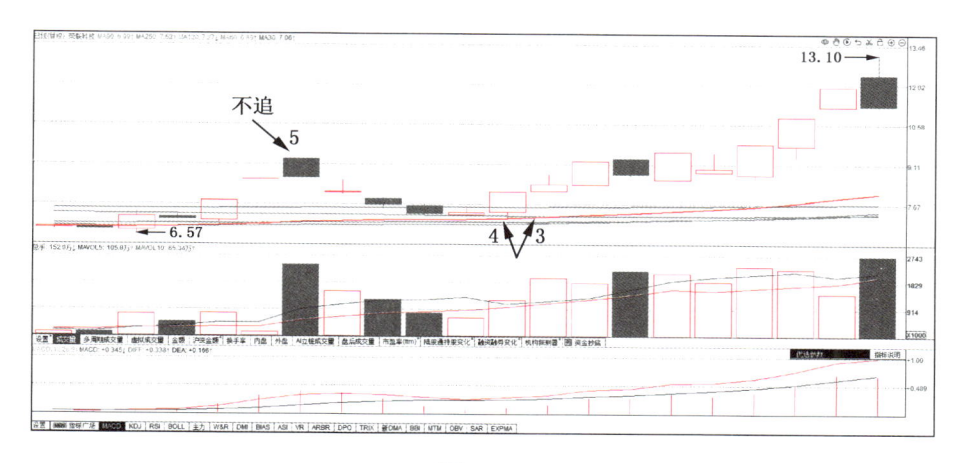

图 2—22

图2—23是天益医疗(301097)在2024年9月至2024年11月这段时间的日K线图。见图中3处,股价回抽30天均线时恰好遇到30天均线金叉120天均线,即回抽遇金叉。这里的金叉不但构成强支撑且提供了向上的动能,所以股价回抽30天均线就是最佳的建仓机会,之后股价继续上涨。股市看似没有门槛,大家都可以开户,动动手指就好了,但实际上专业性很强,否则凭运气赚的很快会凭实力亏回去。

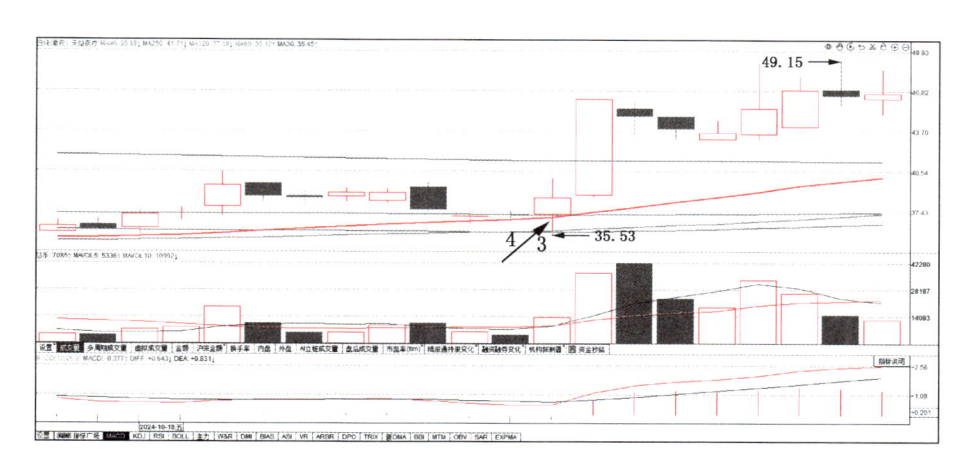

图 2—23

图2-24是美信科技(301577)在2024年9月至2024年11月这段时间的日K线图。见图中4处,股价回抽120天均线时恰好遇到30天均线即将金叉120天均线,即回抽遇金叉。这里的金叉不但构成强支撑且提供了向上的动能,所以股价回抽120天均线(或30天均线)就是建仓的机会。"魔鬼"藏在细节里,一个金叉就能让我们发现一只短线黑马。

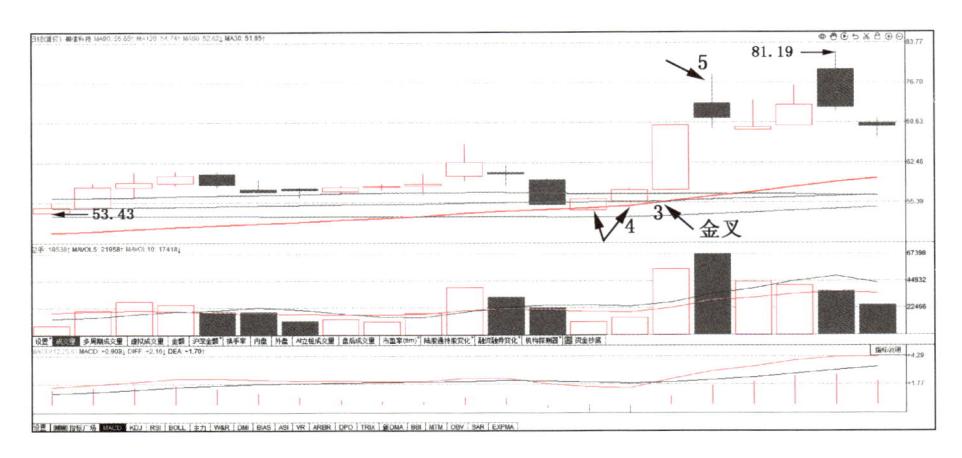

图2-24

图2-25是埃夫特-U(688165)在2024年9月至2024年12月这段时间的日K线图。见图中4处,股价回抽250天均线时恰好遇到30天均线金叉250天均线,即回抽遇金叉。这里的金叉不但构成强支撑且提供了向上的动能,所以股价回抽250天均线就是最佳的建仓机会。在股市中,纪律和心态控制重于一切。然而,这一切的前提是你必须有一套完善、经过市场考验的交易系统;否则,就有流于空谈的危险。

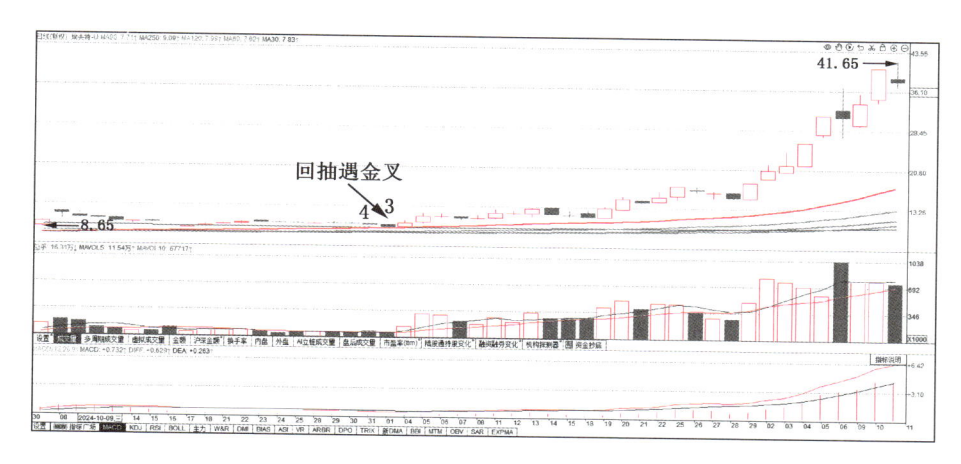

图 2-25

第三节 金叉的预判

要点

(1) 股价位于 30 均线下方;

(2) 30 均线和另外某一条或某几条均线金叉;

(3) 一旦均线金叉,股价就会向上运行,接下来就是见证奇迹的时刻,股价很快重返 30 均线上方,因为金叉对股价有向上的牵引作用;

(4) 该技巧常用于"抄底"。

图 2-26 是理士国际(00842)在 2021 年 10 月至 2023 年 8 月这段时间的月 K 线图。见图中 3 处,伴随着 30 月均线金叉 60 月均线,股价选择了向上突破,突破就是建仓的机会,之后股价回抽最上面一线仍是建仓的机会。当然,我们也可以在金叉的上个交易月逢低建仓(低吸),或者在金叉的这个交易月的月初逢低建仓,因为一旦 30 月均线金叉 60 月均线,就是见证奇迹的时刻(股价会选择向上突破)。记住最核心的要点,然后举一反三,学以致用,这样就足够了。

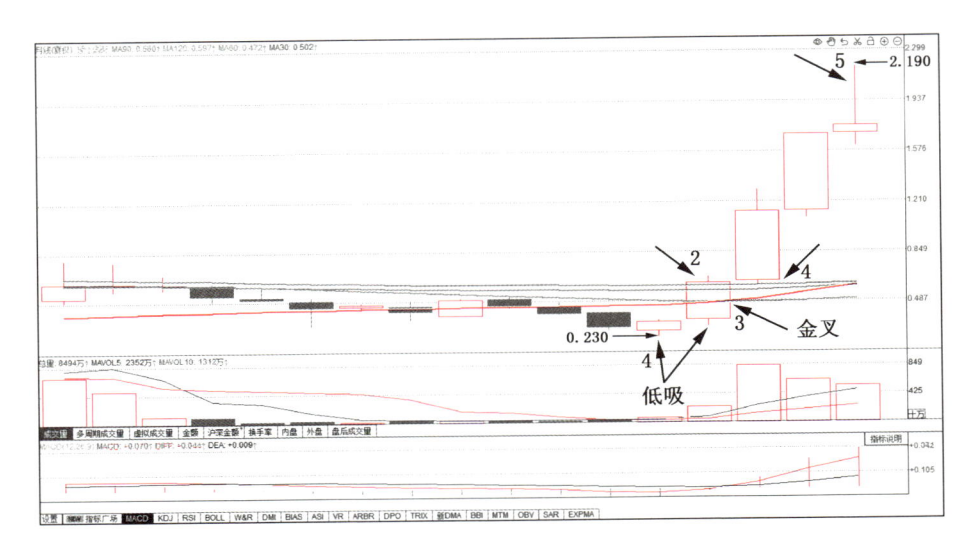

图 2—26

图 2—27 是新乳业（002946）在 2020 年 4 月至 2020 年 5 月这段时间的日 K 线图。见图中 3 处，伴随着 30 天均线金叉 90 天均线，股价选择了向上突破，突破就是建仓的机会。当然，我们也可以在金叉的上个交易日逢低建仓（低吸抄底），见图中左 4 处；或者在金叉的这一天开盘就买，见图中右 4 处。因为一旦 30 天均线金叉 90 天均线，就是见证奇迹的时刻。"金叉的预判"可以说是五线开花所有的操盘技巧中最神奇的一招。

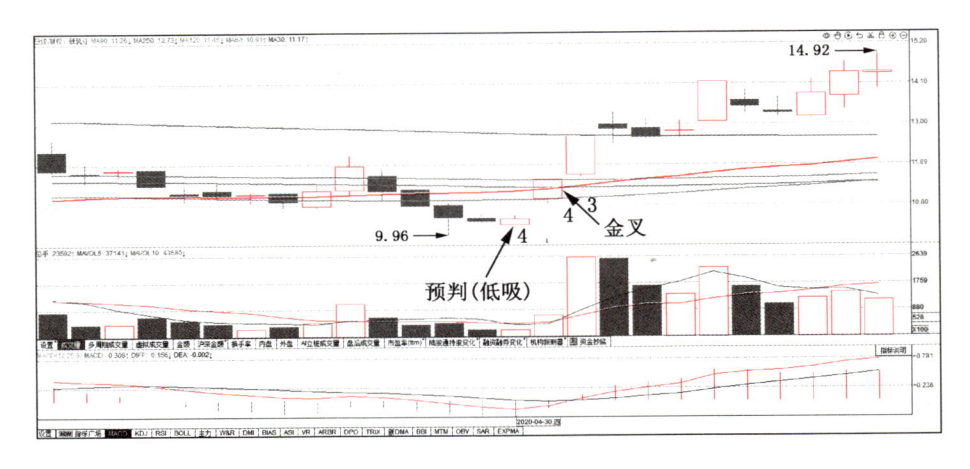

图 2—27

图 2—28 是泰瑞机器(603289)在 2024 年 3 月至 2024 年 4 月这段时间的日 K 线图。见图中 4 处，股价回抽 60 天均线就是建仓的机会，因为回抽这天恰好遇到 30 天均线金叉 90 天均线(金叉对股价有向上的牵引作用)，所以股价回抽 60 天均线后当天就重返 30 天均线上方，这就是金叉的妙用(预判)。投资需经历四个过程：静思、静心、开悟、释然。有思才能静，有静才有悟，有悟才能破执，破执才能释然。

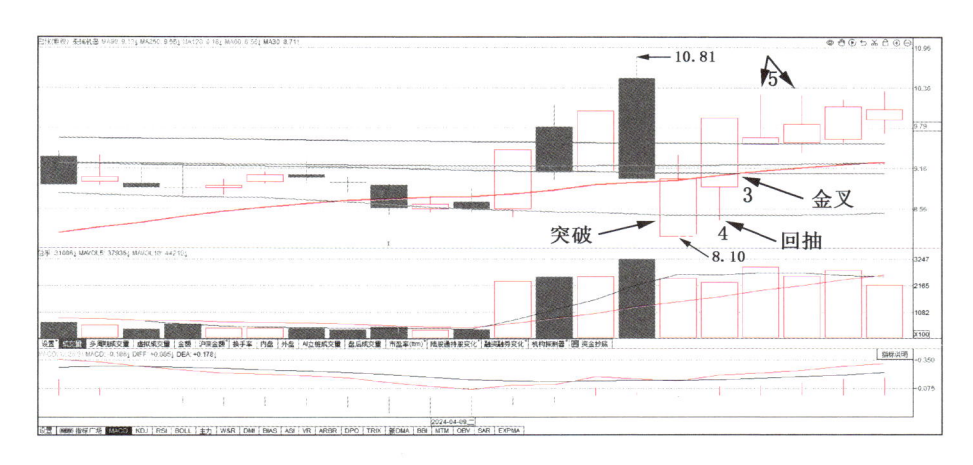

图 2—28

图 2—29 是隆平高科(000998)在 2006 年 5 月至 2006 年 7 月这段时间的日 K 线图。见图中 3 处，伴随着 30 天均线金叉 90 天均线，股价选择了向上突破。我们可以在金叉的上个交易日逢低建仓(股价回抽 60 天均线时低吸抄底)，或者在金叉的这一天开盘就买，因为一旦 30 天均线金叉 90 天均线，就是见证奇迹的时刻。所以要相信，股市运行有其内在规律，我们只需按规律办事。

图 2—30 是飞荣达(300602)在 2024 年 8 月至 2024 年 10 月这段时间的日 K 线图。见图中 3 处，伴随着 30 天均线金叉 90 天均线，股价选择了向上突破。我们可以在金叉的上个交易日逢低建仓(低吸抄底)，或者在金叉的这一天开盘就买，因为一旦 30 天均线金叉 90 天均线，股价就会选择向上突破。炒股要看长久，短线一把两把输赢代表不了什么，多一个涨停也发不了财，吃一个跌停也不是世界末日，炒股谁都有赚钱的日子，也都有亏损的时候，这都是正常的，这次亏了下一把再赚个大的就是了。

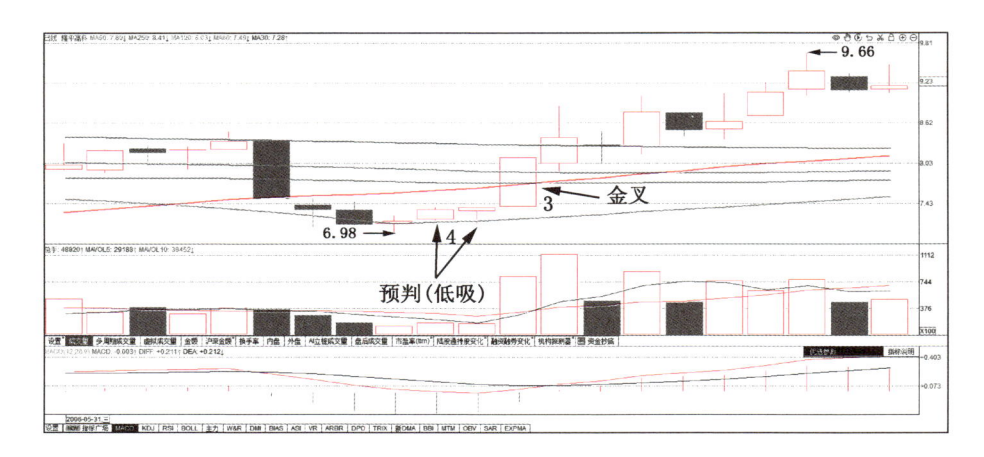

图 2－29

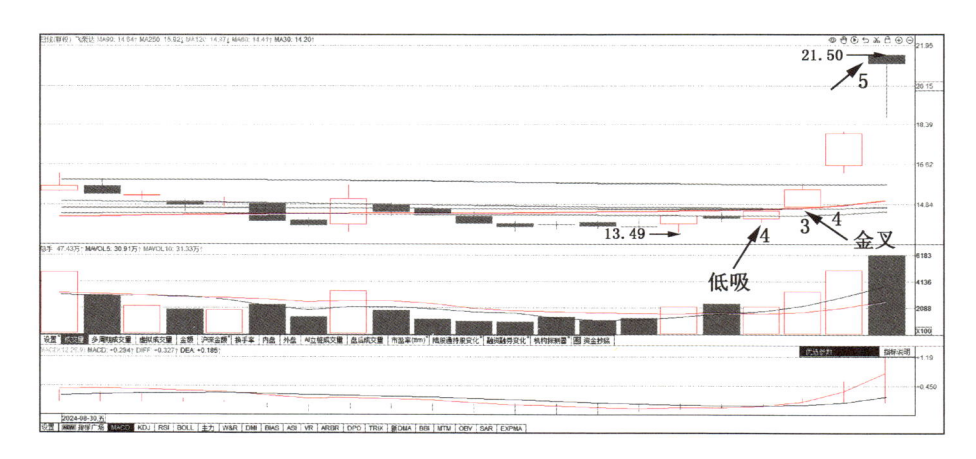

图 2－30

图 2－31 是爱柯迪(600933)在 2019 年 7 月至 2019 年 9 月这段时间的日 K 线图。五线的布局是"黄金通道",见图中 3 处,伴随着 30 天均线金叉 90 天均线,股价选择了向上突破。我们可以在金叉的上个交易日逢低建仓,或者在金叉的这一天开盘就买,因为一旦 30 天均线金叉 90 天均线,就是见证奇迹的时刻。当然,之后股价回抽最上面一线仍是建仓的机会。

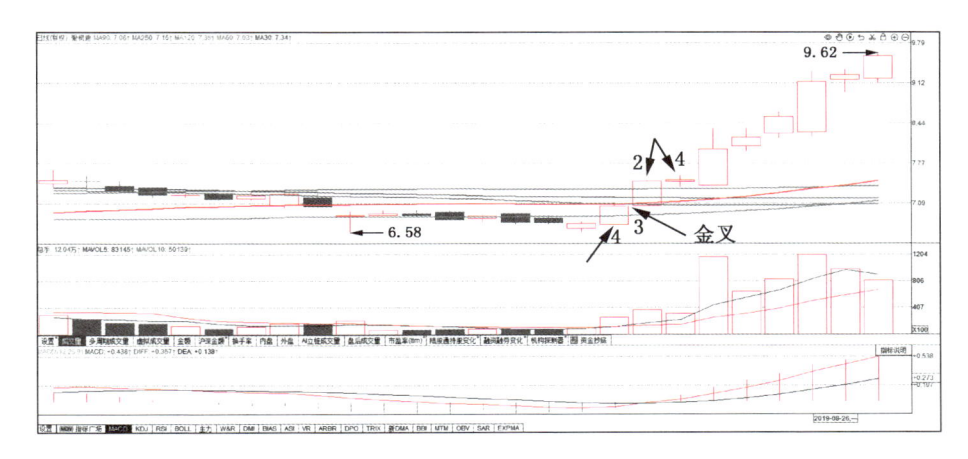

图 2—31

图 2—32 是科瑞技术(002957)在 2021 年 5 月至 2021 年 12 月这段时间的周 K 线图。见图中 3 处，伴随着 30 周均线金叉 90 周均线，股价选择了向上突破。我们可以在金叉的上个交易周逢低建仓(低吸抄底)，或者在金叉这一周的周一开盘就买，因为一旦 30 周均线金叉 90 周均线，就是见证奇迹的时刻(股价会选择向上突破，重返 30 周均线上方)。

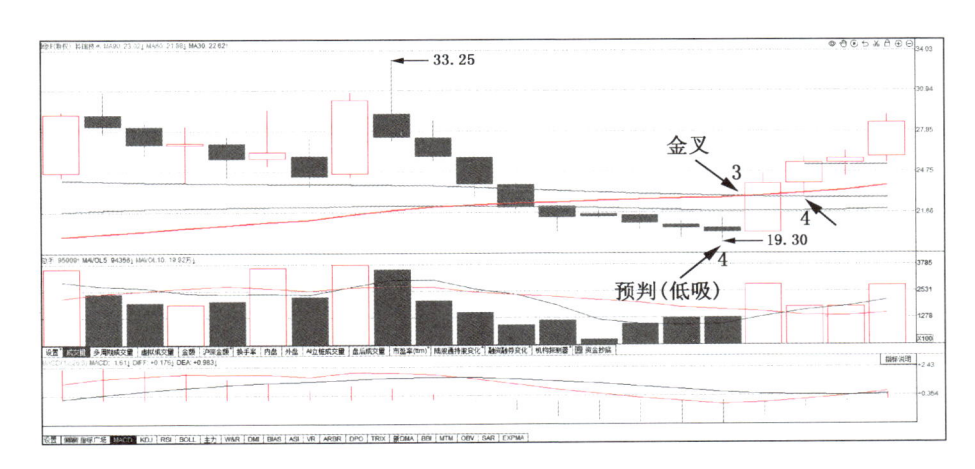

图 2—32

图 2—33 是新大陆(000997)在 2021 年 8 月至 2021 年 12 月这段时间的周 K 线图。见图中 3 处，伴随着 30 周均线金叉 90 周均线，股价选择了向上突破。

我们可以在金叉的上个交易周逢低建仓（股价回抽60周均线时低吸抄底），或者在金叉这一周的周一开盘就买，因为一旦30周均线金叉90周均线，就是见证奇迹的时刻（股价会选择向上突破）。之后股价在"黄金通道"内回抽120周均线也是建仓的机会。

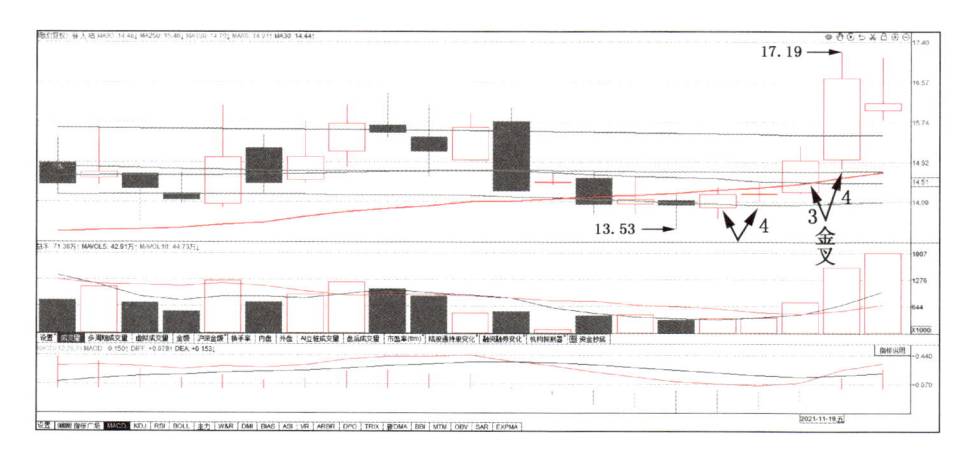

图2－33

图2－34是腾远钴业(301219)在2024年6月至2024年11月这段时间的周K线图。见图中3处，伴随着30周均线金叉90周均线，股价选择了向上突破。我们可以在金叉的上个交易周逢低建仓（低吸抄底），或者在金叉这一周的周一开盘就买，因为一旦30周均线金叉90周均线，就是见证奇迹的时刻（股价会选择向上突破）。

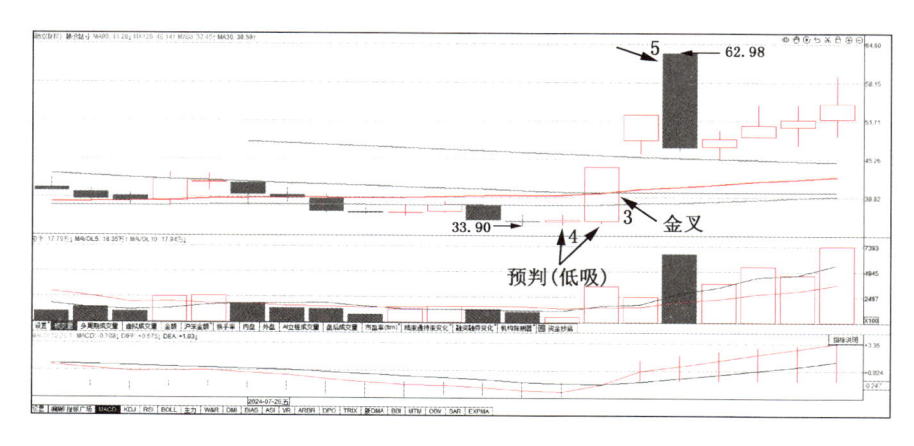

图2－34

图2—35是易天股份(300812)在2023年2月至2023年6月这段时间的周K线图。见图中3处，伴随着30周均线金叉90周均线，股价选择了向上突破。我们可以在金叉的上个交易周逢低建仓(低吸抄底)，或者在金叉这一周的周一开盘就买，因为一旦30周均线金叉90周均线，就是见证奇迹的时刻(股价会选择向上突破)。所以，金叉的预判这个小技巧堪称"抄底神器"。

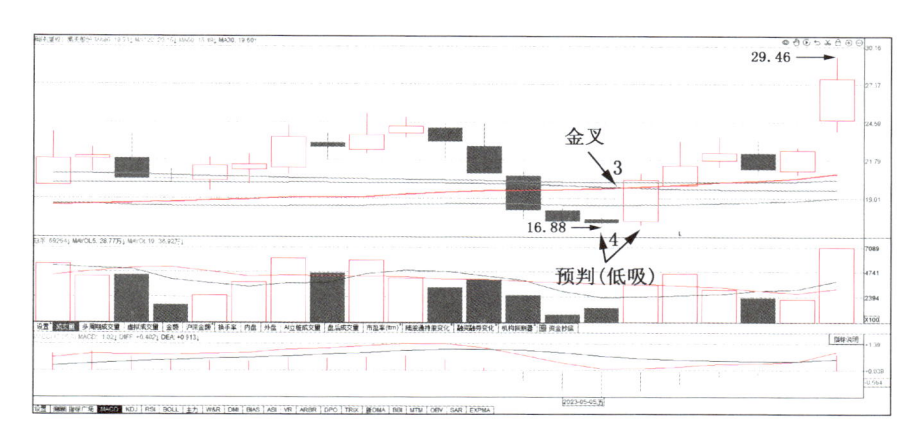

图2—35

图2—36是时代电气(03898)在2024年5月至2024年10月这段时间的周K线图。见图中3处，伴随着30周均线金叉90周均线，股价选择了向上突破。我们可以在金叉的上个交易周逢低建仓(股价回抽60周均线时低吸抄底)，或者在金叉这一周的周一开盘就买，因为一旦30金叉90周均线，就是见证奇迹的时刻(股价会选择向上突破)。炒股从某角度来说，就是等待、等待、再等待，当时机成熟时，果断出手，一剑封喉。

图2—37是奥泰生物(688606)在2024年1月至2024年4月这段时间的周K线图。见图中3处，伴随着30周均线金叉90周均线，股价选择了向上突破。我们可以在金叉的上个交易周逢低建仓(股价回抽60周均线时低吸抄底)，或者在金叉这一周的周一开盘就买，因为一旦30周均线金叉90周均线，就是见证奇迹的时刻(股价会选择向上突破)。

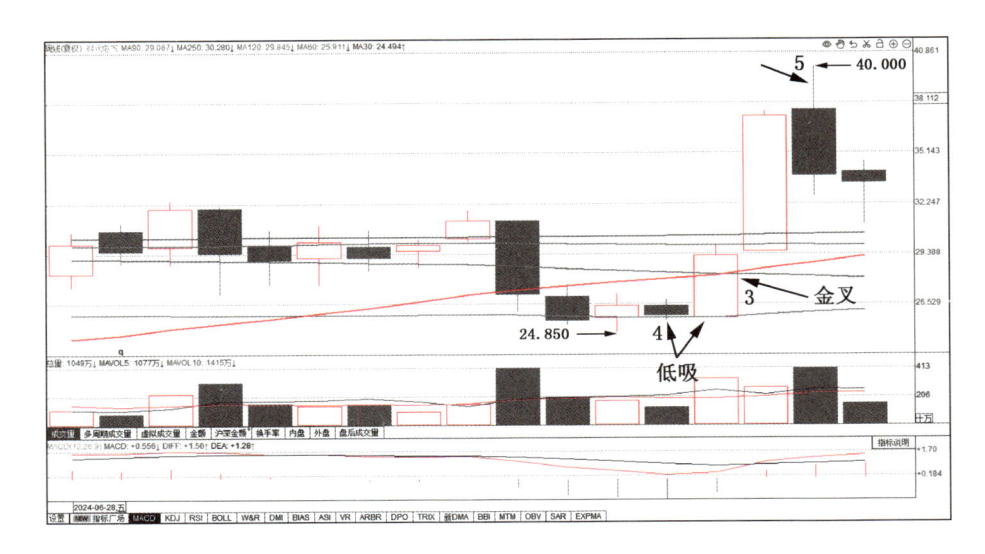

图 2—36

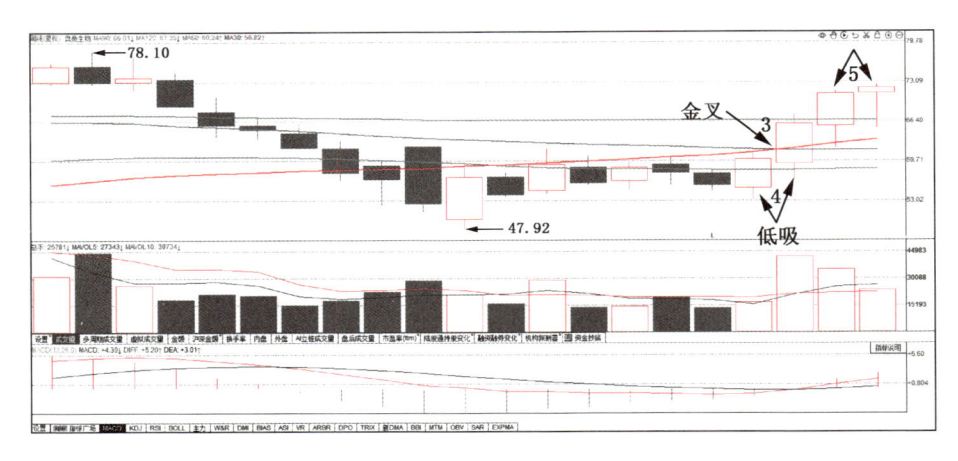

图 2—37

图2—38是港股美兰空港(00357)在2014年5月至2015年12月这段时间的月K线图。见图中3处,伴随着30月均线金叉90月均线,股价选择了向上突破。我们可以在金叉的上个交易月逢低建仓(靠近最下面一线低吸抄底),或者在金叉的这个交易月的月初逢低建仓,因为一旦30月均线金叉90月均线,就是见证奇迹的时刻,股价重返30月均线上方。当然,随后股价回抽30月均

线也是建仓的机会。从某种意义上说,投资要想赚大钱,核心只有四个字:重仓买对。

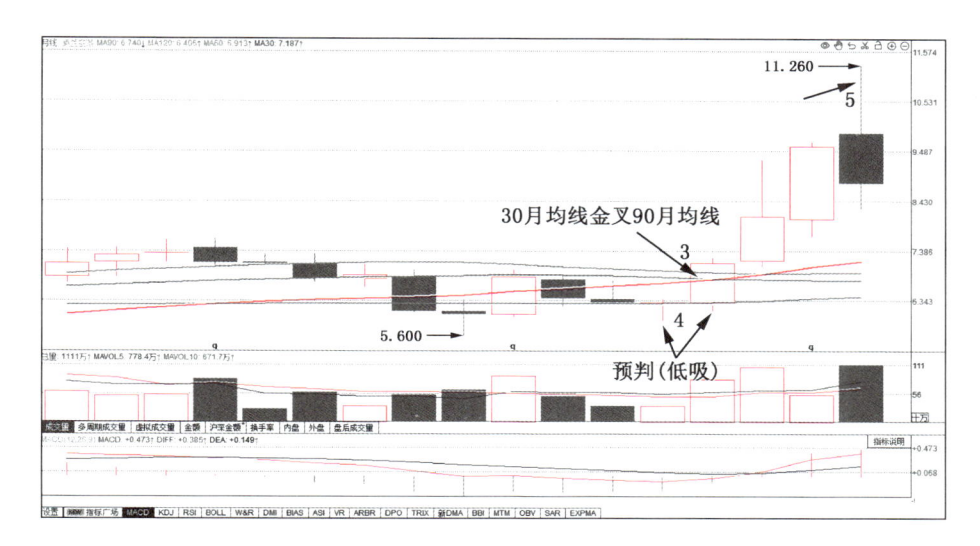

图 2—38

图 2—39 是迅游科技(300467)在 2021 年 11 月至 2021 年 12 月这段时间的日 K 线图。五线的布局是"黄金通道",见图中 3 处,伴随着 30 天均线金叉 120 天均线,股价选择了向上突破。我们可以在金叉的上个交易日(靠近 250 天均线)逢低建仓,或者在金叉的这一天开盘就买,因为一旦 30 天均线金叉 120 天均线,就是见证奇迹的时刻。当然,股价突破最上面一线仍是建仓的机会。

图 2—40 是财富趋势(688318)在 2023 年 1 月至 2023 年 8 月这段时间的周 K 线图。见图中 3 处,伴随着 30 周均线金叉 120 周均线,股价选择了向上突破。我们可以在金叉的上个交易周逢低建仓,或者在金叉这一周的周一开盘就买,因为一旦 30 周均线金叉 120 周均线,就是见证奇迹的时刻(股价会选择向上突破)。

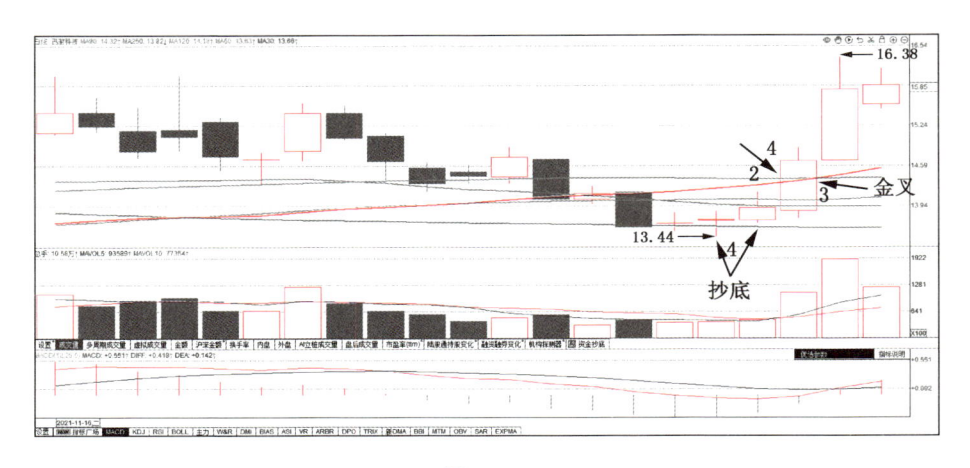

图 2－39

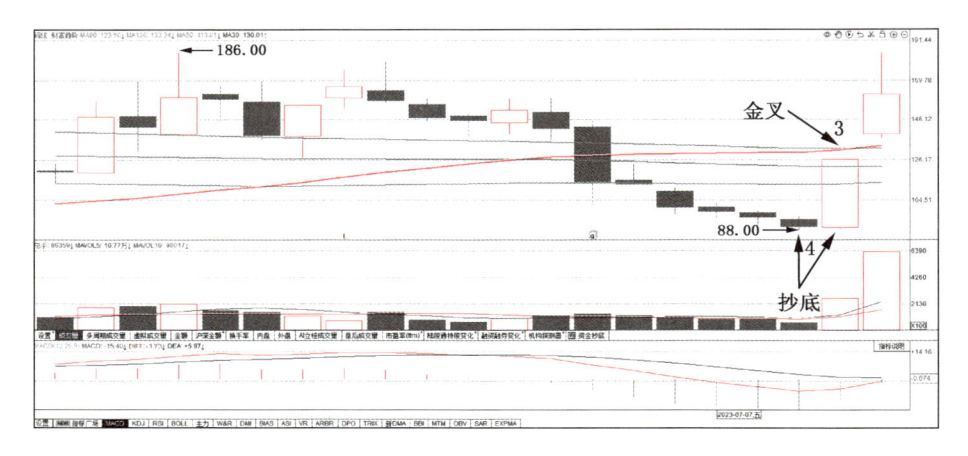

图 2－40

图 2－41 是宝塔实业(000595)在 2023 年 1 月至 2024 年 10 月这段时间的月 K 线图。见图中 3 处,伴随着 30 月均线金叉 120 月均线,股价选择了向上突破。我们可以在金叉的上个交易月逢低建仓(靠近最下面一线低吸抄底),或者在金叉的这个交易月的月初逢低建仓,因为一旦 30 月均线金叉 120 月均线,就是见证奇迹的时刻,股价将很快重返 30 月均线上方。

图 2—41

图 2—42 是盈方微(000670)在 2024 年 1 月至 2024 年 12 月这段时间的月 K 线图。见图中 3 处,伴随着 30 月均线金叉 120 月均线,股价选择了向上突破,突破了 60 月均线,但还没有突破 30 月均线,所以随后股价回抽 60 月均线就是建仓的机会,之后股价回抽 30 月均线仍是建仓的机会。当然,我们也可以在金叉的上个交易月逢低建仓,或者在金叉的这个交易月的月初逢低建仓,因为一旦 30 月均线金叉 120 月均线,就是见证奇迹的时刻,股价会选择向上突破。

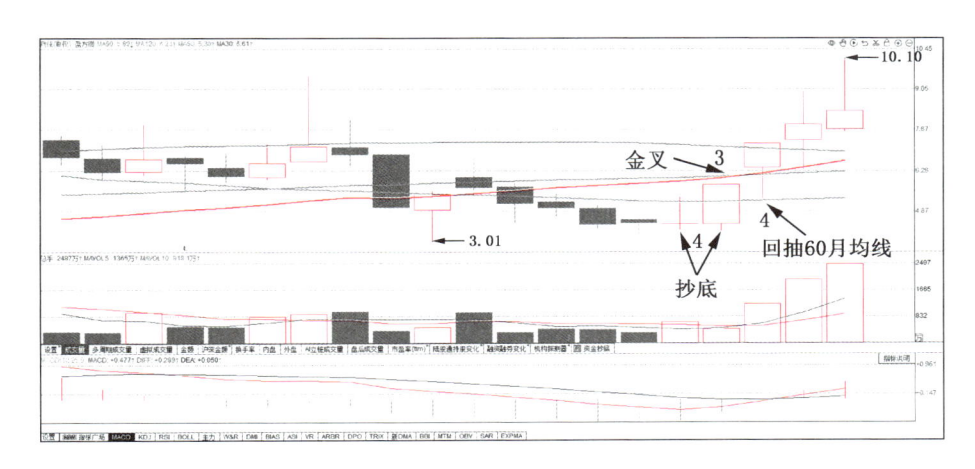

图 2—42

图 2—43 是长虹华意(000404)在 2023 年 9 月至 2024 年 4 月这段时间的月

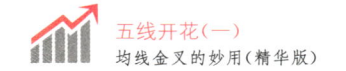

K线图。见图中3处,30月均线金叉120月均线,股价却在这个交易月一度跌到最下面一线,然而这里(60月均线附近)就是最佳的抄底机会,因为30月均线金叉120月均线封杀了股价下跌的空间,果然,当月股价很快重返30月均线上方,这就是金叉的妙用。

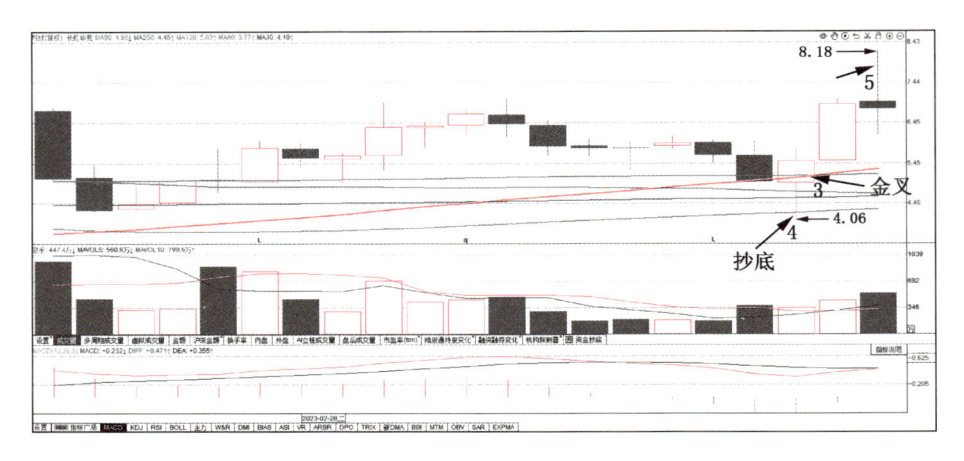

图 2—43

图2—44是深基地B(200053)在2012年4月至2013年5月这段时间的周K线图。见图中3处,伴随着30周均线金叉250周均线,股价选择了向上突破。我们可以在金叉的上个交易周逢低建仓(60周均线附近低吸抄底),或者在金叉的这一周的周一开盘就买,因为一旦30周均线金叉250周均线,就是见证奇迹的时刻(股价会选择向上突破)。见图中右4处,长下影就是抄底的好时机。

图2—45是锦富技术(300128)在2023年4月至2023年5月这段时间的周K线图。见图中3处,伴随着30周均线金叉250周均线,股价选择了向上突破。我们可以在金叉的上个交易周逢低建仓,或者在金叉的这一周的周一开盘就买,因为一旦30周均线金叉250周均线,就是见证奇迹的时刻(股价会选择向上突破)。

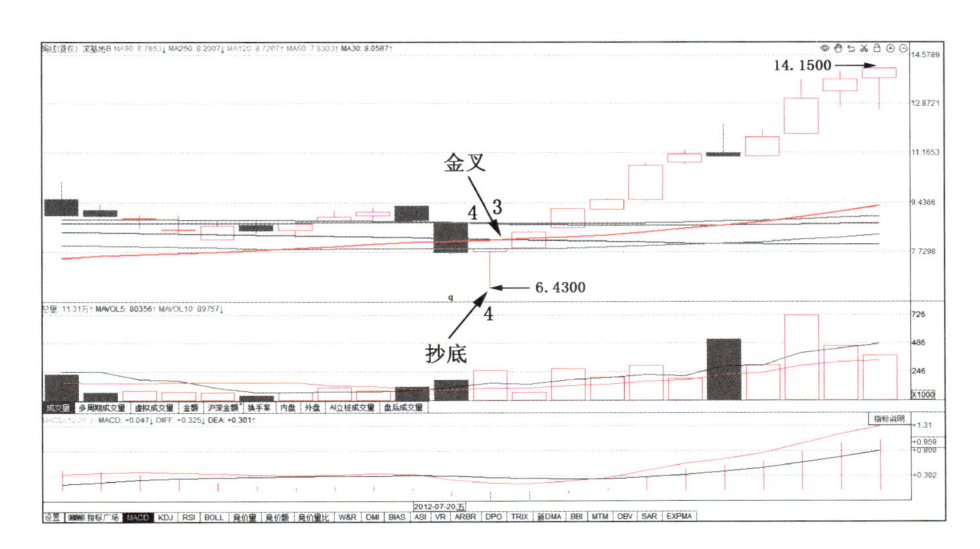

图 2—44

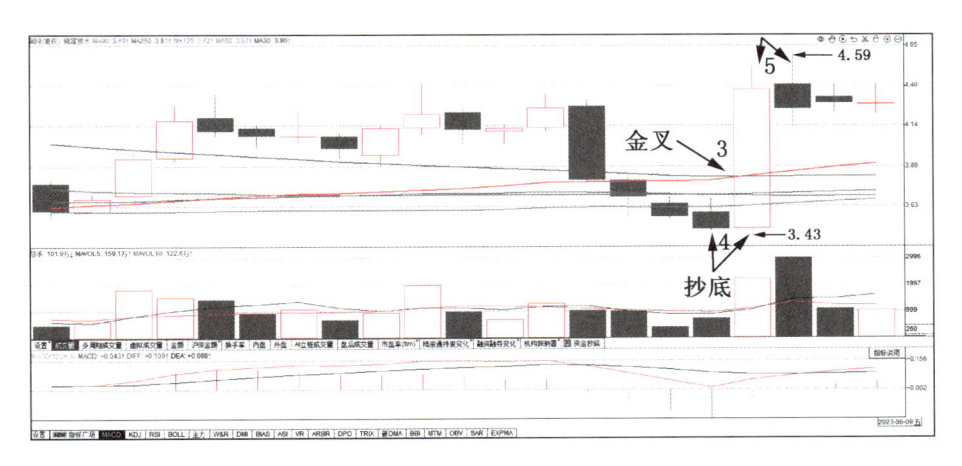

图 2—45

第三章

金叉的三个时刻

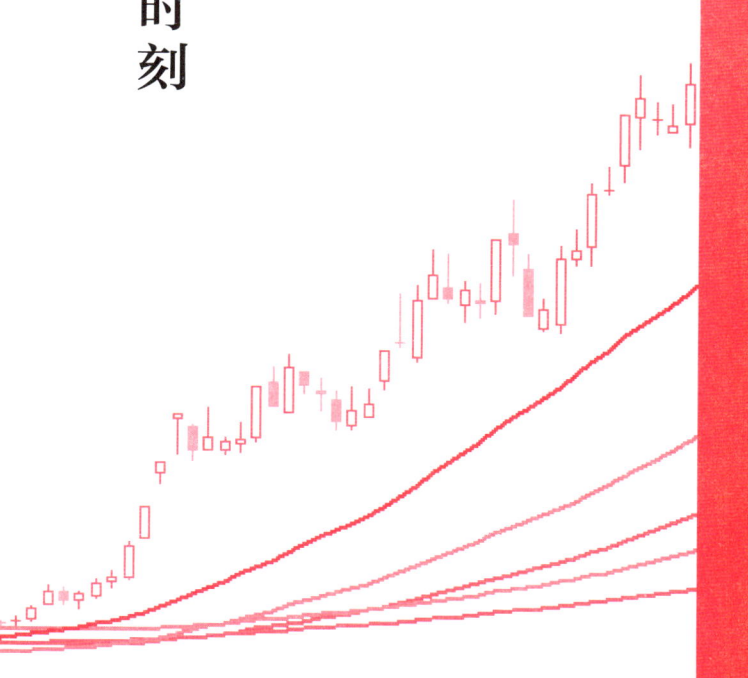

1. 30 均线即将金叉另外四条均线的某一条或某几条均线。

2. 30 均线正在金叉另外四条均线的某一条或某几条均线。

3. 30 均线刚刚金叉另外四条均线的某一条或某几条均线。

第一节 即将金叉

要点

（1）30 均线即将和另外某一条或某几条均线金叉；

（2）股价放量突破 30 均线；

（3）突破与回抽 30 均线就是建仓的机会，有时回抽其他均线也是建仓的机会。

图 3—1 是飞天诚信（300386）在 2024 年 5 月至 2024 年 6 月这段时间的日 K 线图。见图中 1 处，股价放量突破 30 天均线且一阳站四线，随后股价回抽 90 天均线就是建仓的机会。因为回抽 90 天均线时 30 天均线即将金叉 60 天均线，这里的即将金叉也能构成强支撑并提供向上的动能。

请注意：即将金叉意味着随后必然金叉。主力资金的一举一动，其实都在众目睽睽之下，记录在每日的股市盘面上。

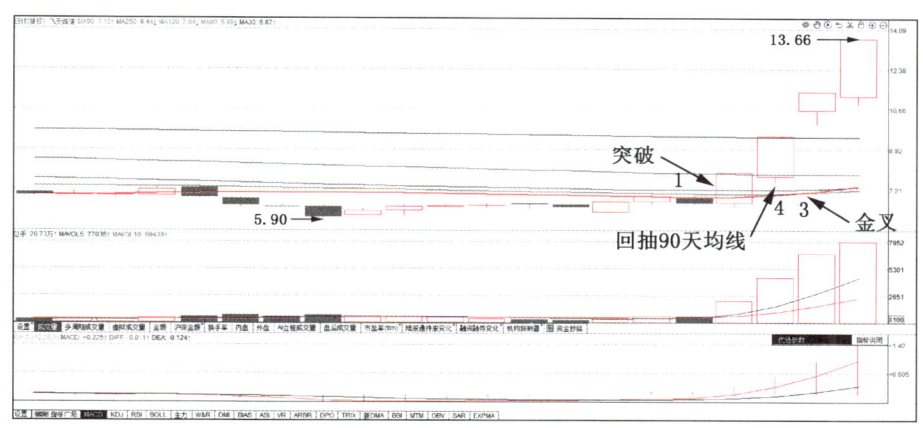

图 3—1

图3－2是德恩精工(300780)在2023年6月至2023年7月这段时间的日K线图。见图中4处,股价在"黄金通道"内回抽30天均线就是建仓的机会,因为回抽30天均线时30天均线即将金叉60天均线,这里的即将金叉也能构成强支撑并提供向上的动能。

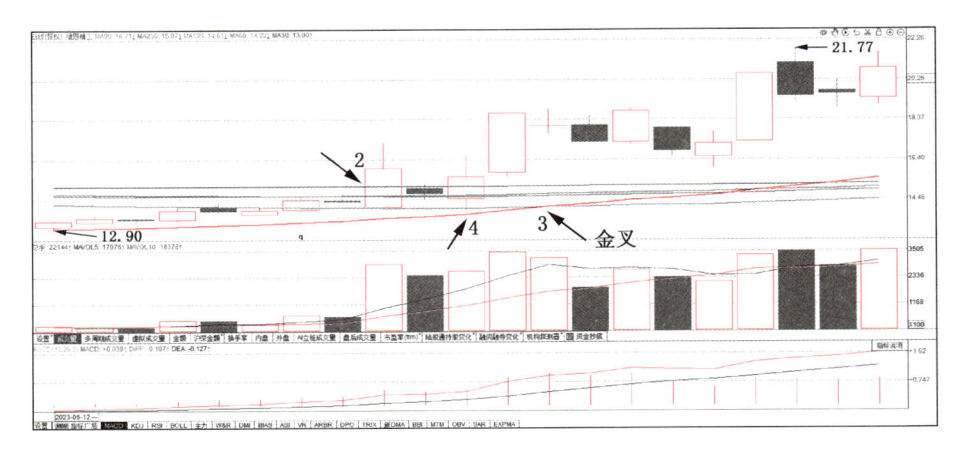

图3－2

图3－3是胜宏科技(300476)在2021年7月至2021年8月这段时间的日K线图。见图中2处,股价放量突破30天均线且一阳站五线,随后股价在"黄金通道"内回抽30天均线就是建仓的机会,见图中4处,因为回抽30天均线时30天均线即将金叉60天均线,这里的即将金叉也能构成强支撑并提供向上的动能。方法越简单,就越容易执行,把简单的方法执行到极致,效果一定会立竿见影。

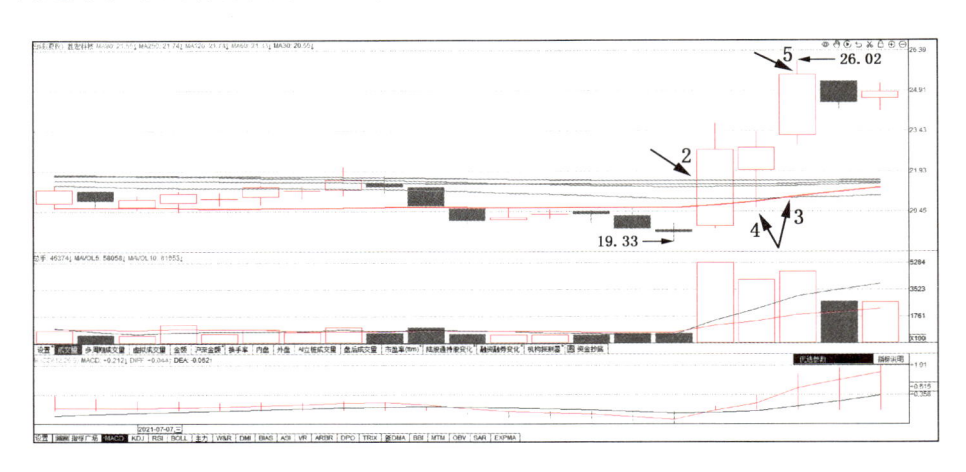

图3－3

图3－4是南威软件(603636)在2024年10月至2025年2月这段时间的周K线图。见图中左4处，股价在"黄金通道"内回抽60周均线就是建仓的机会。因为股价回抽60周均线时，30周均线即将金叉60周均线，这里的即将金叉也能构成强支撑并提供向上的动能。随后股价突破及回抽120周均线(最上面一线)也是建仓的机会。

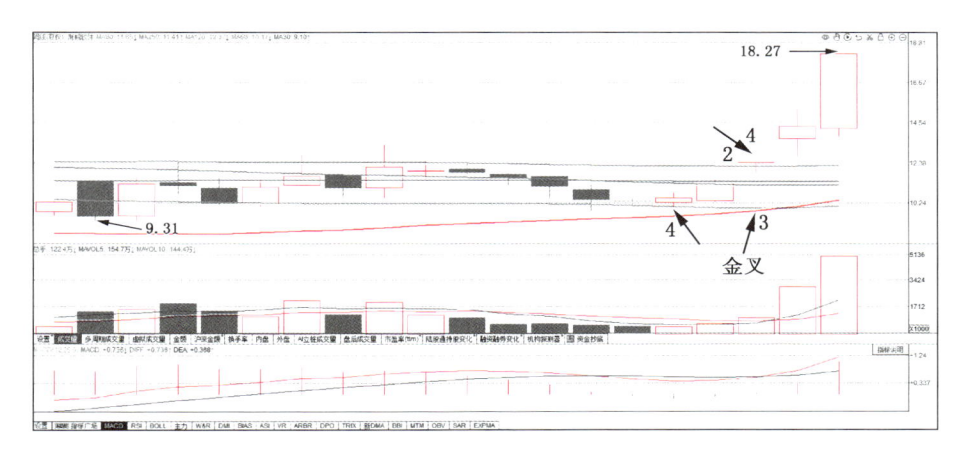

图3－4

图3－5是实丰文化(002862)在2024年3月至2024年12月这段时间的月K线图。见图中4处，股价回抽30月均线就是建仓的机会，因为回抽30月均线时30月均线即将金叉60月均线，这里的即将金叉也能构成强支撑并提供向上的动能，同时也封杀了股价下跌的空间。

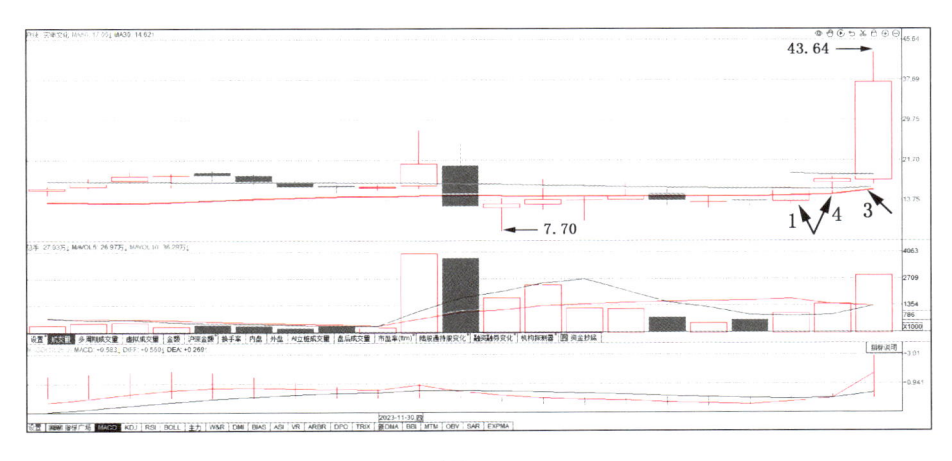

图3－5

图3-6是湖南裕能(301358)在2024年8月至2024年11月这段时间的日K线图。见图中4处,股价回抽最上面一线就是建仓的机会,因为回抽最上面一线时30天均线即将金叉90天均线,这里的即将金叉也能构成强支撑并提供向上的动能。

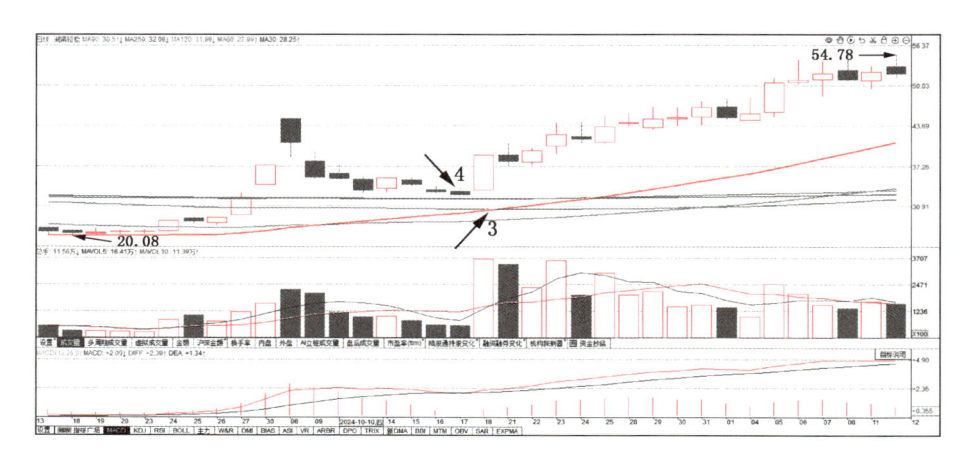

图3-6

图3-7是新元科技(300472)在2021年3月至2021年4月这段时间的日K线图。见图中右4处,股价回抽30天均线就是建仓的机会,因为回抽30天均线时30天均线即将金叉90天均线,这里的即将金叉也能构成强支撑并提供向上的动能。当然,之前股价突破30天均线也是建仓的机会,见图中左4处。

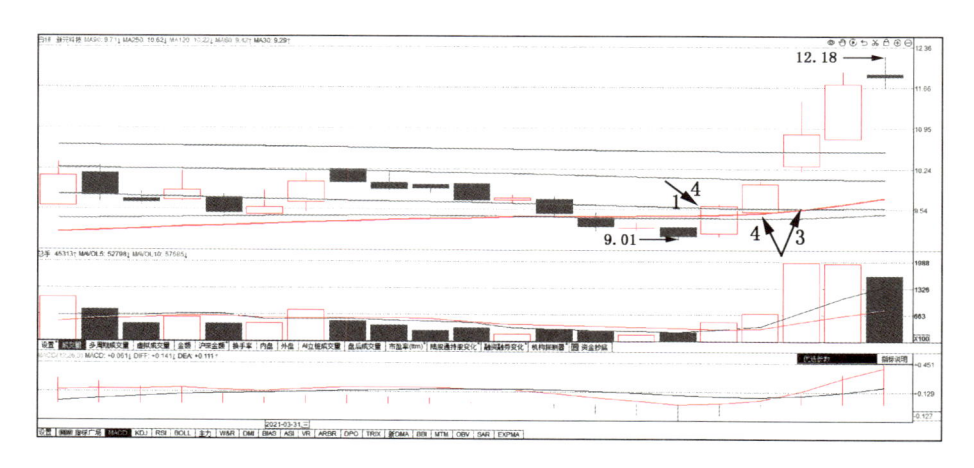

图3-7

图 3—8 是博睿数据(688229)在 2024 年 10 月至 2025 年 2 月这段时间的周 K 线图。见图中 4 处，股价回抽 30 周均线和 90 周均线就是建仓的机会。因为回抽时 30 周均线即将金叉 90 周均线，这里的即将金叉也能构成强支撑并提供向上的动能，同时封杀了股价下跌的空间。

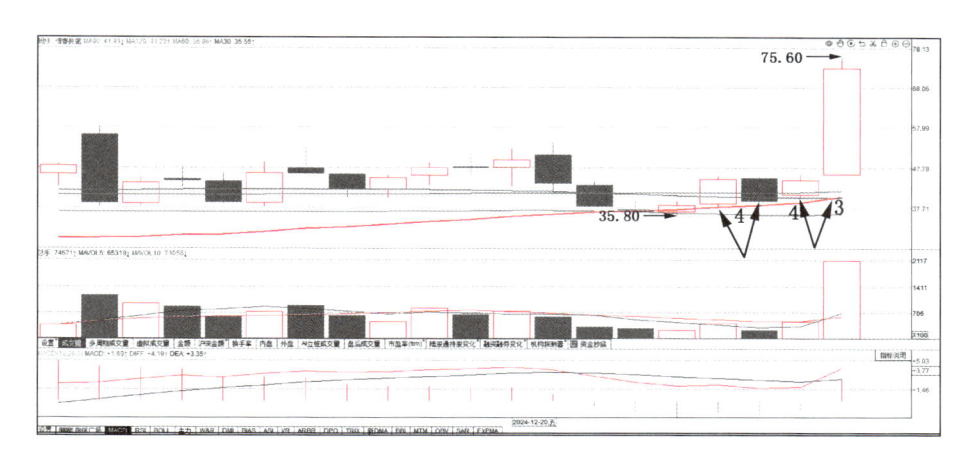

图 3—8

图 3—9 是莲花控股(600186)在 2022 年 5 月至 2023 年 10 月这段时间的月 K 线图。五线的布局是标准的"黄金通道"。见图中左 4 处，股价在"黄金通道"内回抽 30 月均线就是建仓的机会。随后股价回抽最上面一线仍是建仓的机会，因为回抽最上面一线时 30 月均线即将金叉 90 月均线，这里的即将金叉也能构成强支撑并提供向上的动能。

图 3—9

图 3-10 是深南电 A(000037)在 2022 年 5 月至 2022 年 6 月这段时间的日 K 线图。五线的布局是标准的"黄金通道"。见图中 4 处，股价在"黄金通道"内回抽 120 天均线就是建仓的机会，因为回抽 120 天均线时 30 天均线即将金叉 120 天均线，这里的即将金叉也能构成强支撑并提供向上的动能。随后股价回抽最上面一线仍是建仓的机会。实盘操作时，我们要力争做到买入就上涨，这样就可以快速脱离我们的成本区，然后五个交易日内择机抛出。

图 3-10

图 3-11 是本立科技(301065)在 2023 年 7 月至 2023 年 8 月这段时间的日 K 线图。见图中右 4 处，股价回抽 120 天均线就是建仓的机会，因为回抽 120 天均线时 30 天均线即将金叉 120 天均线，这里的即将金叉也能构成强支撑并提供向上的动能。随后股价回抽最上面一线仍是建仓的机会。做股票一定要学会独立思考和操作。

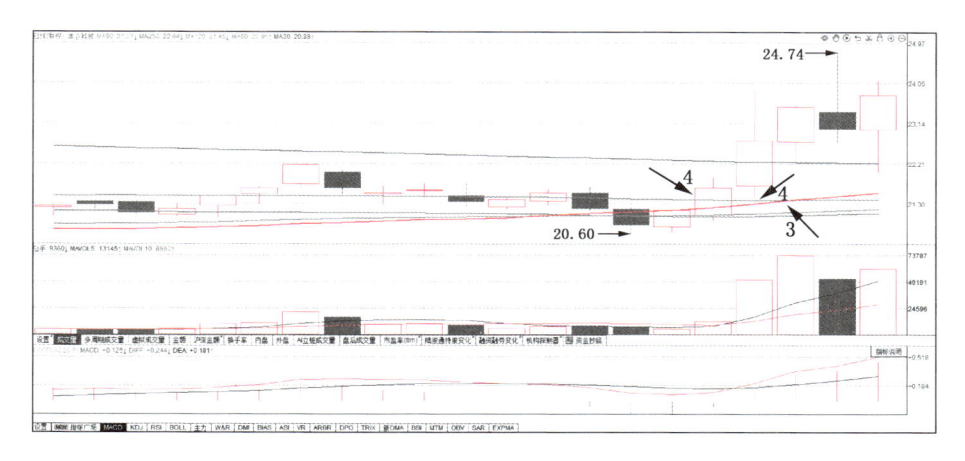

图 3—11

图 3—12 是光弘科技(300735)在 2023 年 6 月至 2023 年 11 月这段时间的周 K 线图。五线的总体布局是倚天剑分类 4，当然也可以看成是"黄金通道"。见图中 4 处，股价在"黄金通道"内回抽 120 周均线就是建仓的机会，因为回抽 120 周均线时 30 周均线即将金叉 120 周均线，这里的即将金叉也能构成强支撑并提供向上的动能。

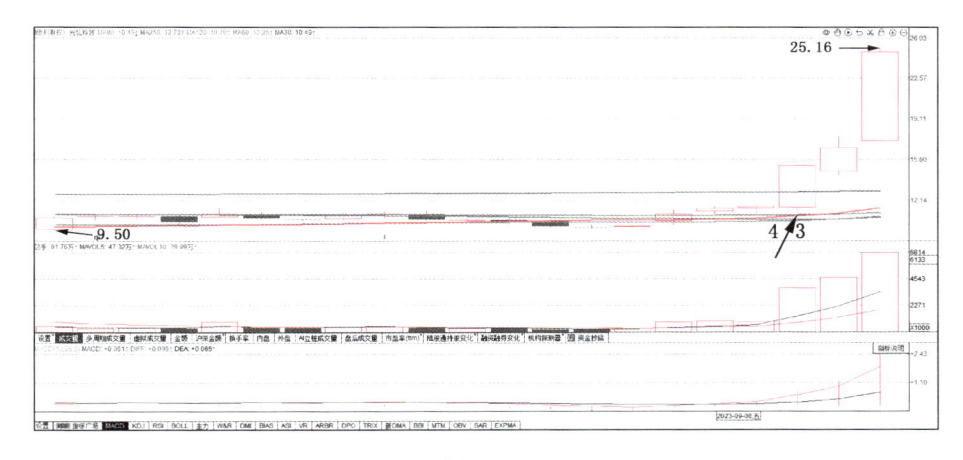

图 3—12

图 3—13 是拓维信息(002261)在 2024 年 1 月至 2024 年 12 月这段时间的月 K 线图。四线的布局也是"黄金通道"。见图中 4 处，股价突破与回抽 30 月

均线都是建仓的机会,因为30月均线即将金叉120月均线,这里的即将金叉也能构成强支撑并提供向上的动能。

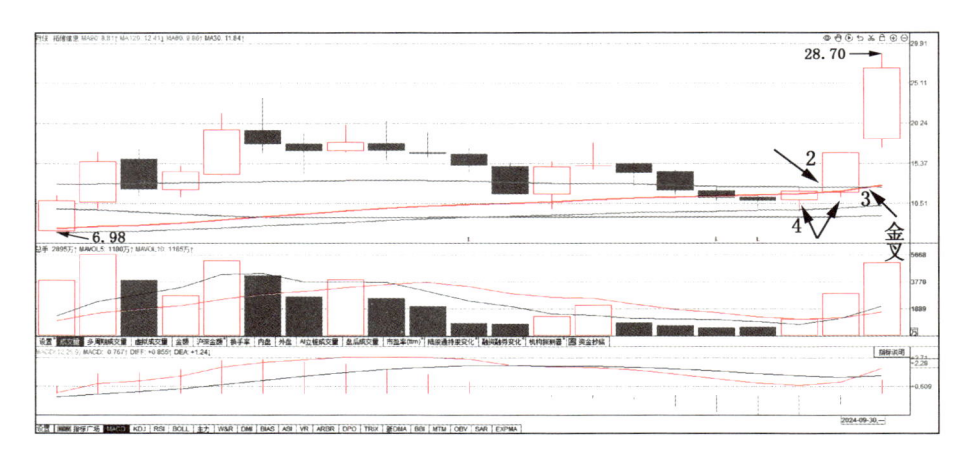

图 3-13

图 3-14 是多瑞医药(301075)在 2024 年 7 月至 2024 年 8 月这段时间的 60 分钟 K 线图。五线的布局是标准的"黄金通道"。见图中 4 处,股价回抽最上面一线(250 均线)就是建仓的机会,因为回抽最上面一线时 30 均线即将金叉 250 均线,这里的即将金叉也能构成强支撑并提供向上的动能。

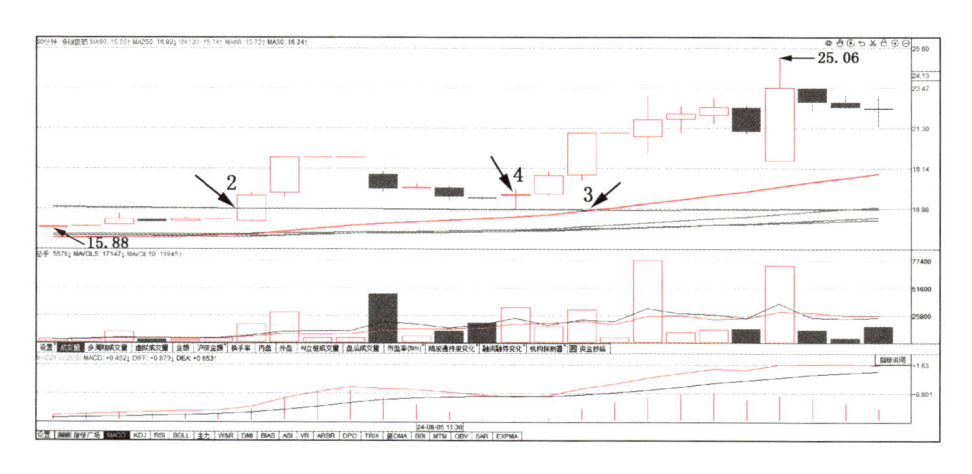

图 3-14

图 3-15 是华立股份(603038)在 2024 年 7 月至 2024 年 11 月这段时间的

日 K 线图。五线的布局是标准的"黄金通道"。见图中 4 处，股价回抽最上面一线（250 天均线）就是建仓的机会，因为回抽最上面一线时 30 天均线即将金叉 250 天均线，这里的即将金叉也能构成强支撑并提供向上的动能。而且在此之前，30 天均线刚刚金叉 120 天均线。

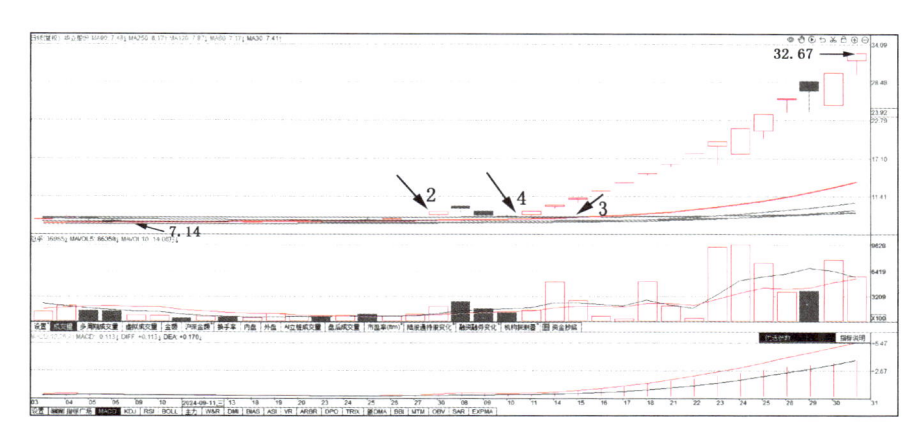

图 3－15

图 3－16 是小米集团-W(01810)在 2024 年 2 月至 2024 年 12 月这段时间的周 K 线图。见图中 4 处，股价回抽 30 周均线就是建仓的机会，因为回抽 30 周均线时 30 周均线即将金叉 250 周均线，见图中 3 处，这里的即将金叉也能构成强支撑并提供向上的动能。

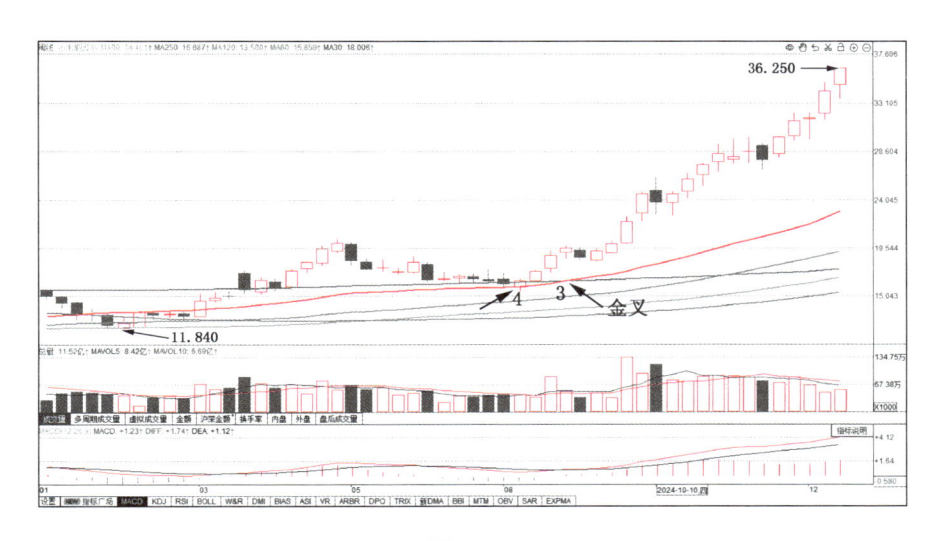

图 3－16

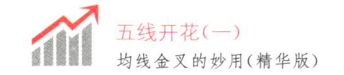

图 3－17 是华锡有色(600301)在 2020 年 10 月至 2022 年 3 月这段时间的月 K 线图。五线的布局是标准的"黄金通道"。见图中 4 处,股价回抽 250 月均线就是建仓的机会,因为回抽 250 月均线时 30 月均线即将金叉 250 月均线,这里的即将金叉也能构成强支撑并提供向上的动能。

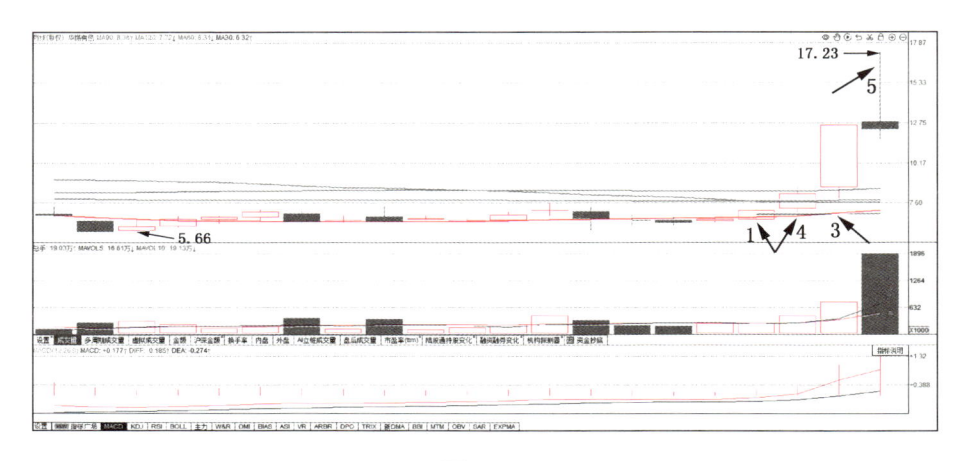

图 3－17

第二节　正在金叉

要点

(1)30 均线正在和另外某一条或某几条均线金叉;

(2)股价放量突破 30 均线;

(3)突破与回抽 30 均线就是建仓的机会,有时回抽其他均线也是建仓的机会。

图 3－18 是宏基集团控股(01718)在 2023 年 7 月至 2023 年 9 月这段时间的日 K 线图。见图中右 4 处,股价回调到最下面一线(250 天均线)就是建仓的机会,因为回抽 250 天均线时 30 天均线正在金叉 60 天均线,这里的金叉构成强支撑并提供向上的动能,同时封杀了股价下跌的空间。所以当天股价很快重返 30 天均线上方,且收了个长长的下影线,这就是金叉的妙用。当然,之前股价突破与回抽最上面一线(60 天均线)也是建仓的机会。

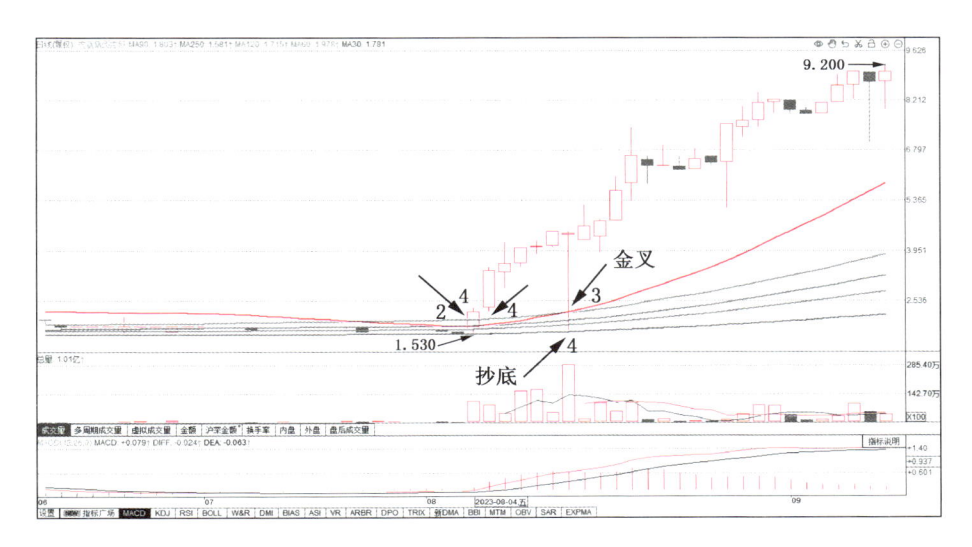

图 3－18

图 3－19 是新火科技控股(01611)在 2020 年 10 月至 2021 年 1 月这段时间的周 K 线图。见图中 2 处，股价放量突破 30 周均线且一阳站四线，我们放入自选股中跟踪关注。再看图中 4 处，股价回抽 30、60、90、120 周均线都是建仓的机会，因为回抽时 30 周均线正在金叉 60 周均线，这里的金叉构成强支撑并提供向上的动能，同时封杀了股价下跌的空间。所以，股价虽然最低回调到 120 周均线附近，但很快重返 30 周均线上方，且收了个长长的下影线。

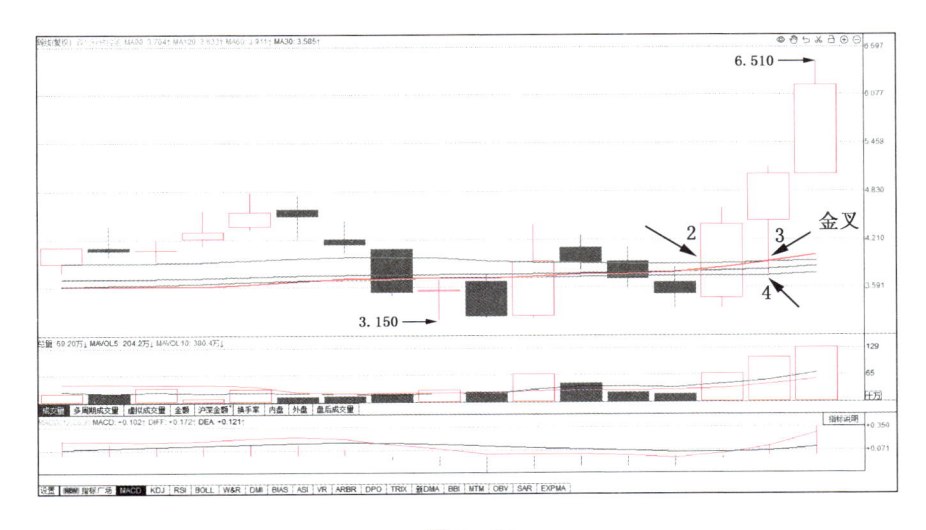

图 3－19

图 3－20 是阳普医疗(300030)在 2024 年 8 月至 2024 年 9 月这段时间的日 K 线图。见图中 4 处，股价回抽 30 天均线就是建仓的机会，因为回抽 30 天均线时 30 天均线正在金叉 90 天均线，这里的金叉构成强支撑并提供向上的动能。所以，随后该股开始了新一轮上涨。

请注意：均线金叉往往意味着变盘来临。

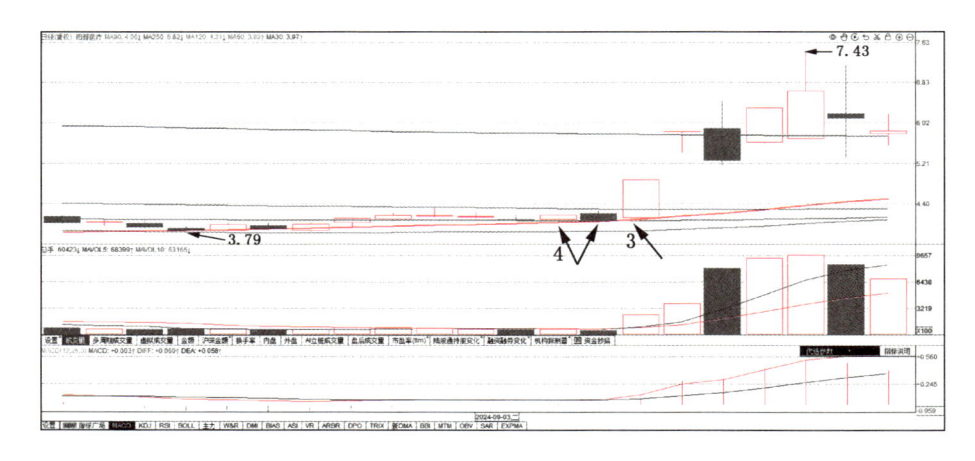

图 3－20

图 3－21 是凯迪股份(605288)在 2023 年 9 月至 2023 年 12 月这段时间的周 K 线图。见图中 1 处，股价放量突破 30 周均线且一阳站三线，我们放入自选股中跟踪关注。再看图中右 4 处，股价回抽 30 周均线就是建仓的机会，因为回抽时 30 周均线正在金叉 90 周均线，这里的金叉构成强支撑并提供向上的动能。股价反弹到最上面一线附近就可抛出，然后转战下只股票，我们只抓最有把握的机会。

请记住：做股票最终一定靠的是自己。

图 3－22 是港股金马能源(06885)在 2020 年 11 月至 2021 年 2 月这段时间的周 K 线图。见图中 1 处，股价放量突破 30 周均线且一阳站两线，我们放入自选股中跟踪关注。再看图中 4 处，转债价格回抽 30 周均线就是建仓的机会，因为回抽时 30 周均线正在金叉 90 周均线，这里的金叉构成强支撑并提供向上的动能。本书你能学到的都是笔者独创的操盘技巧，这在其他任何地方都学不到。

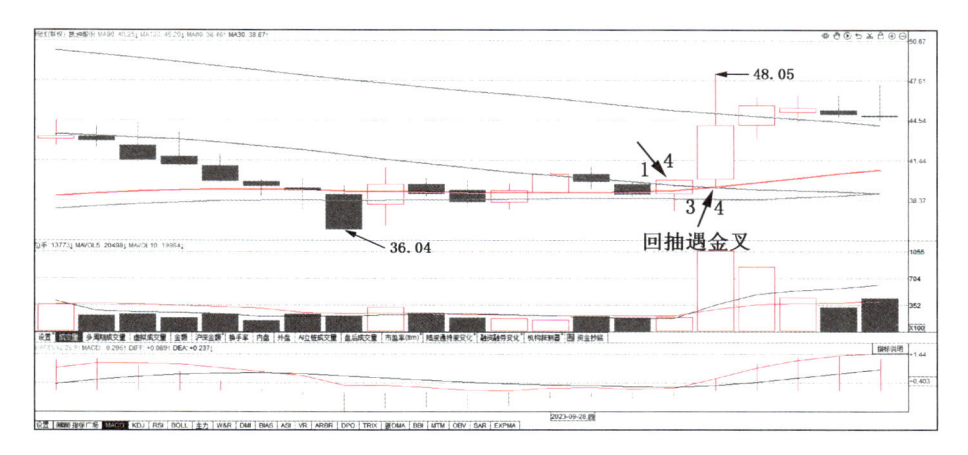

图3－21

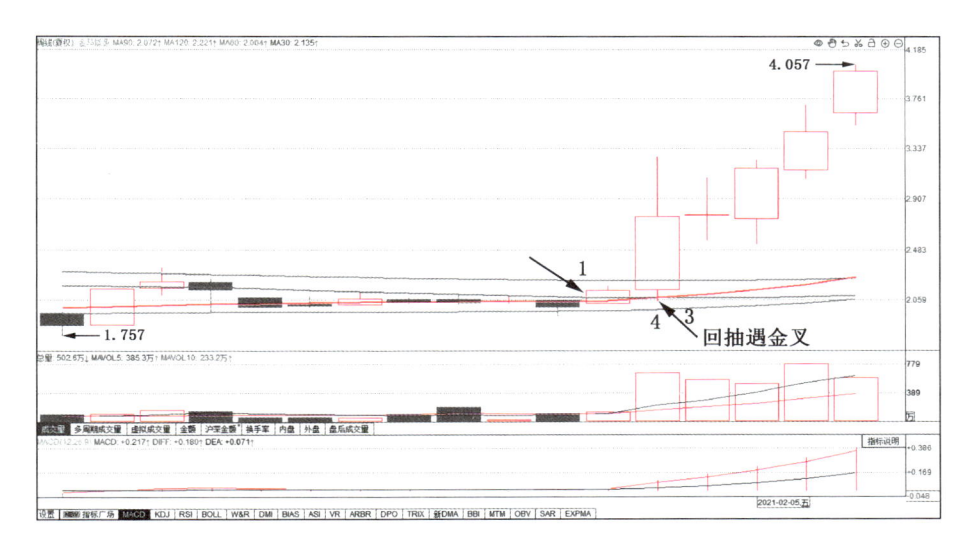

图3－22

图3－23是华兴资本控股(01911)在2020年10月至2021年2月这段时间的周K线图。见图中3处,股价放量突破30周均线且一阳站两线,股价突破30周均线就是建仓的机会。因为突破时30周均线正在金叉120周均线,这里的金叉对股价有着强烈的向上牵引作用,且伴随着金叉的突破爆发力强。当然,我们也可以在金叉的上个交易周逢低建仓,或在金叉的这一周的周一逢低建

仓,也就是用到金叉的预判,因为一旦30周均线金叉120周均线,就是见证奇迹的时刻。

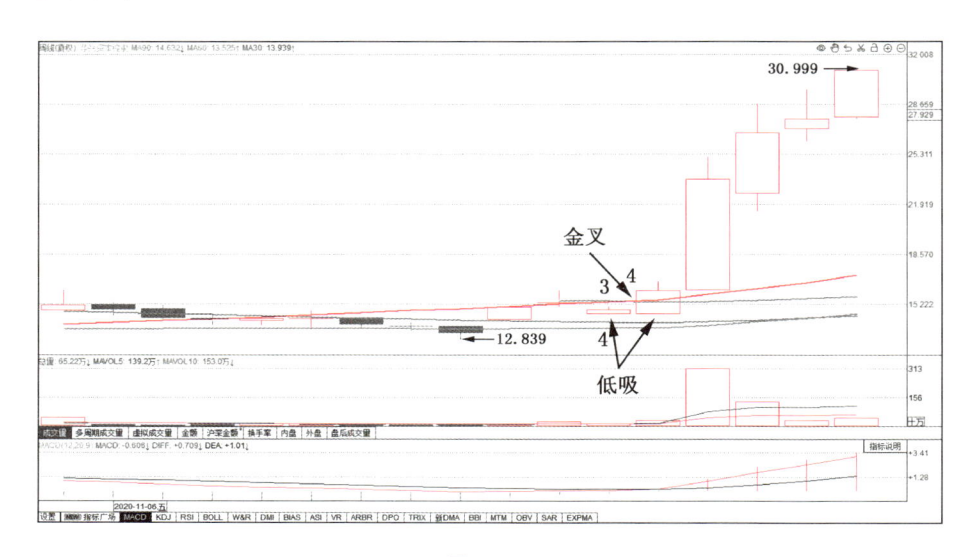

图 3-23

图 3-24是安道麦A(000553)在2013年1月至2013年9月这段时间的周K线图。见图中3处,股价回抽30周均线就是建仓的机会,因为回抽时30周均线正在金叉120周均线,这里的金叉构成强支撑并提供向上的动能。就算跌破30周均线也不用害怕,因为股价会很快重返30周均线上方,这就是金叉的妙用。

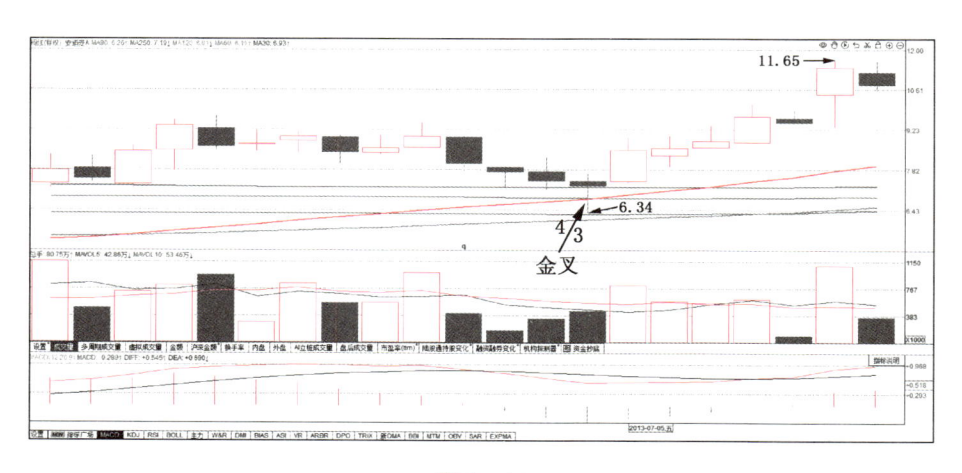

图 3-24

图 3-25 是港股新焦点(00360)在 2013 年 3 月至 2013 年 11 月这段时间的周 K 线图。见图中 3 处,股价回抽 30 周均线就是建仓的机会,因为回抽时 30 周均线正在金叉 120 周均线,这里的金叉构成强支撑并提供向上的动能。股价连续拉升后有横盘迹象时就可抛出。

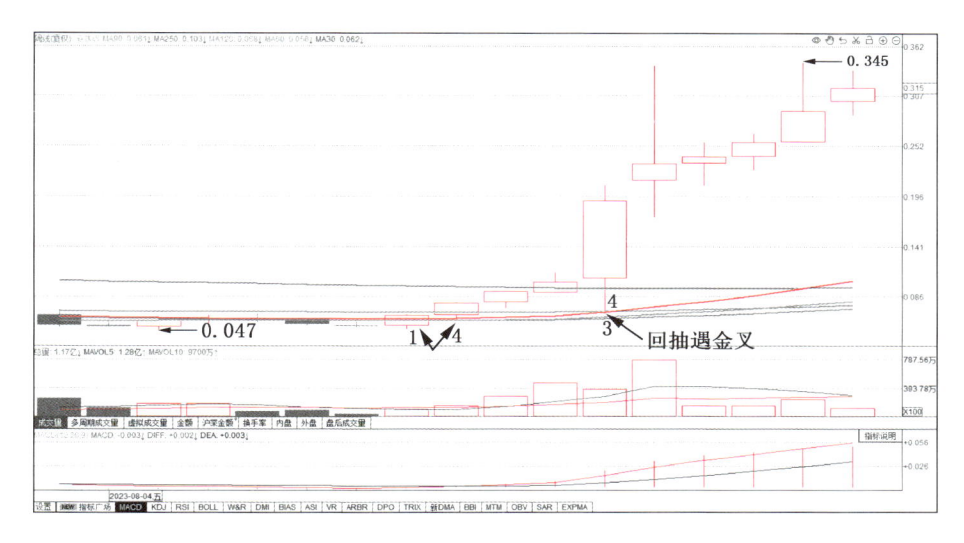

图 3-25

图 3-26 是天创转债(113589)在 2024 年 7 月至 2024 年 9 月这段时间的日 K 线图。见图中 4 处,转债价格回抽最上面一线时就是建仓的机会,因为回抽时 30 天均线正在金叉 250 天均线,这里的金叉构成强支撑并提供向上的动能。图中我们看到转债价格在最上面一线上方附近横盘很久,目的就是等待 30 天均线跟上来,然后金叉提供上涨的动能(变盘)。

图 3-27 是日上集团(002593)在 2024 年 10 月至 2024 年 12 月这段时间的日 K 线图。见图中 4 处,股价回抽 30 天均线就是建仓的机会。因为回抽时 30 天均线正在金叉 250 天均线,这里的金叉构成强支撑并提供向上的动能。图中我们看到股价在最上面一线附近横盘很久,目的就是等待 30 天均线跟上来,然后金叉提供上涨的动能(变盘)。

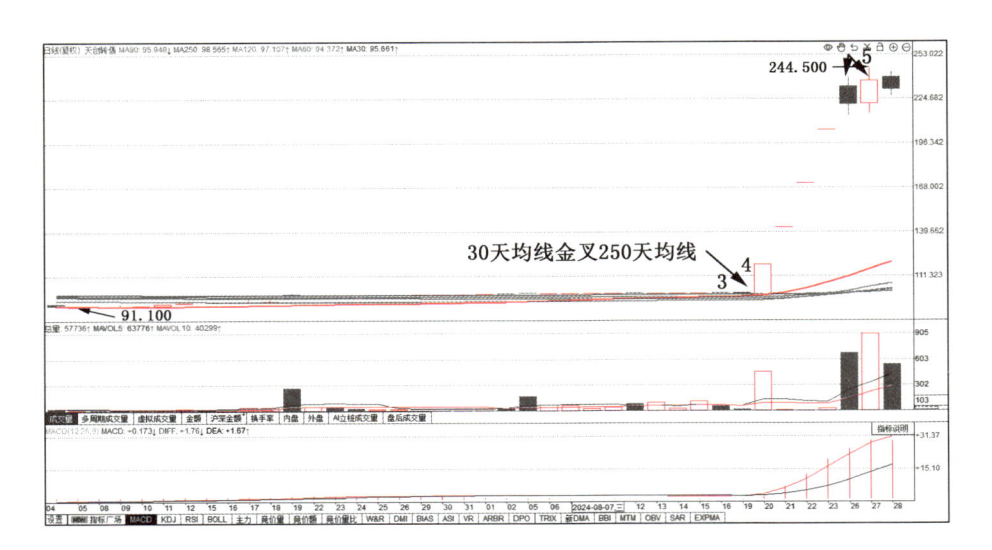

图 3－26

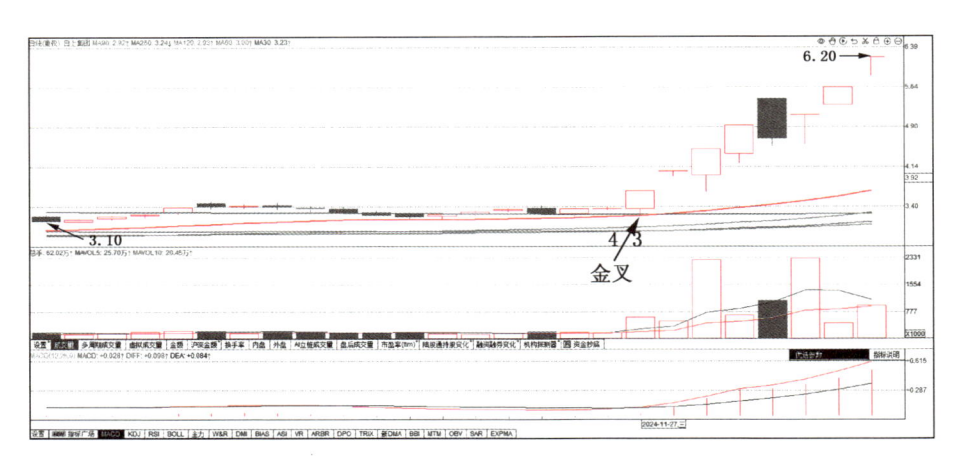

图 3－27

第三节　刚刚金叉

要点

（1）30均线刚刚和另外某一条或某几条均线金叉；

（2）股价放量突破30均线；

（3）突破与回抽30均线就是建仓的机会，有时回抽其他均线也是建仓的机会。

图3-28是中超控股(002471)在2011年7月至2011年8月这段时间的日K线图。见图中1处，股价放量突破30天均线且一阳站两线，我们放入自选股跟踪关注。再看图中4处，股价回抽30天均线就是建仓的机会，因为回抽时30天均线刚刚金叉60天均线，这里的刚刚金叉也能构成强支撑并提供向上的动能。股价连续拉升后有横盘迹象时就可抛出，然后转战下只股票，我们只做最有把握的波段。

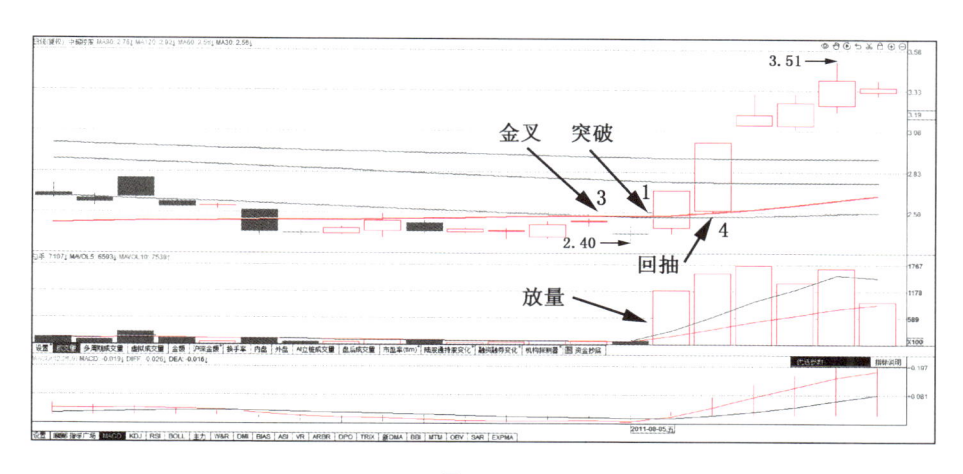

图3-28

图3-29是东山精密(002384)在2024年4月至2024年11月这段时间的

周 K 线图。见图中 4 处,股价在"黄金通道"内回抽 30 周均线就是建仓的机会,因为回抽时 30 周均线刚刚金叉 60 周均线,这里的刚刚金叉也能构成强支撑并提供向上的动能。

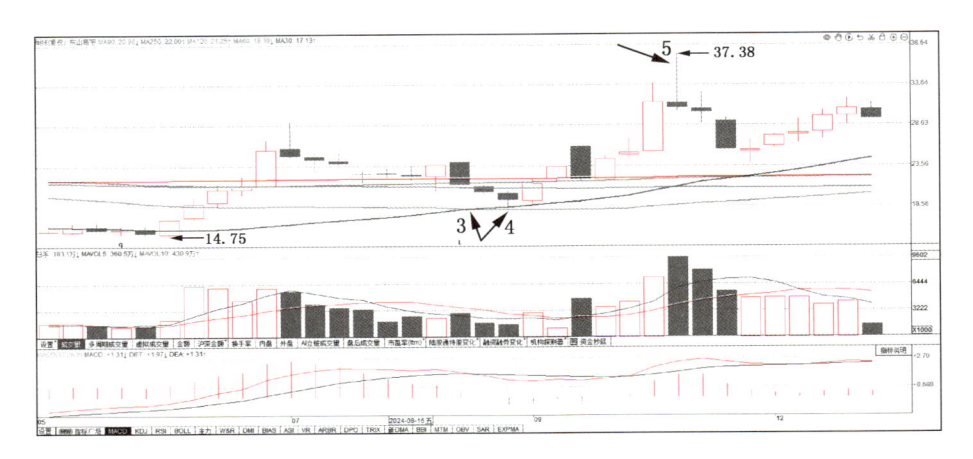

图 3－29

图 3－30 是北特科技(603009)在 2023 年 1 月至 2023 年 12 月这段时间的月 K 线图。见图中 4 处,股价回抽 30 月均线就是建仓的机会,因为回抽时 30 月均线刚刚金叉 60 月均线,这里的刚刚金叉也能构成强支撑并提供向上的动能。

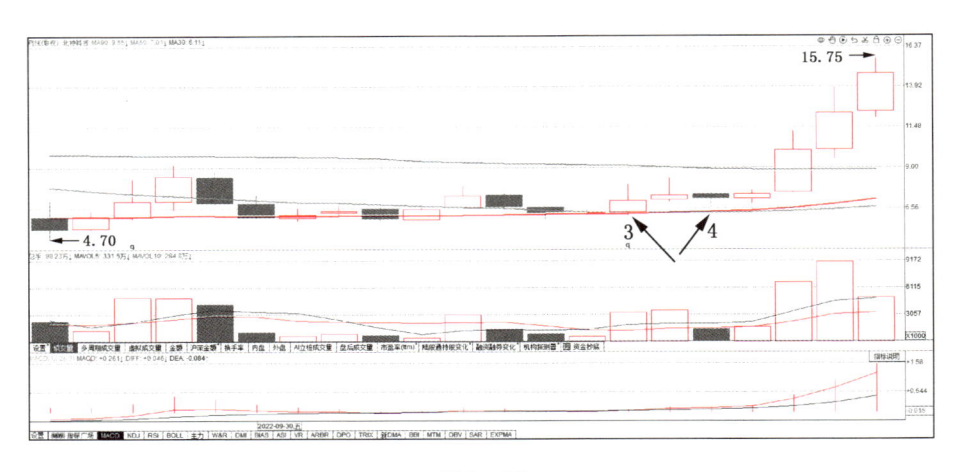

图 3－30

图 3-31 是国城矿业(000688)在 2021 年 10 月至 2022 年 2 月这段时间的周 K 线图。见图中 4 处，股价在"黄金通道"内回抽 30 周均线就是建仓的机会，因为回抽时 30 周均线刚刚金叉 250 周均线，这里的刚刚金叉也能构成强支撑并提供向上的动能。

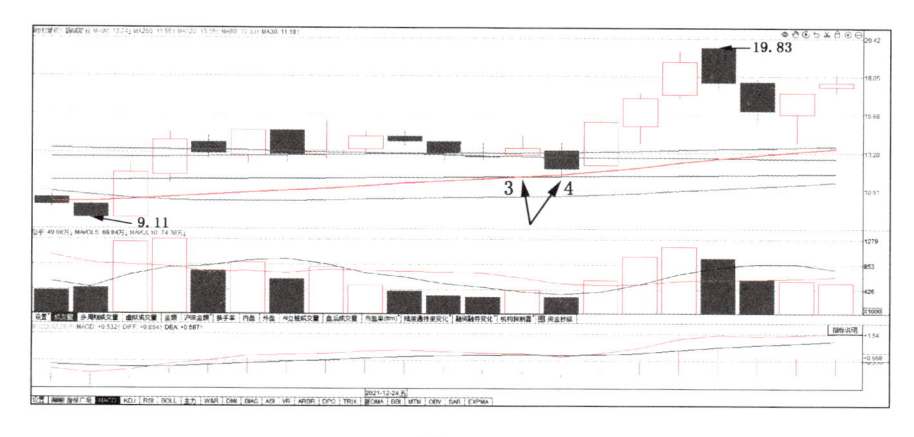

图 3-31

图 3-32 是宏创控股(002379)在 2024 年 2 月至 2024 年 12 月这段时间的月 K 线图。见图中右 4 处，股价回抽 30 月均线就是建仓的机会，因为回抽时 30 月均线刚刚金叉 120 月均线，这里的刚刚金叉也能构成强支撑并提供向上的动能。

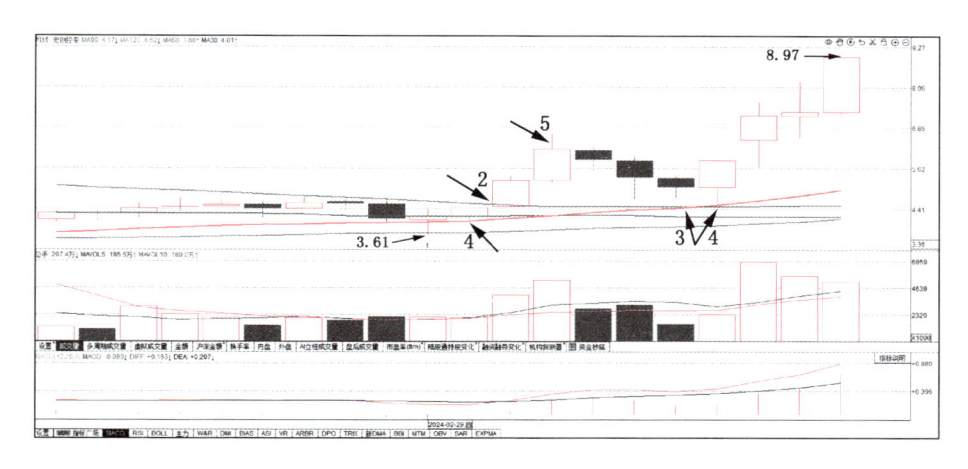

图 3-32

第四章

金叉的四个分类

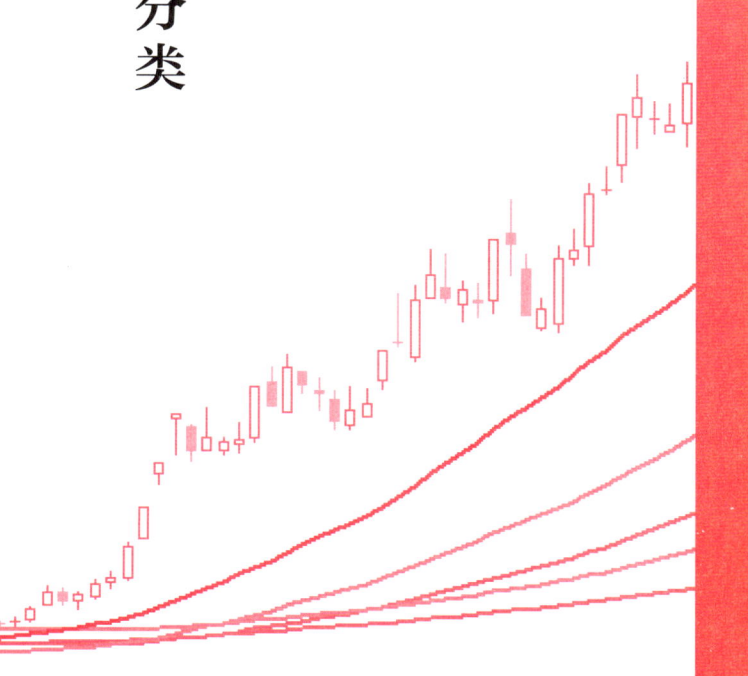

均线金叉主要分为四类：30均线金叉60均线，30均线金叉90均线，30均线金叉120均线，30均线金叉250均线。

第一节　30金叉60

要点

（1）30均线即将或正在或刚刚金叉60均线；
（2）股价放量突破这两条均线；
（3）突破及回抽30均线或60均线就是买点。

图4－1是中电电机（603988）在2021年2月至2021年4月这段时间的日K线图。见图中4处，股价在"黄金通道"内回抽30天均线就是建仓的机会，因为回抽时30天均线正在金叉60天均线，即回抽遇金叉。这里的金叉也能构成强支撑并提供向上的动能，而且五线的布局也是"黄金通道"，所以短线爆发力强，因为出现了技术共振。炒股最看重的是成功率，没有把握绝不轻易出手，忍受着寂寞，时机一到，出手不凡，则必定做到"稳、准、狠"。

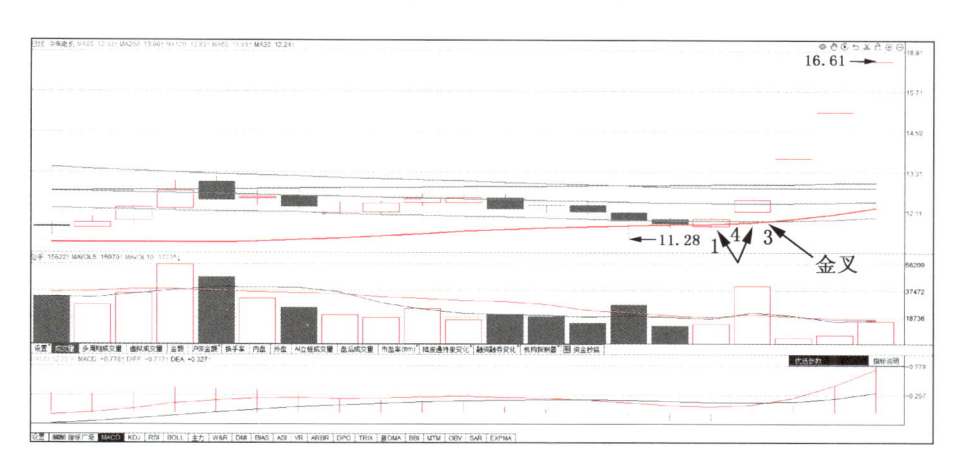

图4－1

图4－2是亚信安全(688225)在2024年10月至2025年2月这段时间的周K线图。见图中4处，股价回抽30周均线就是建仓的机会。因为回抽时恰好遇到30周均线金叉60周均线，即回抽遇金叉。这里的金叉也能构成强支撑并提供向上的动能。技术不是万能的，但是没有技术是万万不能的。

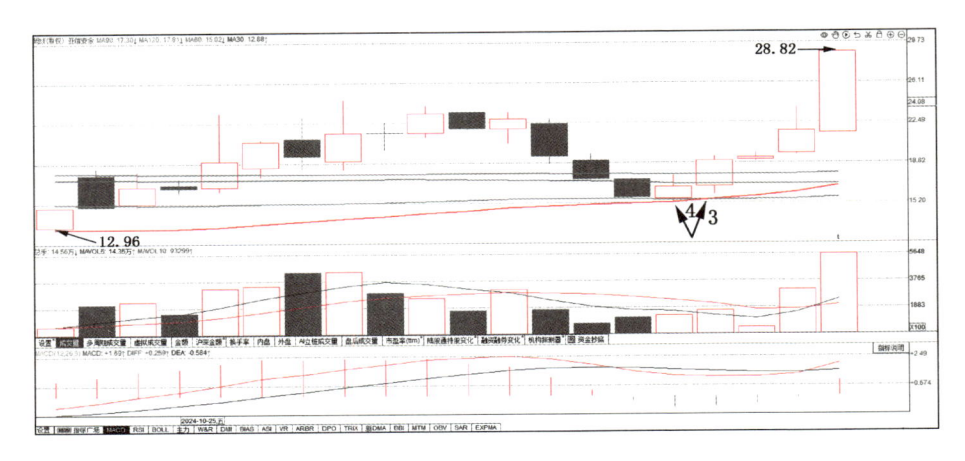

图4－2

图4－3是蓝晓科技(300487)在2020年4月至2021年8月这段时间的月K线图。见图中4处，股价回抽30月均线就是建仓的机会，因为回抽时30月均线即将金叉60月均线，即回抽遇金叉。这里的金叉也能构成强支撑并提供向上的动能。

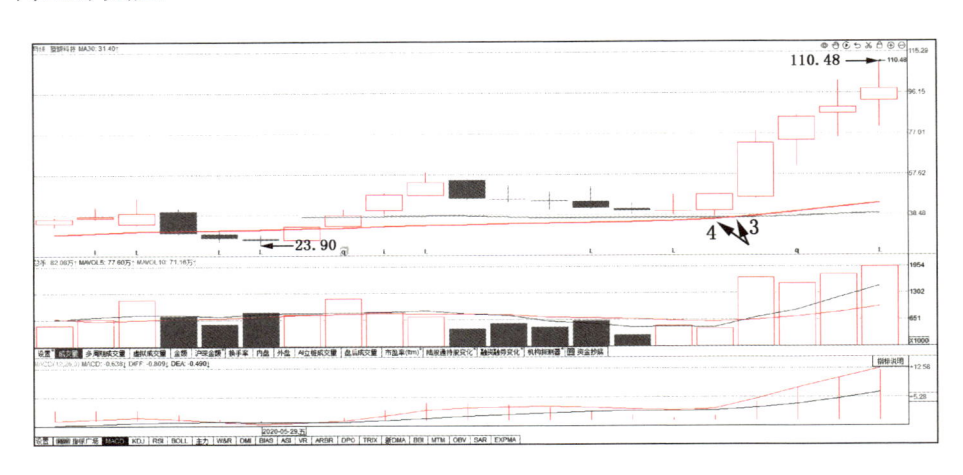

图4－3

图 4－4 是 *ST 花王(603007)在 2023 年 9 月至 2023 年 12 月这段时间的月 K 线图。见图中右 4 处，股价回调到 30 月均线附近就是建仓的机会，因为回抽时 30 月均线即将金叉 60 月均线，即回抽遇金叉。这里的金叉也能构成强支撑并提供向上的动能，同时封杀了股价下跌的空间。

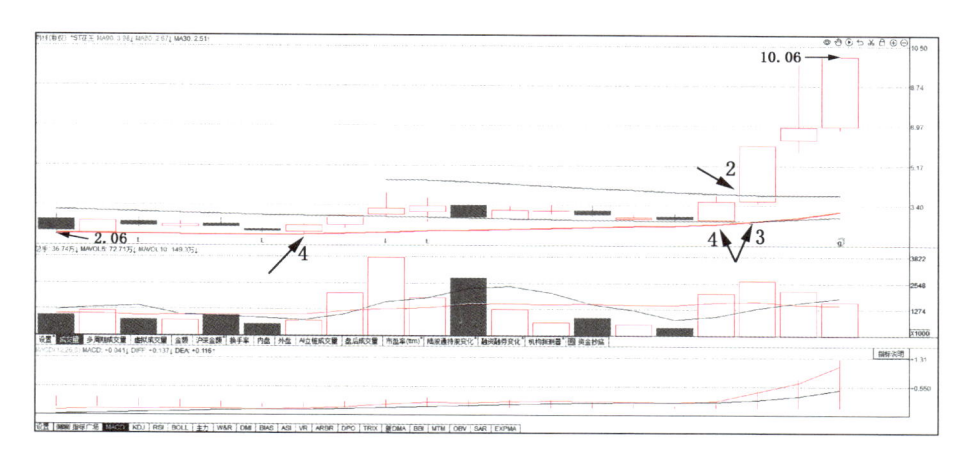

图 4－4

第二节　30 金叉 90

要点

(1)30 均线即将或正在或刚刚金叉 90 均线；
(2)股价放量突破这两条均线；
(3)突破及回抽 30 均线或 90 均线就是买点。

图 4－5 是瑞迪智驱(301596)在 2024 年 9 月至 2024 年 11 月这段时间的日 K 线图。见图中 4 处，股价回抽最上面一线(90 天均线)就是建仓的机会，因为回抽时 30 天均线即将金叉 90 天均线，即回抽遇金叉。这里的金叉也能构成强支撑并提供向上的动能。连续拉升后股价远离 30 天均线可以择机抛出，见图

071

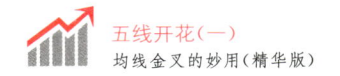

中 5 处。

请注意：在这四个分类中，30 均线金叉 90 均线在实盘操作中运用的频率是最高的。

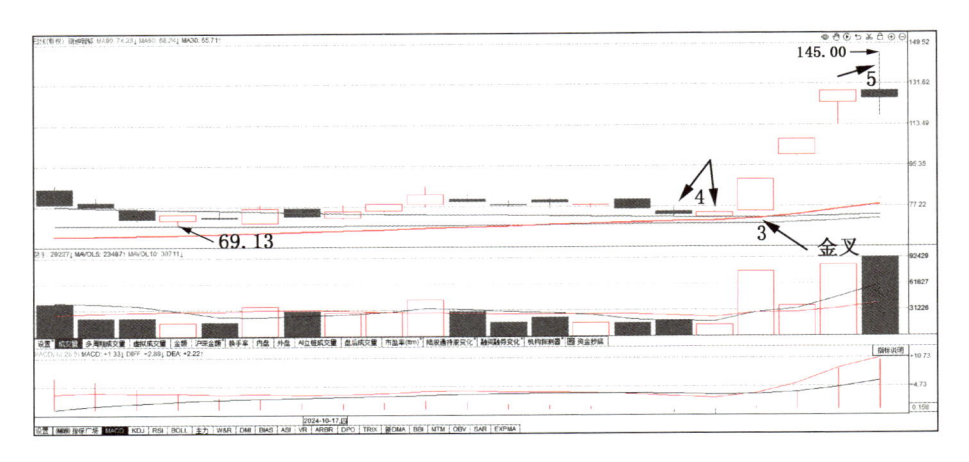

图 4－5

图 4－6 是嘉事堂(002462)在 2020 年 7 月至 2020 年 8 月这段时间的日 K 线图。图中我们看到股价连续放量突破 120 天均线，我们放入自选股中跟踪关注。见图中 4 处，随后股价回抽 120 天均线就是建仓的机会，因为回抽时 30 天均线正在金叉 90 天均线，即回抽遇金叉。这里的金叉也能构成强支撑并提供向上的动能。

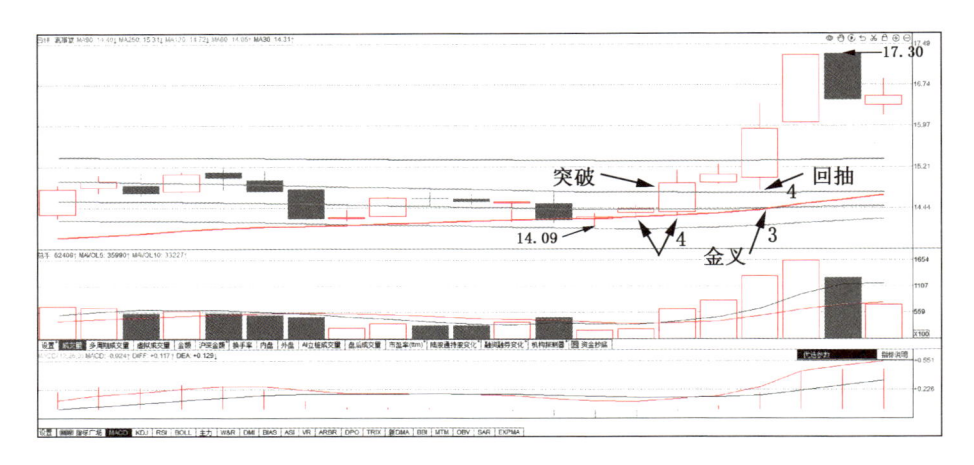

图 4－6

图4-7是港股兴科蓉医药(06833)在2020年11月至2021年3月这段时间的周K线图。图中我们看到股价放量突破90周均线，我们放入自选股中跟踪关注。见图中左4处，随后股价回抽90周均线就是建仓的机会，因为回抽时30周均线正在金叉90周均线，即回抽遇金叉。这里的金叉也能构成强支撑并提供向上的动能。之后股价回抽最上面一线也是建仓的机会。

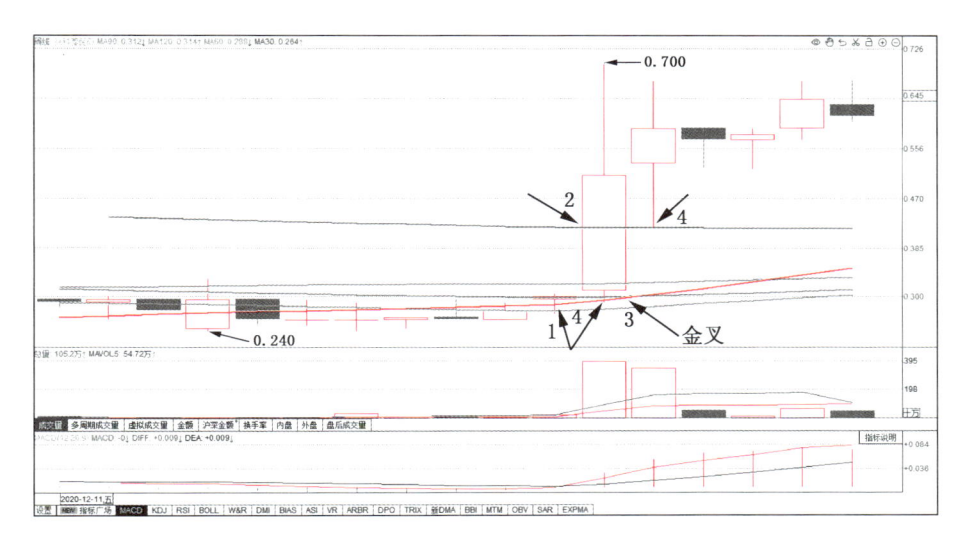

图4-7

图4-8是横店东磁(002056)在2021年4月至2022年7月这段时间的月K线图。图中我们看到股价在"黄金通道"内回抽30月均线就是建仓的机会，因为回抽时30月均线即将金叉90月均线，即回抽遇金叉。这里的金叉也能构成强支撑并提供向上的动能。

图4-9是伟创力(FLEX)在2016年3月至2024年12月这段时间的季K线图。图中我们看到股价连续放量突破90均线，我们放入自选股中跟踪关注。见图中4处，随后股价回抽90季均线就是建仓的机会，因为回抽时30季均线正在金叉90季均线，即回抽遇金叉。这里的金叉也能构成强支撑并提供向上的动能。

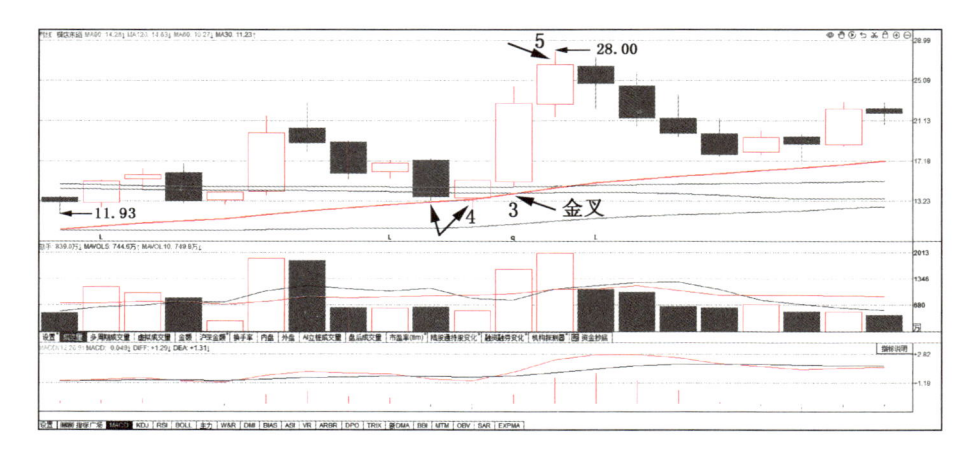

图 4—8

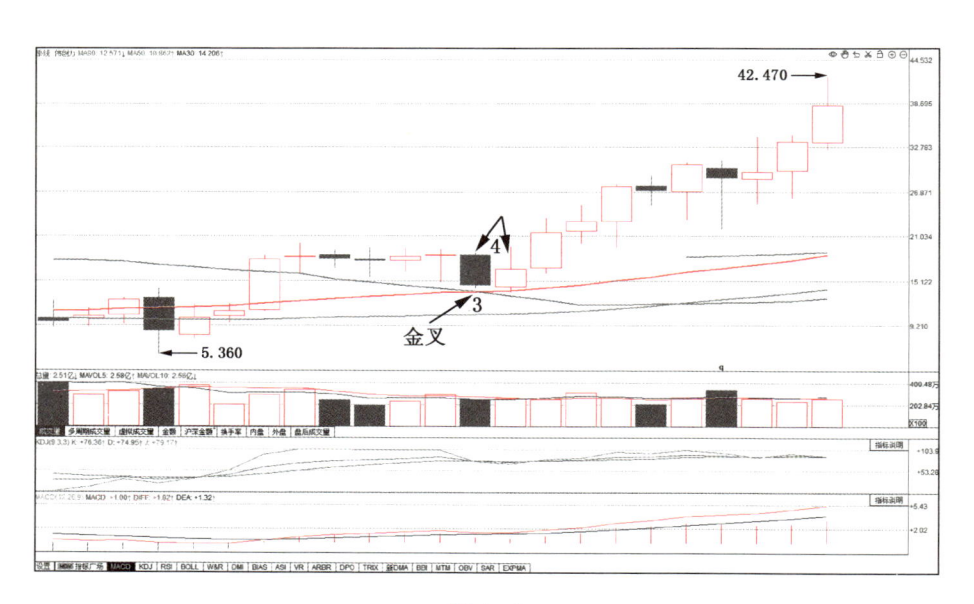

图 4—9

第四章　金叉的四个分类

第三节　30 金叉 120

要点

（1）30 均线即将或正在或刚刚金叉 120 均线；

（2）股价放量突破这两条均线；

（3）突破及回抽 30 均线或 120 均线就是买点。

图 4－10 是港股多想云（06696）在 2024 年 10 月至 2024 年 12 月这段时间的日 K 线图。图中我们看到股价放量突破 30 天均线且一阳站五线，我们放入自选股中跟踪关注。见图中 4 处，第二天股价回抽 30 天均线就是建仓的机会。因为回抽时 30 天均线即将金叉 90 天均线，即回抽遇金叉。这里的金叉也能构成强支撑并提供向上的动能。

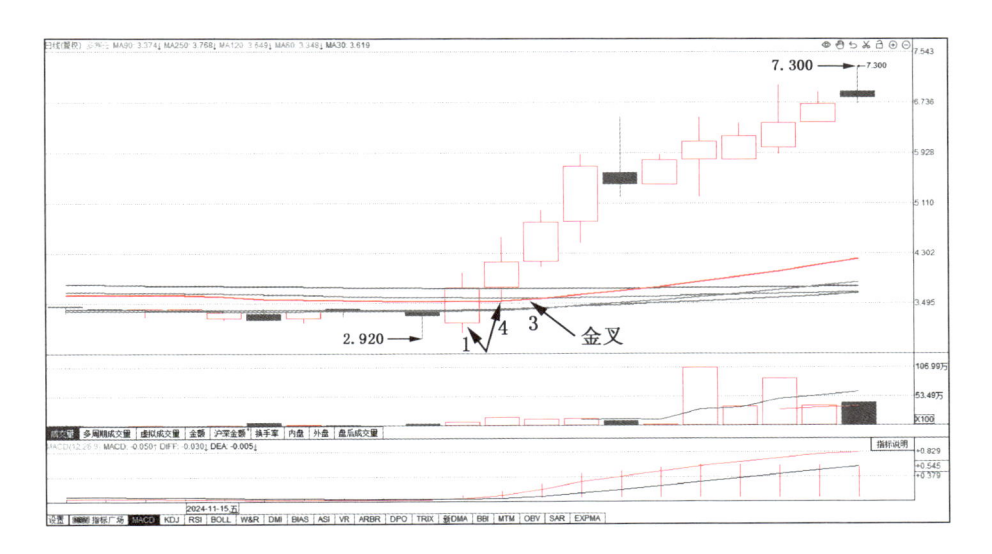

图 4－10

图 4－11 是 ST 恒久（002808）在 2022 年 9 月至 2023 年 2 月这段时间的周 K 线图。图中我们看到股价放量突破 120 周均线且一阳站四线，我们放入自选股中跟踪关注。见图中 4 处，股价回抽 120 周均线就是建仓的机会，因为回抽

时30周均线正在金叉120周均线,即回抽遇金叉。这里的金叉构成强支撑并提供向上的动能,同时封杀了股价下跌的空间。

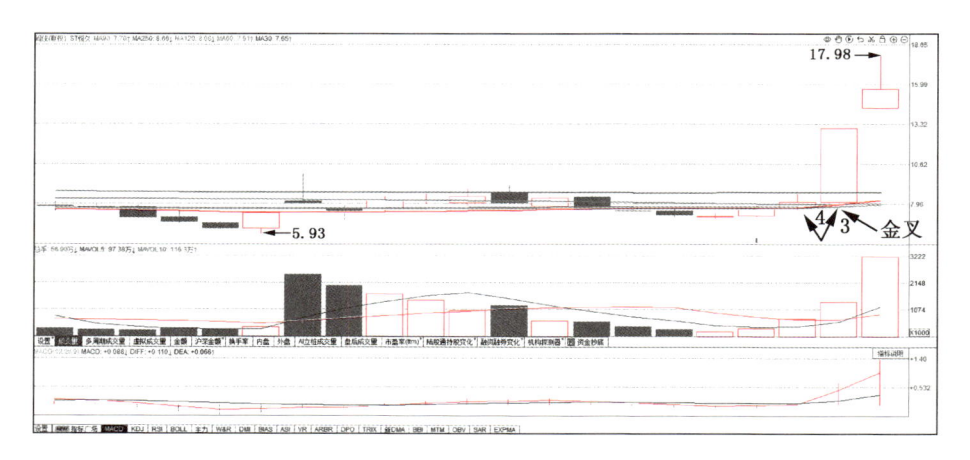

图 4—11

图4—12是大恒科技(600288)在2021年1月至2021年6月这段时间的月K线图。图中我们看到30月均线金叉120月均线时,股价很快重返30月均线上方,这就是金叉的预判。最佳的建仓机会,就是在均线金叉的上一个交易月逢低建仓,或在金叉当月的月初逢低建仓,因为随后就是见证奇迹的时刻。

请注意:在均线金叉的上一个交易月股价还没有向上突破时就可以提前建仓(抄底),这样成本就会更低。

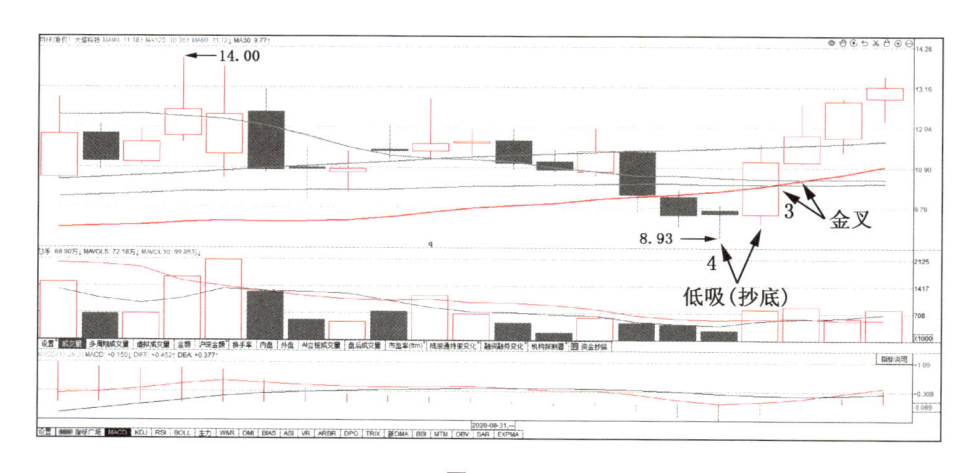

图 4—12

第四节　30 金叉 250

要点

(1) 30 均线即将或正在或刚刚金叉 250 均线；
(2) 股价放量突破这两条均线；
(3) 突破及回抽 30 均线或 250 均线就是买点。

图 4—13 是港股（没有涨跌幅限制）美图公司（01357）在 2020 年 1 月至 2022 年 2 月这段时间的日 K 线图。见图中右 4 处，股价回调到最上面一线（250 天均线）附近就是建仓的机会，因为回抽时 30 天均线正在金叉 250 天均线，即回抽遇金叉。这里的金叉也能构成强支撑并提供向上的动能。连续拉升后股价远离 30 天均线（价值中枢）可以择机抛出。

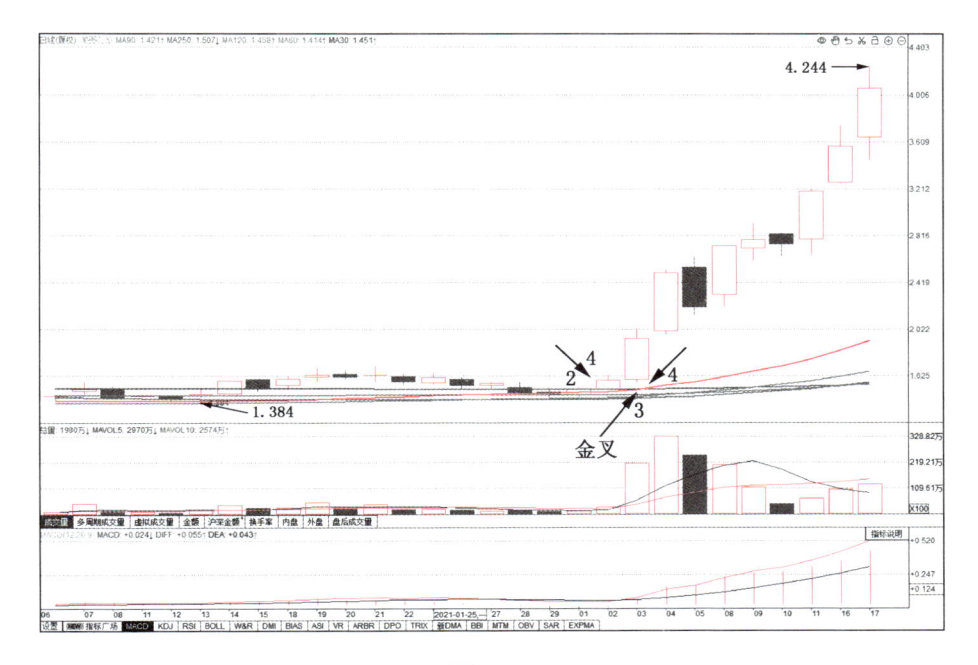

图 4—13

图 4-14 是广博股份(002103)在 2024 年 9 月至 2024 年 11 月这段时间的日 K 线图。见图中 4 处，股价回调到最上面一线(250 天均线)附近就是建仓的机会，因为回抽时 30 天均线正在金叉 250 天均线，即回抽遇金叉。这里的金叉也能构成强支撑并提供向上的动能。连续拉升后股价远离 30 天均线可以择机抛出。

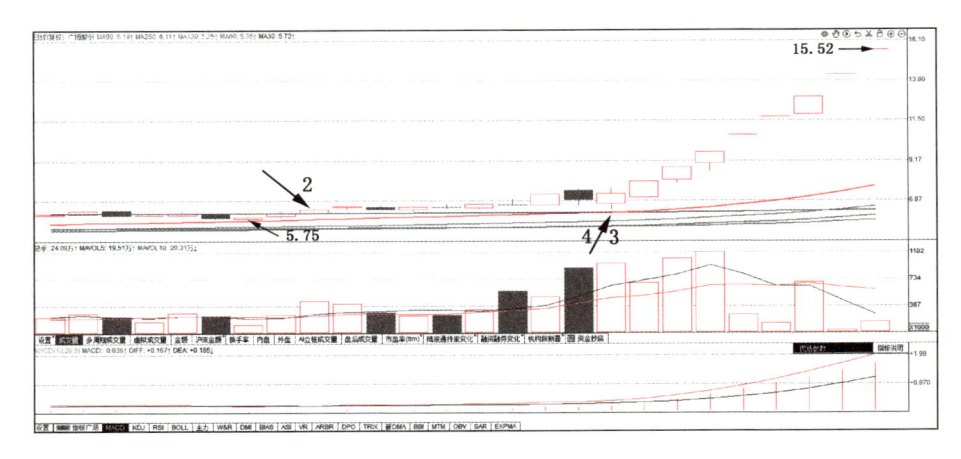

图 4-14

图 4-15 是万辰集团(300972)在 2024 年 7 月至 2024 年 11 月这段时间的日 K 线图。见图中 4 处，股价回调到最上面一线(250 天均线)附近就是建仓的机会，因为回抽时 30 天均线正在金叉 250 天均线，即回抽遇金叉。这里的金叉也能构成强支撑并提供向上的动能。

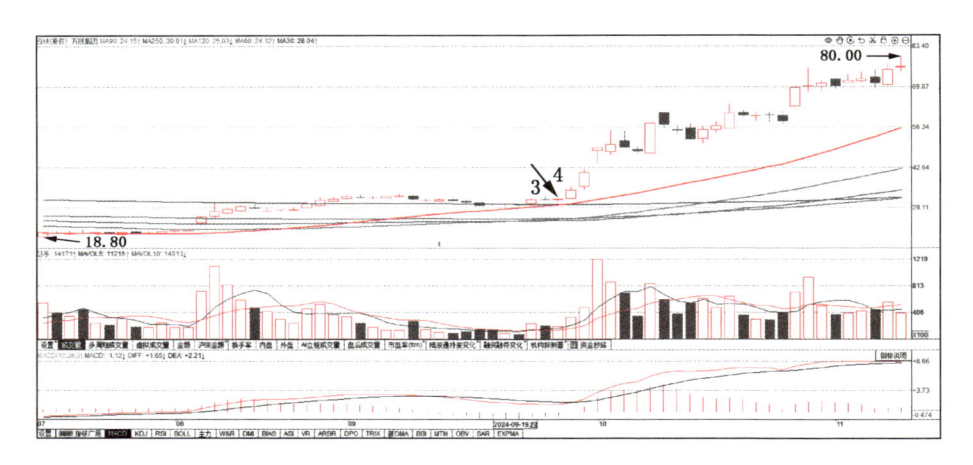

图 4-15

图 4－16 是锦艺集团控股(00565)在 2024 年 6 月至 2024 年 11 月这段时间的周 K 线图。见图中右 4 处,股价回调到最上面一线(250 周均线)附近就是建仓的机会,因为回抽时 30 周均线正在金叉 250 周均线,即回抽遇金叉。这里的金叉也能构成强支撑并提供向上的动能。连续拉升后股价远离 30 周均线可以择机抛出。

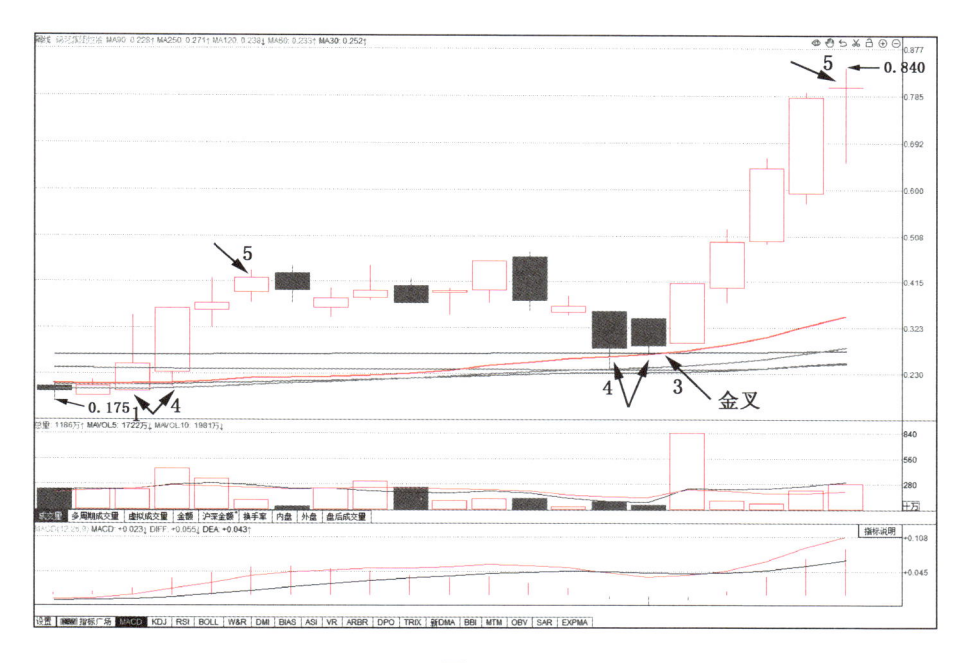

图 4－16

图 4－17 是福日电子(600203)在 2024 年 2 月至 2024 年 11 月这段时间的月 K 线图。见图中 4 处,股价回调到最上面一线(250 月均线)附近就是建仓的机会,因为回抽时 30 月均线正在金叉 250 月均线,即回抽遇金叉。这里的金叉也能构成强支撑并提供向上的动能。

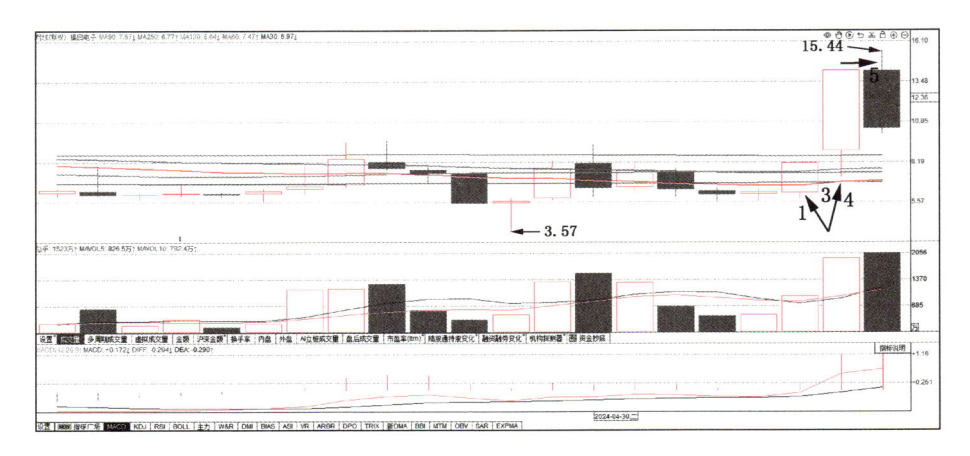

五线开花（一）
均线金叉的妙用（精华版）

图 4—17

第五章

金叉的小变化

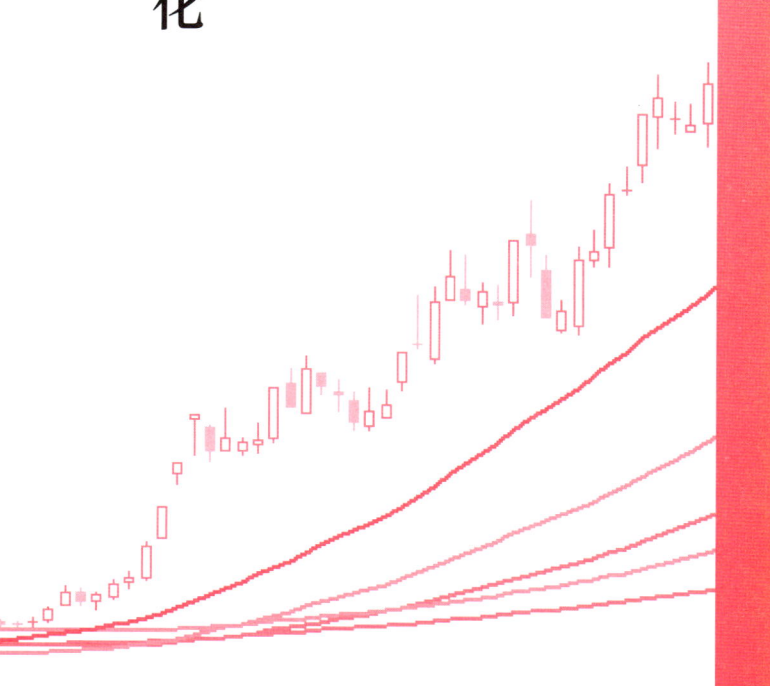

前面我们详细讲解了金叉最常见的四个分类,本章我们再讲一下金叉的一些其他的小变化,比如:三线交于一点;四线交于一点;五线交于一点;除30均线外,其他四线中的某两条均线出现金叉。

第一节　三线交于一点

要点

(1) 30均线和另外四条均线中的某两条线交于一点;
(2) 之后三线并列上行;
(3) 股价放量突破及回抽这三条线就是买点。

图5-1是宁德时代(300750)在2024年8月至2024年10月这段时间的日K线图。见图中左4处,股价回调到30天均线附近就是建仓的机会,因为回抽时30、60、250天均线交叉于一点,即回抽遇金叉。这里的三线交于一点不但构成强支撑且提供向上的动能。随后股价回抽最上面一线也是建仓的机会,见图中右4处。连续拉升后股价远离了30天均线,我们择机抛出,见图中5处。

请注意:三线交叉于一点要比双线金叉的均线布局更好,通常更容易发现黑马。

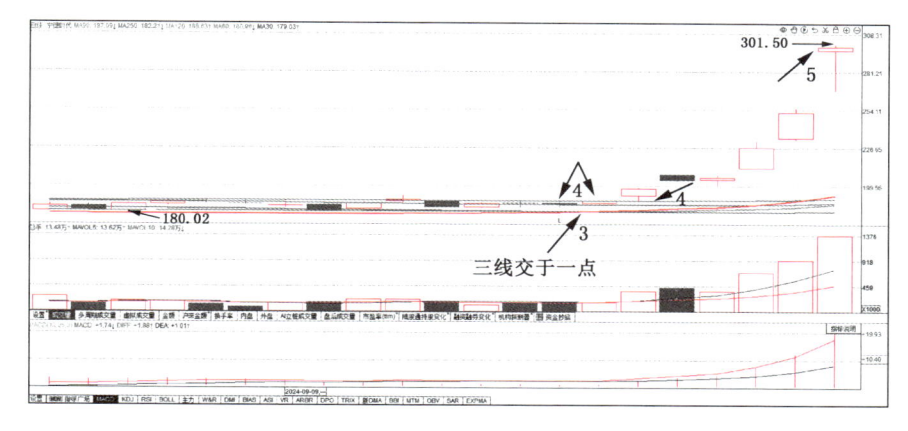

图5-1

图 5-2 是皓宸医疗(002622)在 2021 年 4 月至 2021 年 5 月这段时间的日 K 线图。见图中右 4 处,股价回调到 120 天均线附近就是建仓的机会,因为回抽时 30、60、90 天均线交叉于一点,即回抽遇金叉。这里的三线交于一点不但构成强支撑且提供向上的动能。另外,之前股价回抽 30 天均线也是建仓的机会。小资金要想做大,就必须找到能够连续上涨的个股。

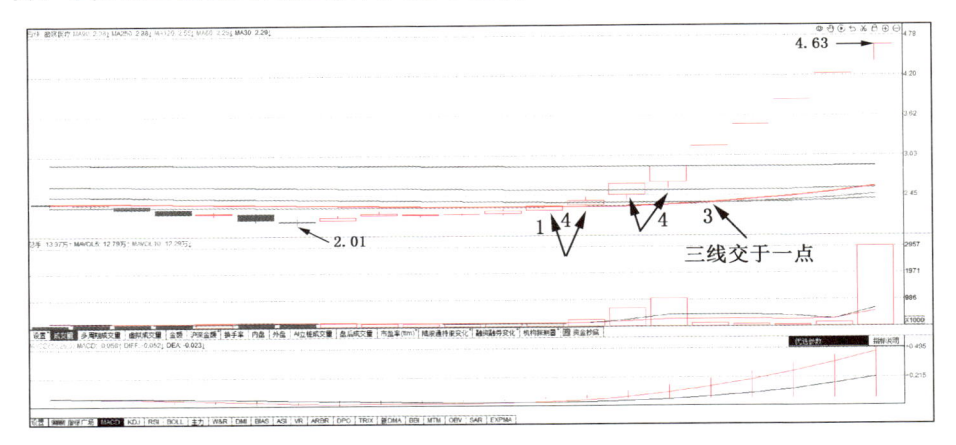

图 5-2

图 5-3 是逸豪新材(301176)在 2024 年 5 月至 2024 年 6 月这段时间的日 K 线图。见图中 4 处,股价回调到 30 天均线附近就是建仓的机会,因为回抽时 30、60、90 天均线交叉于一点,即回抽遇金叉。这里的三线交于一点不但构成强支撑且提供向上的动能。可惜没有回抽 120 天均线,否则也是绝佳的建仓机会。

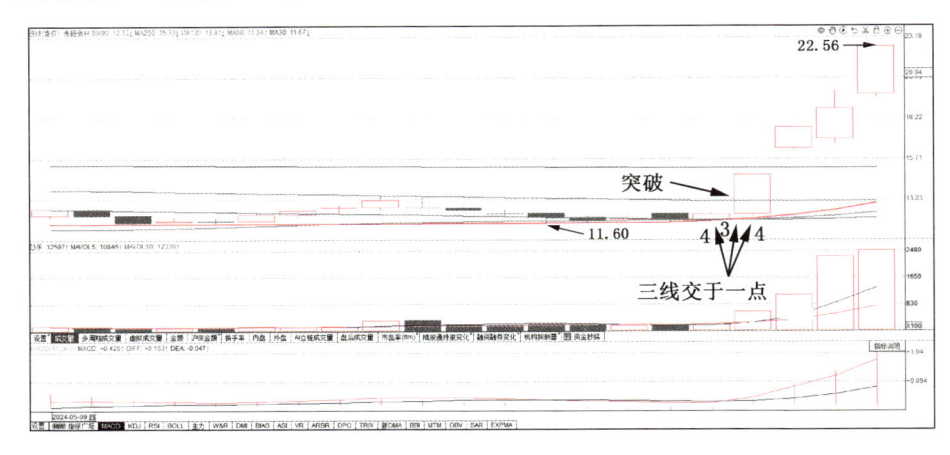

图 5-3

图 5—4 是赛托生物(300583)在 2022 年 7 月至 2022 年 8 月这段时间的日 K 线图。见图中右 4 处,股价回调到最上面一线(250 天均线)附近就是建仓的机会,因为回抽时 30、120、250 天均线交叉于一点,即回抽遇金叉。这里的三线交于一点不但构成强支撑且提供向上的动能。当然,之前股价突破 30 天均线也是建仓的机会,见图中左 4 处。

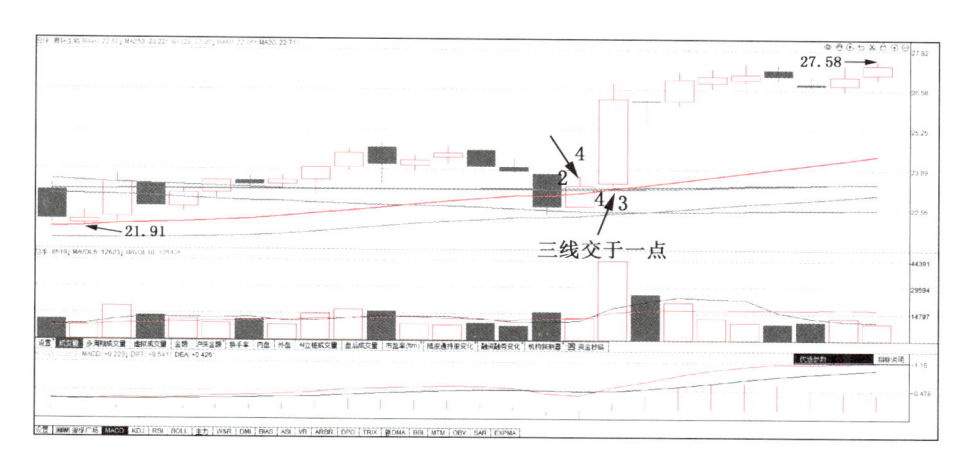

图 5—4

图 5—5 是赛摩智能(300466)在 2021 年 11 月至 2021 年 12 月这段时间的日 K 线图。见图中 3 处,30、90、120 天均线交叉于一点。这里的三线交于一点也能起到预判的作用。所以,在金叉的上个交易日可以逢低建仓,也可以在金叉的当天开盘就买,因为一旦三线交于一点,随后就是见证奇迹的时刻(股价选择向上突破)。

图 5—6 是易成新能(300080)在 2020 年 4 月至 2020 年 5 月这段时间的日 K 线图。见图中 3 处,30、60、250 天均线交叉于一点。这里的三线交于一点也能起到预判的作用。所以,在金叉的上个交易日可以逢低建仓,也可以在金叉的当天开盘就买,因为一旦三线交于一点,随后就是见证奇迹的时刻(股价选择向上突破)。

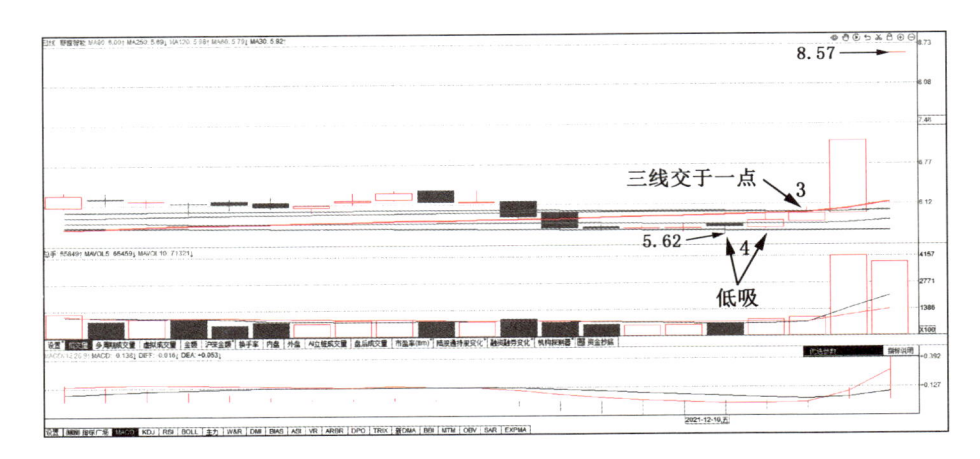

图 5－5

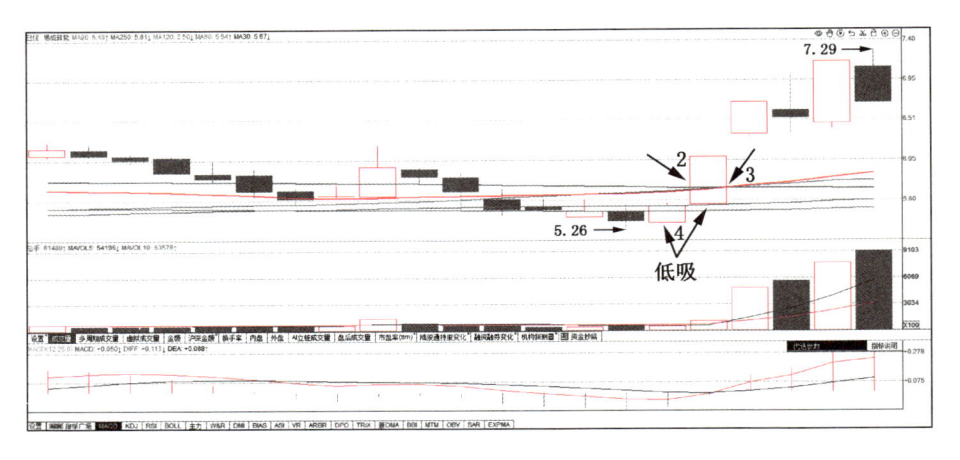

图 5－6

图5－7是奥泰生物(688606)在2024年3月至2024年4月这段时间的日K线图。见图中1处,股价放量突破30天均线且一阳站三线,我们可以放到自选股中跟踪关注。见图中4处,股价回抽30天均线就是建仓的机会,因为回抽时30、60、250天均线交叉于一点。这里的三线交于一点不但起到强支撑的作用且提供向上的动能,同时封杀了股价下跌的空间。炒股是一个很特殊的行业,在股市里我们要做鳄鱼,大多数时间都在蛰伏、等待、一动不动,但是一旦瞅准了机会,就立马出手。

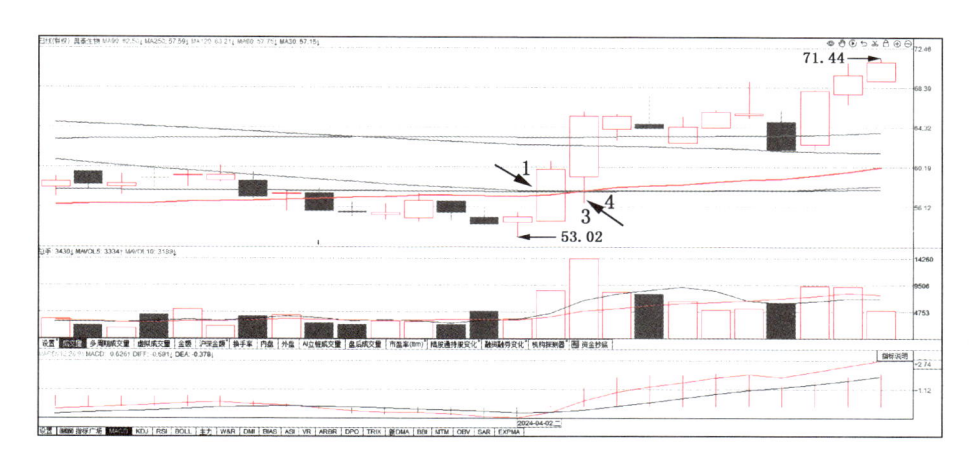

图 5-7

图 5-8 是瑞鹄模具(002997)在 2022 年 6 月至 2022 年 7 月这段时间的日 K 线图。见图中 4 处,股价回抽最上面一线(120 天均线)就是建仓的机会,因为回抽时 30、90、250 天均线交叉于一点。这里的三线交于一点不但起到强支撑的作用且提供向上的动能,所以随后就是主升浪。进入股市一定要掌握正确的方法,而不是每天像赌徒一样赌大小。

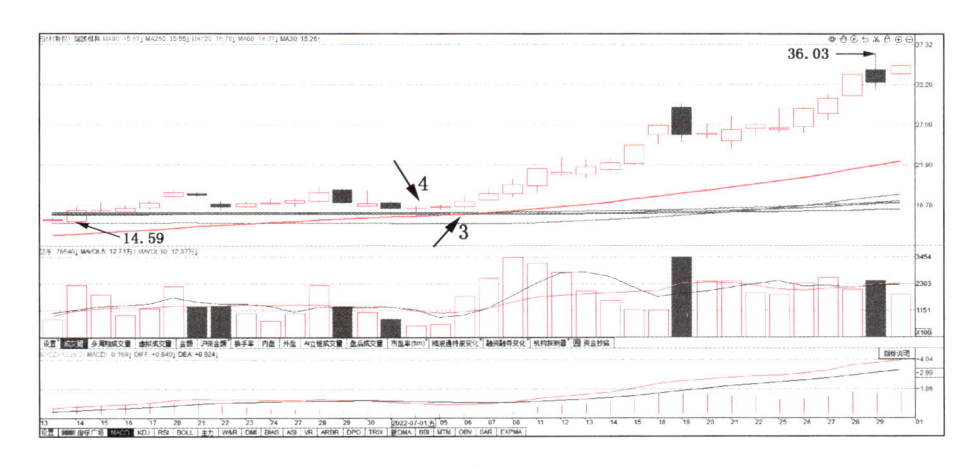

图 5-8

图 5-9 是凯伦股份(300715)在 2019 年 9 月至 2020 年 4 月这段时间的周 K 线图。见图中 4 处,股价回调到 90 周均线(最上面一线)附近就是建仓的机

087

会,因为回抽时30、60、90周均线交叉于一点,即回抽遇金叉。这里的三线交于一点不但构成强支撑而且提供向上的动能。

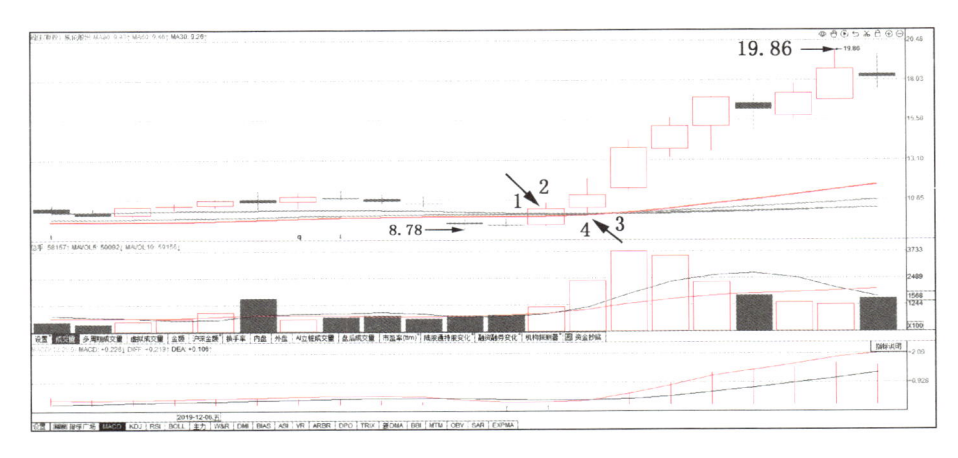

图 5—9

图5—10是彩讯股份(300634)在2024年10月至2025年2月这段时间的周K线图。见图中4处,股价回抽30周均线就是建仓的机会。因为回抽时30、60、250周均线交叉于一点。这里的三线交于一点不但起到强支撑的作用且提供向上的动能,所以随后就是主升浪。

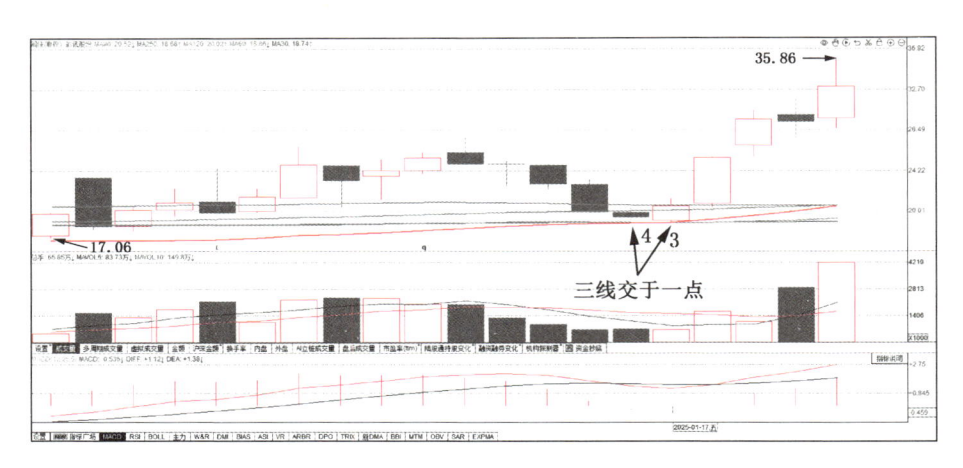

图 5—10

图5—11是新炬网络(605398)在2024年10月至2025年2月这段时间的

周 K 线图。见图中 4 处,股价回抽最上面一线(90 周均线)就是建仓的机会。因为回抽时 30、60、120 周均线交叉于一点。这里的三线交于一点不但起到强支撑的作用且提供向上的动能,所以随后也是一个主升浪。

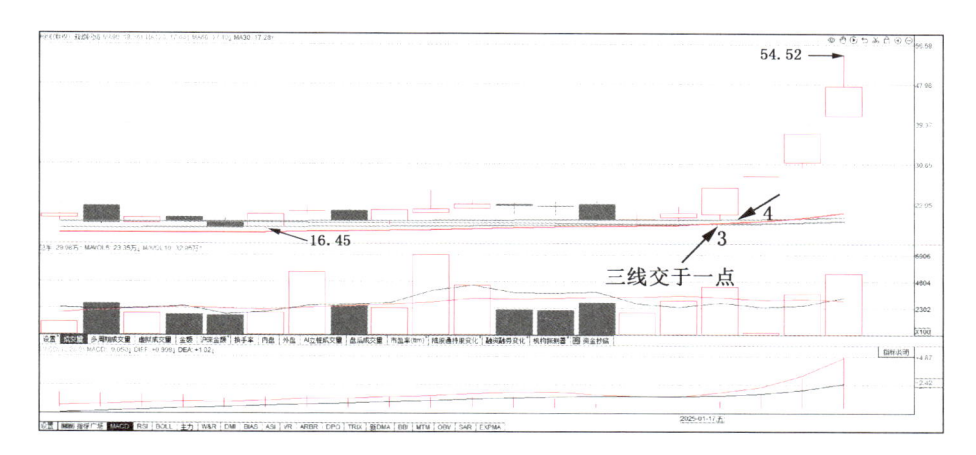

图 5－11

图 5－12 是博彦科技(002649)在 2022 年 5 月至 2023 年 3 月这段时间的月 K 线图。见图中 4 处,股价回抽 30 月均线就是建仓的机会,因为回抽时 30、90、120 月均线交叉于一点。这里的三线交于一点不但起到强支撑的作用且提供向上的动能。

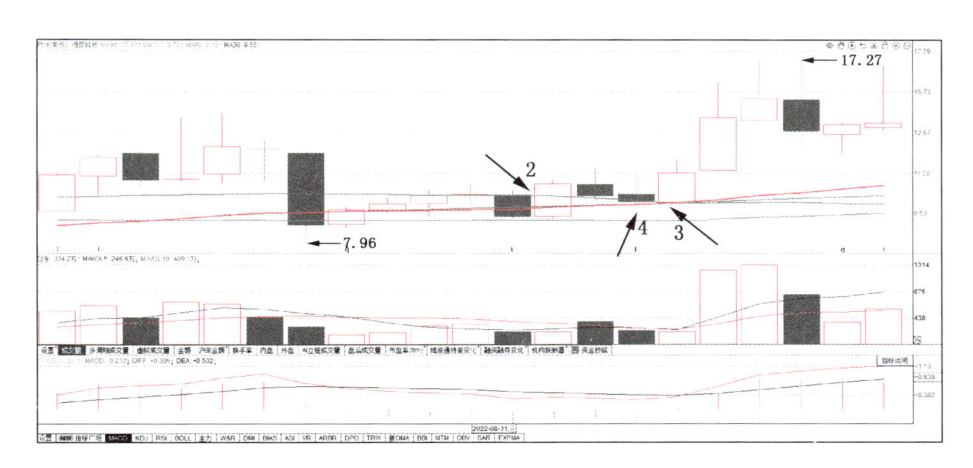

图 5－12

图5－13是润欣科技(300493)在2023年9月至2024年12月这段时间的月K线图。见图中右4处,股价回抽30月均线就是建仓的机会,因为回抽时30、60、90月均线交叉于一点。这里的三线交于一点不但起到强支撑的作用且提供向上的动能,所以随后就是主升浪。

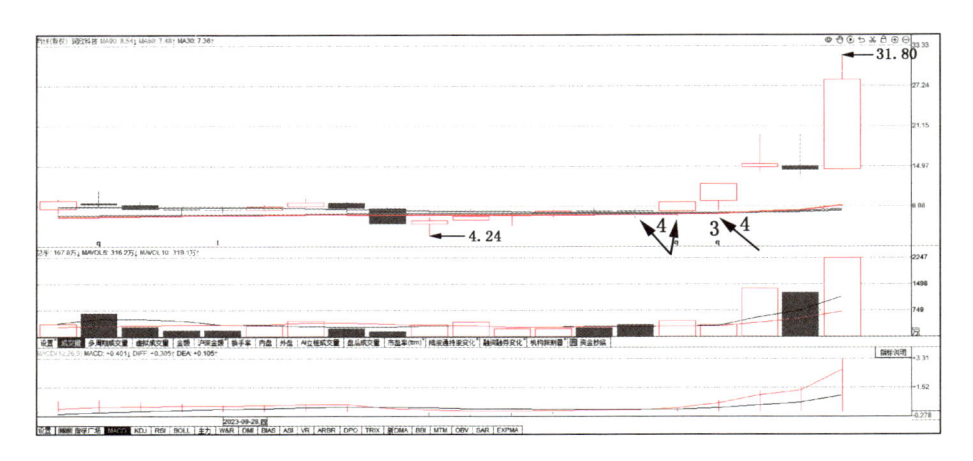

图5－13

图5－14是天龙集团(300063)在2024年4月至2024年12月这段时间的月K线图。见图中4处,股价回抽90月均线就是建仓的机会,因为回抽时30、60、90月均线交叉于一点。这里的三线交于一点不但起到强支撑的作用且提供向上的动能。

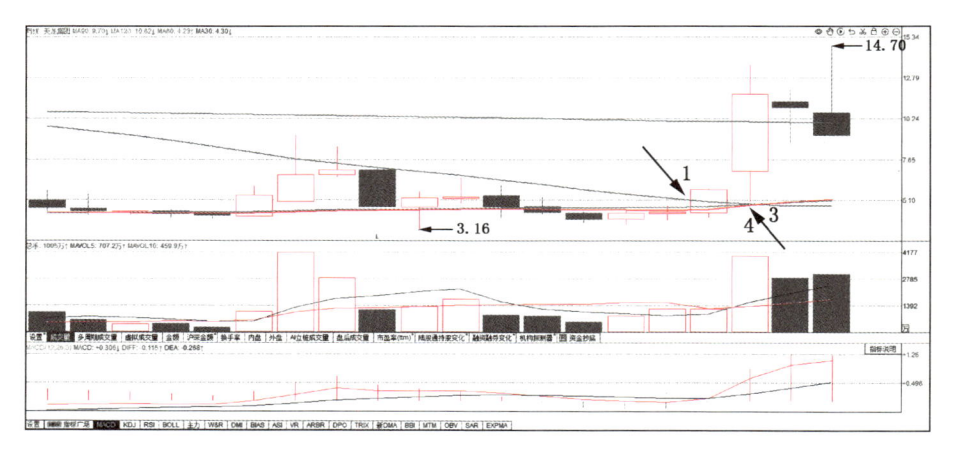

图5－14

图 5－15 是泰豪科技(600590)在 2024 年 12 月 24 日至 2024 年 12 月 27 日这段时间的 15 分钟 K 线图。见图中 4 处，股价回抽最上面一线就是建仓的机会，因为回抽时 30、60、250 均线即将交叉于一点。这里的三线交于一点不但起到强支撑的作用且提供向上的动能。所以，对于涨停个股(首板)，次日是否有交易机会，一定要结合其分时 K 线图来判断。

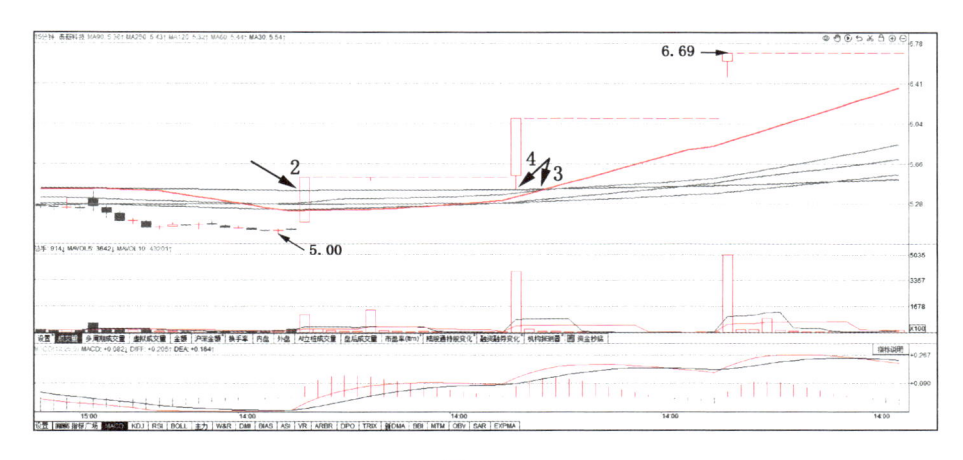

图 5－15

第二节　四线交于一点

要点

(1) 30 均线和另外四条均线中的某三条线交于一点；
(2) 之后四线并列上行；
(3) 股价放量突破及回抽这四条线就是买点。

图 5－16 是锦艺集团控股(00565)在 2024 年 6 月至 2024 年 7 月这段时间的日 K 线图。见图中 4 处，股价回抽 30 天均线就是建仓的机会，因为回抽时 30、60、120、250 天均线交叉于一点。这里的四线交于一点不但起到强支撑的作用且提供向上的动能。

请注意：多线交叉于一点要比双线金叉的均线布局更好，通常更容易发现黑马。

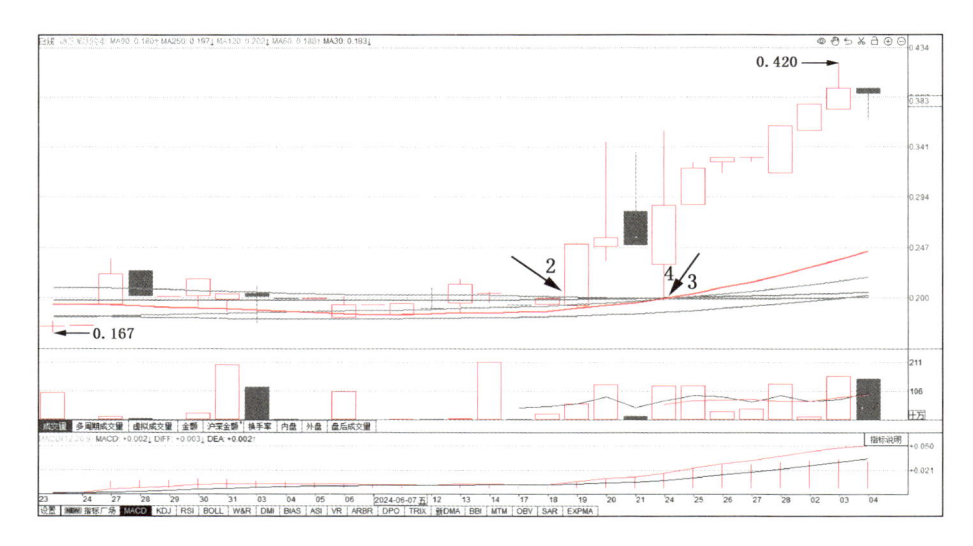

图 5－16

图 5－17 是宏润建设(002062)在 2020 年 2 月至 2020 年 3 月这段时间的日 K 线图。见图中 4 处，股价回调到最上面一线(250 天均线)附近就是建仓的机会，因为回抽时 30、60、90、120 天均线交叉于一点。这里的四线交于一点不但起到强支撑的作用且提供向上的动能。

请注意：行情启动时五线布局也是倚天剑分类 4。

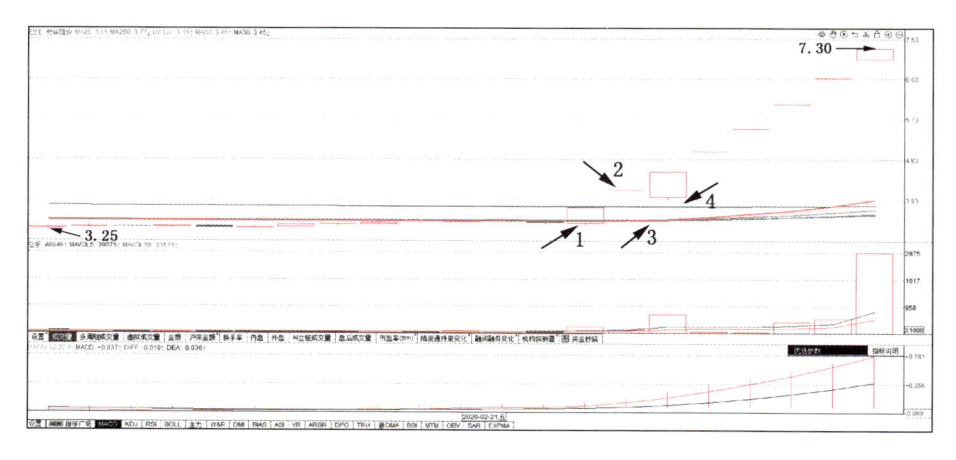

图 5－17

图 5-18 是德斯控股(08437)在 2018 年 7 月至 2018 年 9 月这段时间的日 K 线图。见图中 4 处,股价回调到最上面一线附近时就是建仓的机会,因为回抽时 30、60、90、120 天均线交叉于一点。这里的四线交于一点不但起到强支撑的作用且提供向上的动能。

图 5-18

图 5-19 是飞力达(300240)在 2024 年 6 月至 2024 年 7 月这段时间的日 K 线图。见图中 4 处,股价回调到 120 天均线附近时就是建仓的机会,因为回抽时 30、60、90、120 天均线交叉于一点。这里的四线交于一点不但起到强支撑的作用且提供向上的动能。

请注意:行情启动时五线布局也是倚天剑分类 4。

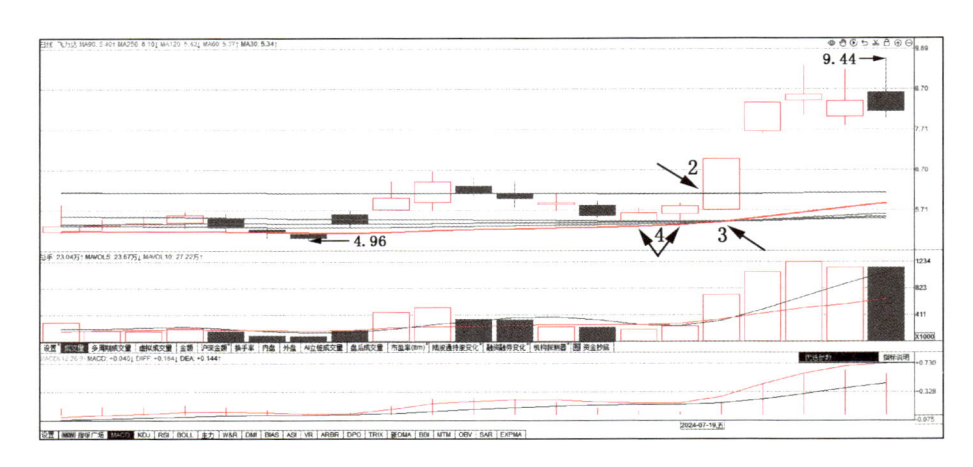

图 5－19

图 5－20 是宜通世纪(300310)在 2024 年 4 月至 2024 年 12 月这段时间的周 K 线图。见图中右 4 处，股价回调到 120 周均线附近时就是建仓的机会，因为回抽时 30、60、90、120 周均线交叉于一点。这里的四线交于一点不但起到强支撑的作用且提供向上的动能。

请注意：行情启动时五线布局也是倚天剑分类 4。

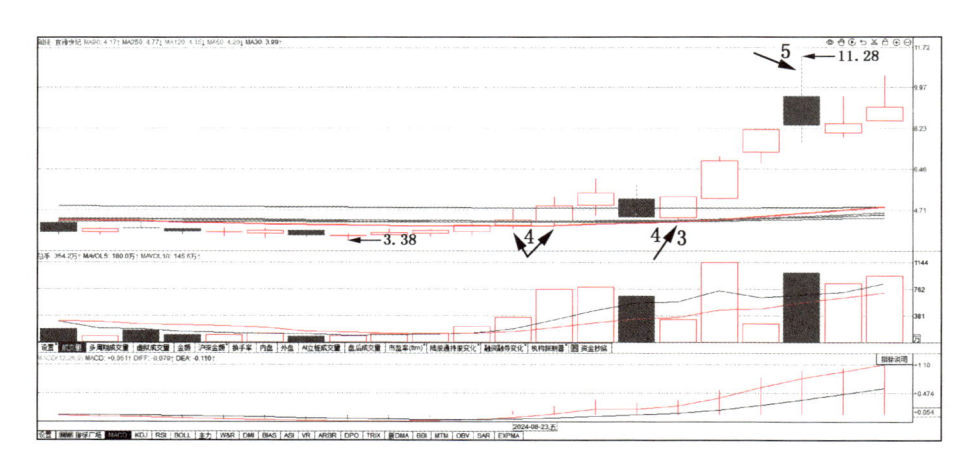

图 5－20

第三节　五线交于一点

> **要点**
>
> (1) 30 均线和另外四条均线交于一点；
> (2) 之后五线并列上行；
> (3) 股价放量突破及回抽 30 均线或最上面一线都是买点。

图 5—21 是宏强控股(08262)在 2023 年 8 月至 2023 年 12 月这段时间的日 K 线图。见图中 3 处，30、60、90、120、250 天均线交叉于一点。再看图中 4 处，股价回调到 30 天均线附近时就是建仓的机会。

请注意：行情启动时五线布局也是倚天剑分类 1。

图 5—21

图 5—22 是联环药业(600513)在 2019 年 12 月至 2020 年 2 月这段时间的日 K 线图。见图中 3 处，30、60、90、120、250 天均线交叉于一点。再看图中 4 处，股价平台突破（突破前股价在最上面一线上方附近横盘整理构成了一个平

台)时就是建仓的机会。

请注意:行情启动时五线布局也是倚天剑分类1。

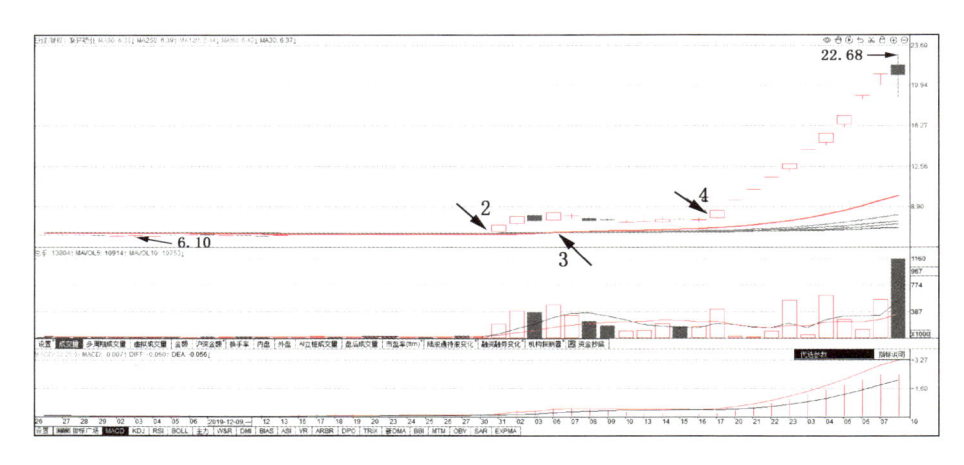

图 5-22

图 5-23 是长源电力(000966)在 2021 年 2 月至 2021 年 3 月这段时间的日 K 线图。见图中 3 处,30、60、90、120、250 天均线交叉于一点。再看图中 4 处,股价回调到最上面一线附近时就是建仓的机会。

请注意:行情启动时五线布局也是倚天剑分类1。

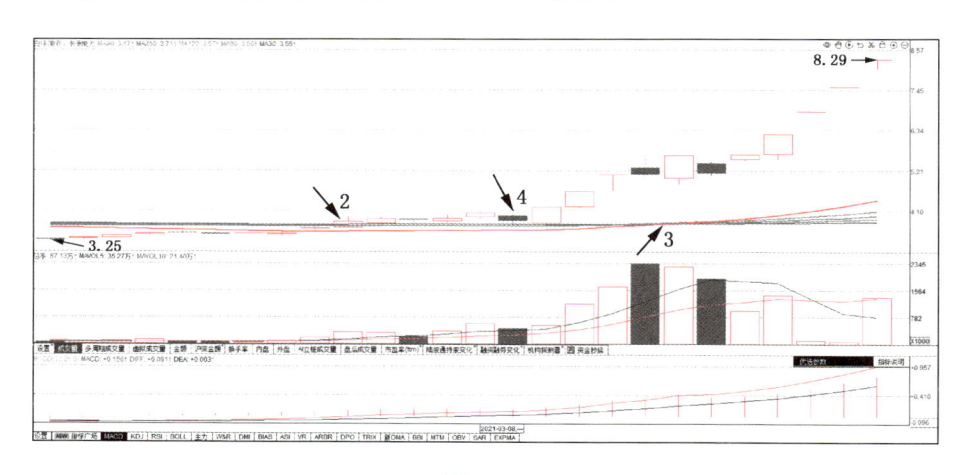

图 5-23

图 5-24 是霍恩比(HRN)在 2020 年 5 月至 2020 年 11 月这段时间的周 K

线图。见图中 3 处，30、60、90、120、250 周均线交叉于一点。再看图中 4 处，股价回调到 30 周均线附近时就是建仓的机会。

请注意：行情启动时五线布局也是倚天剑分类 1。

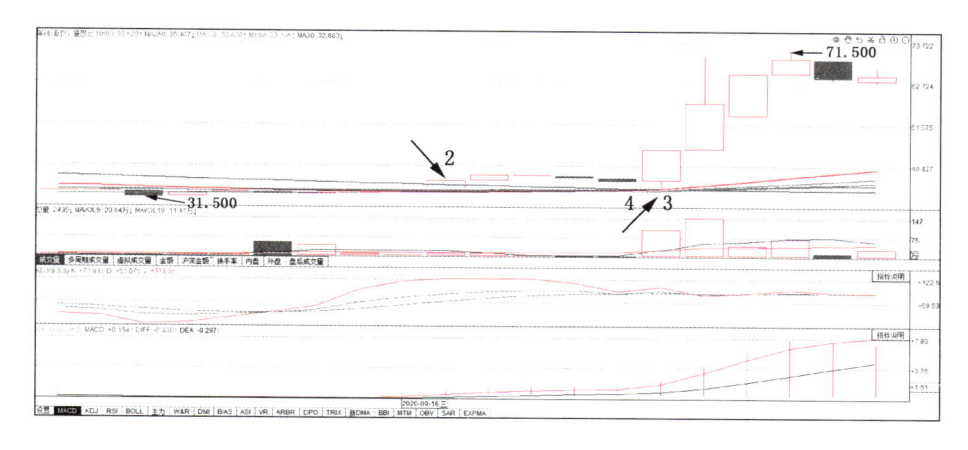

图 5－24

图 5－25 是华立科技（301011）在 2024 年 11 月 20 日至 2024 年 11 月 28 日这段时间的 30 分钟 K 线图。见图中 3 处，30、60、90、120、250 均线交叉于一点。再看图中 4 处，股价回调到 30 均线附近时就是建仓的机会。随后该股出现了连续的拉升。

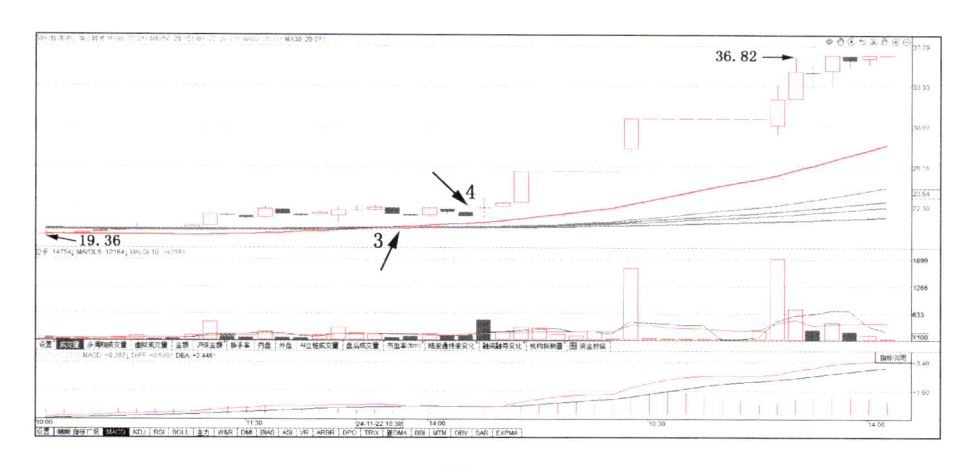

图 5－25

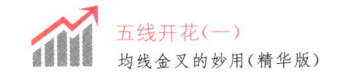

图5-26是国星光电(002449)在2024年12月12日至2024年12月23日这段时间的15分钟K线图。见图中3处，30、60、90、120、250均线交叉于一点。再看图中4处，股价回调到30均线附近时就是建仓的机会。所以，对于涨停个股(首板)，次日是否有交易机会，一定要结合其分时K线图来判断。

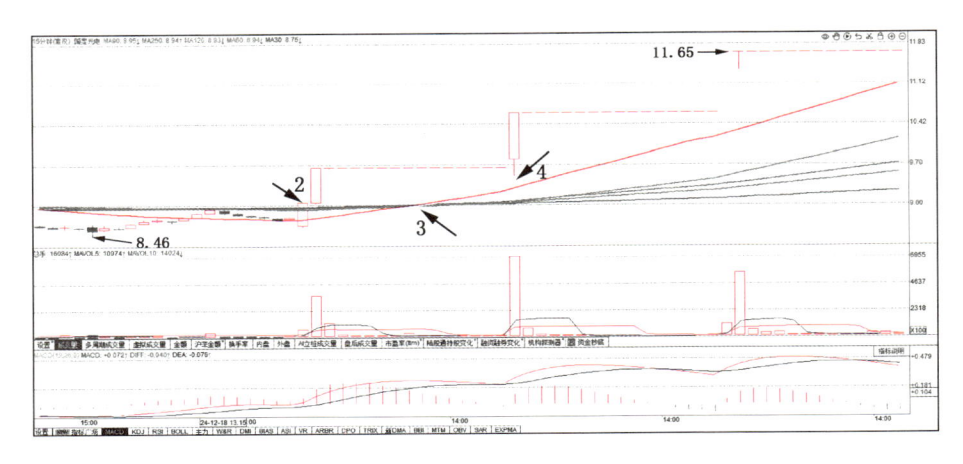

图5-26

第四节　出现连续金叉

要点

(1)30均线连续金叉另外四条均线中的某两条均线；
(2)股价突破与回抽30均线或其他某条均线；
(3)突破与回抽就是建仓的机会；
(4)若金叉时股价在30均线下方，则又用到"金叉的预判"。

图5-27是实丰文化(002862)在2023年11月至2023年12月这段时间的日K线图。见图中4处，股价回抽最上面一线就是建仓的机会。因为回抽时，30天均线连续金叉90天均线和250天均线。连续金叉同样构成强支撑且提供

了向上的动能,同时封杀了股价下跌的空间。

请注意:连续金叉要比单个金叉更好。

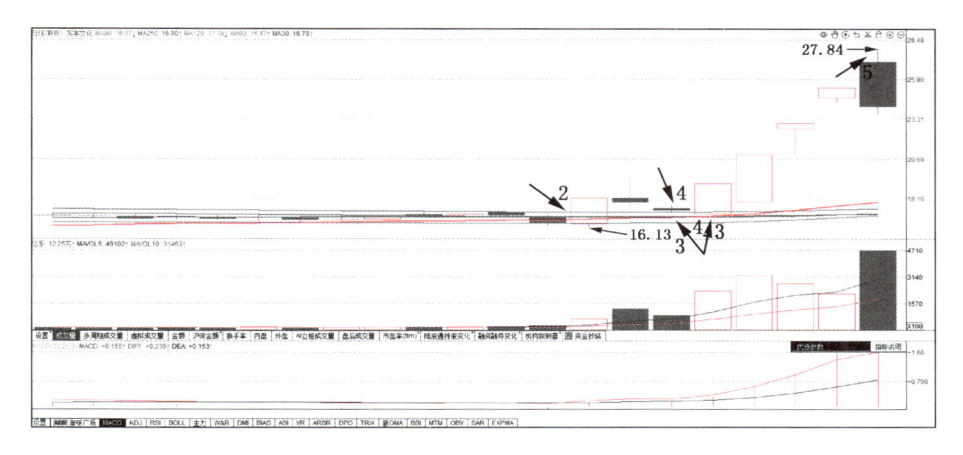

图 5－27

图 5－28 是*ST 文投(600715)在 2023 年 10 月至 2023 年 12 月这段时间的日 K 线图。见图中右 4 处,股价回抽 120 天均线就是建仓的机会,因为回抽时,30 天均线连续金叉 90 天均线和 120 天均线。连续金叉同样构成强支撑,且提供了向上的动能。

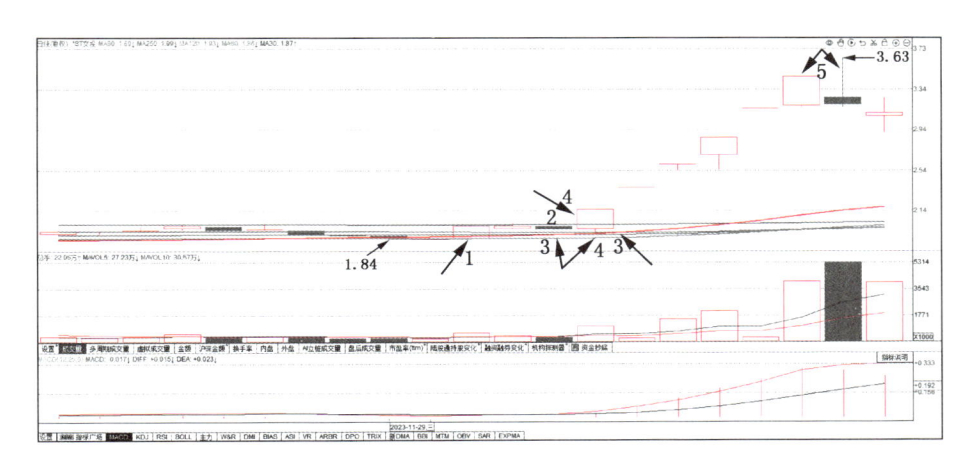

图 5－28

图 5－29 是长盛轴承(300718)在 2024 年 9 月至 2025 年 2 月这段时间的周

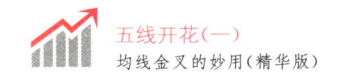

K线图。见图中 4 处，股价回抽 120 周均线（最上面一线）就是建仓的机会。因为回抽时 30 周均线连续金叉 250 周均线和 60 周均线。连续金叉同样构成强支撑且提供了向上的动能。

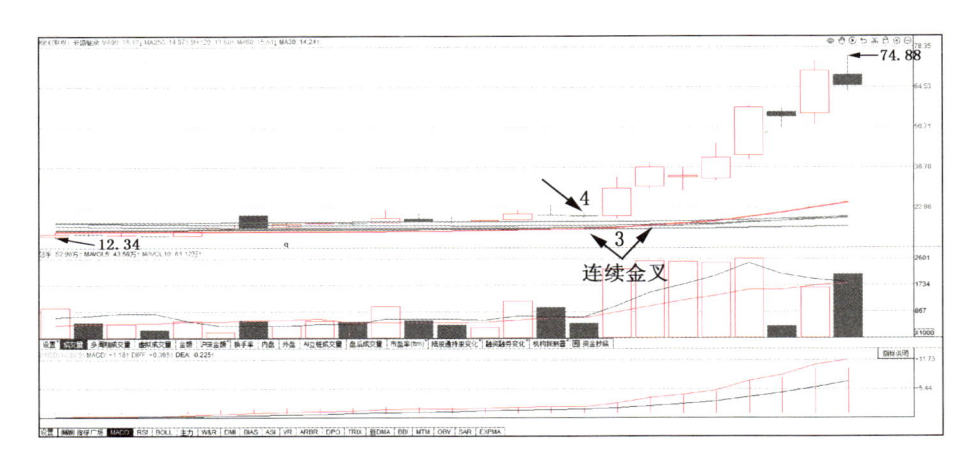

图 5—29

图 5—30 是中国长城（000066）在 2023 年 2 月至 2023 年 6 月这段时间的周 K 线图。见图中 4 处，股价在 60 周均线附近横盘振荡时就是建仓的机会，因为 30 周均线即将连续金叉 90 周均线和 250 周均线。连续金叉提供了向上的动能，所以股价跌到 60 周均线后很快重返 30 周均线上方，这就是金叉的妙用。

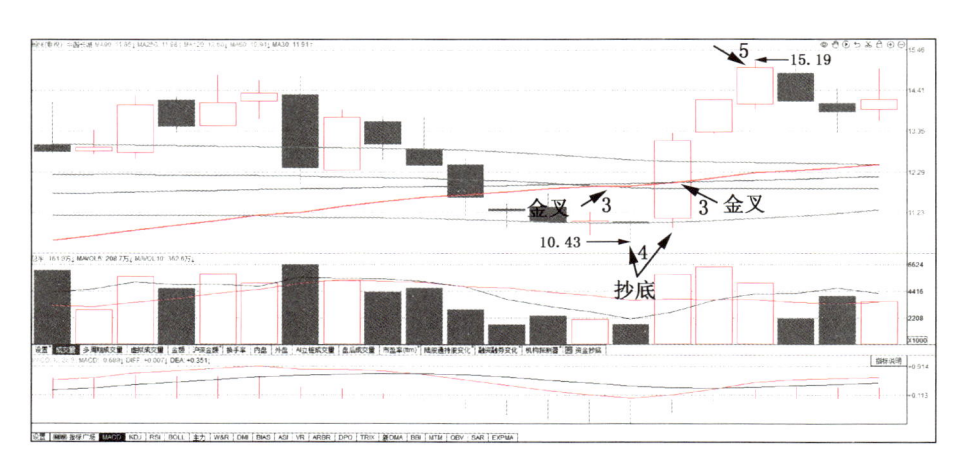

图 5—30

图5-31是吉宏股份(002803)在2019年7月至2019年9月这段时间的周K线图。见图中4处,股价突破及回抽60周均线时都是建仓的机会,因为30周均线即将连续金叉90周均线和120周均线。连续金叉提供了向上的动能,所以股价跌到60周均线后很快重返30周均线上方,这就是金叉的妙用。

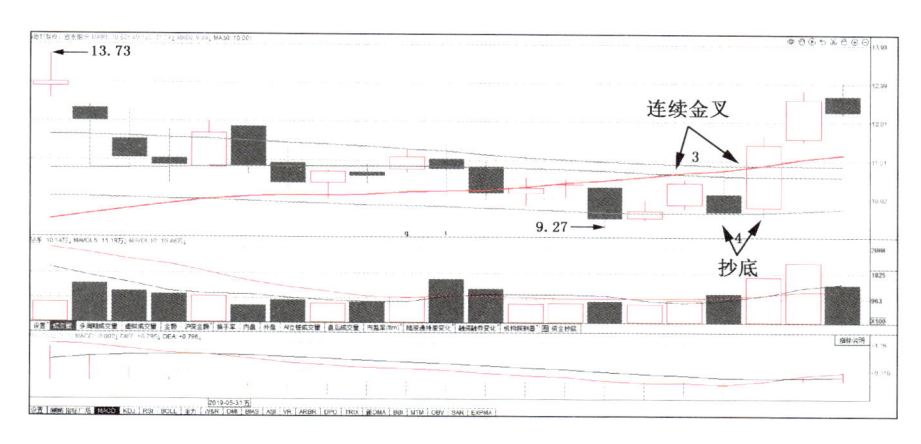

图5-31

图5-32是心动公司(02400)在2024年7月至2024年10月这段时间的周K线图。见图中右4处,股价回调到30周均线附近时就是建仓的机会,因为30周均线即将连续金叉90周均线和120周均线。连续金叉提供了向上的动能且构成强支撑,同时封杀了股价下跌的空间。

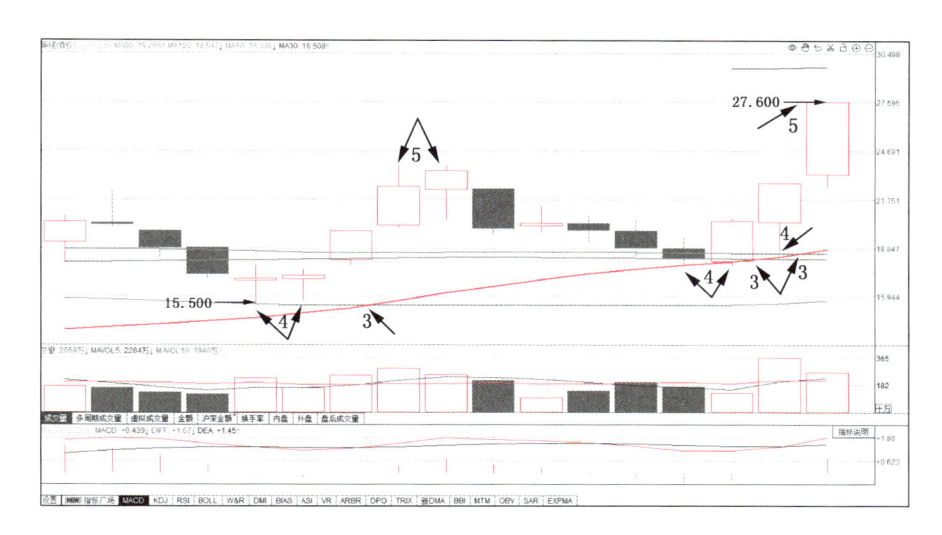

图5-32

101

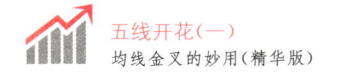

第五节　其他均线金叉

> **要点**
>
> (1) 除 30 均线外，其他四条均线中的某两条均线出现金叉；
> (2) 金叉对股价也有向上的牵引作用；
> (3) 股价放量突破及回抽 30 均线（或其他某条均线）也是买点。

图 5－33 是爱司凯(300521)在 2024 年 2 月至 2024 年 12 月这段时间的月 K 线图。见图中 4 处，股价突破及回抽 30 月均线时都是建仓的机会，因为恰好遇到 60 月均线金叉 90 月均线。这里的金叉也能提供向上的动能，对股价有向上的牵引作用。

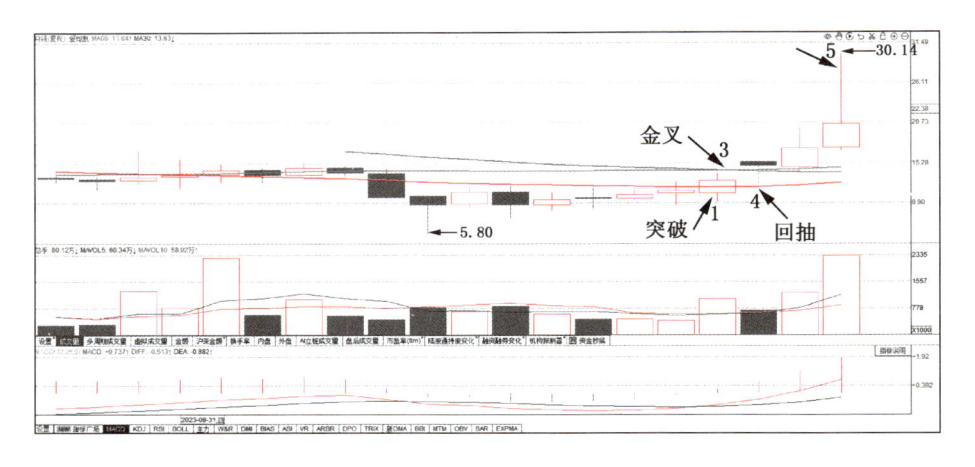

图 5－33

图 5－34 是国源科技(835184)在 2023 年 10 月至 2024 年 11 月这段时间的月 K 线图。见图中 4 处，股价回抽 30 月均线时就是建仓的机会，因为恰好遇到 60 月均线金叉 90 月均线。这里的金叉也能提供向上的动能，对股价有向上的牵引作用，所以回抽之后股价选择了向上突破。

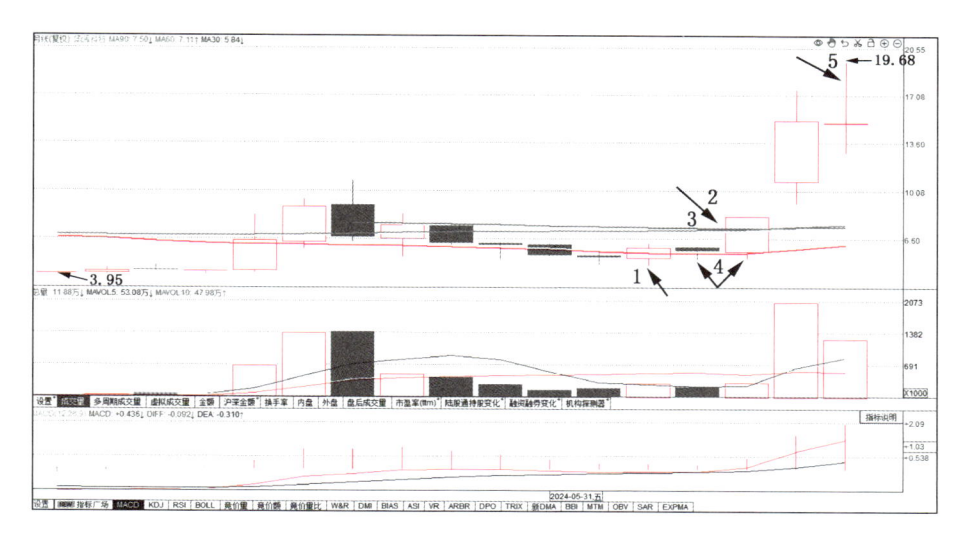

图 5－34

图 5－35 是电光科技(002730)在 2024 年 1 月至 2024 年 12 月这段时间的月 K 线图。见图中 4 处，股价回抽 30 月均线时就是建仓的机会，因为恰好遇到 60 月均线金叉 90 月均线。这里的金叉也能提供向上的动能，对股价有向上的牵引作用，所以回抽之后股价选择了向上突破。

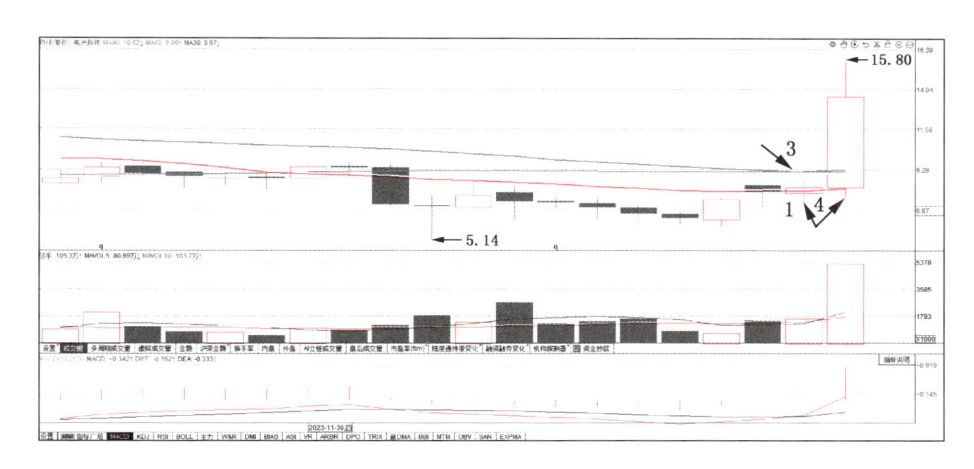

图 5－35

图 5－36 是微盟集团(02013)在 2024 年 11 月至 2024 年 12 月这段时间的日 K 线图。见图中 4 处，股价回调到最下面一线附近时就是建仓的机会，因为

103

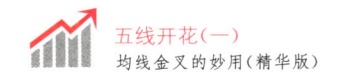

恰好遇到 60 天均线金叉 250 天均线。这里的金叉也能提供向上的动能,对股价有向上的牵引作用,所以随后股价选择了向上突破。

　　短线操作的秘诀就是寻找阻力最小的方向,然后顺势而为,知行合一。

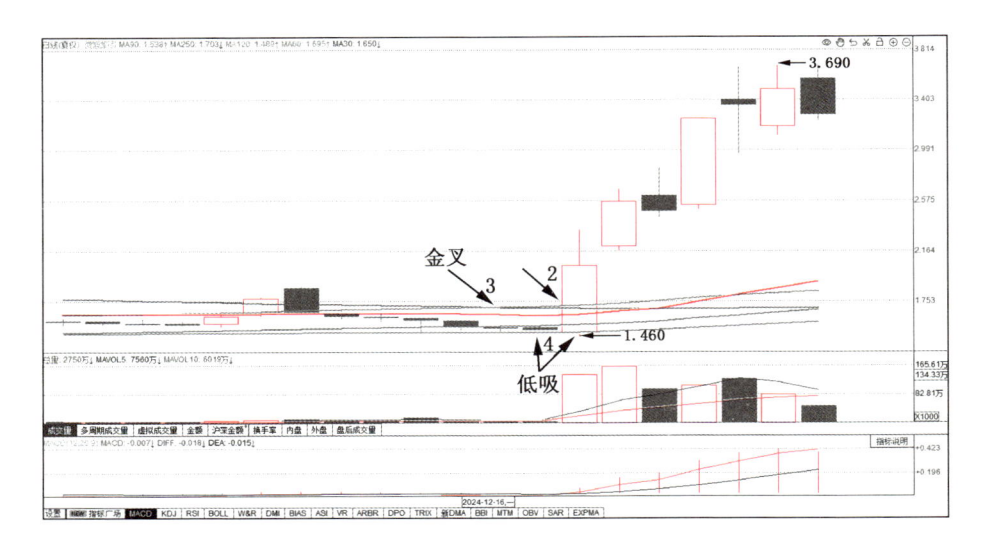

图 5－36

第六章

金叉的时间周期

我们股票看盘软件上的时间周期通常包括：日 K 线图、周 K 线图、月 K 线图、季 K 线图、分时 k 线图。

分时 K 线图则又包括：5 分钟、15 分钟、30 分钟、60 分钟 K 线图。对于时间周期的用法，请大家记住以下三点：

1."五线开花"理论中的所有操盘技巧在各个时间周期里的用法是完全一样的。

2. 做长线要看月 K 线图，做中线要看周 K 线图。

3. 做短线和波段主要看日 K 线图及分时 K 线图。

所以我们在操作时要学会灵活运用各个时间周期，操作上因股而异、因人而异。用好了时间周期，我们就很容易判断什么样的股票可做中长线，什么样的股票只适合做短线和波段。而"五线开花"的最高境界就是能非常熟练地综合运用各个时间周期。

第一节　日 K 线图出现金叉

要点

（1）做短线或波段主要看日 K 线图；
（2）30 天均线和另外四条均线中的某一条或某几条均线金叉；
（3）股价放量突破及回抽 30 天均线（或其他某条均线）就是买点；
（4）有时也会用到金叉的预判。

图 6－1 是百洋医药（301015）在 2023 年 8 月至 2023 年 11 月这段时间的日 K 线图。见图中 4 处，股价在"黄金通道"内回抽 30 天均线就是建仓的机会，因为回抽时，恰好遇到 30 天均线金叉 60 天均线，即回抽遇金叉。这里的金叉构成强支撑并提供向上的动能，随后股价选择了向上突破。学会正确选股，并有效地控制自己的交易节奏是操盘手必须具备的基本素质。

图 6－1

图 6－2 是上海新阳（300236）在 2020 年 1 月至 2020 年 2 月这段时间的日 K 线图。见图中 4 处，股价回抽最上面一线就是建仓的机会，因为回抽时，恰好遇到 30 天均线金叉 90 天均线，即回抽遇金叉。这里的金叉构成强支撑并提供向上的动能，同时封杀了股价下跌的空间。建仓后等待我们的是获利还是止损，一部分交给判断，一部分交给运气。我们能做的是恪守交易纪律，不跟市场抬杠。

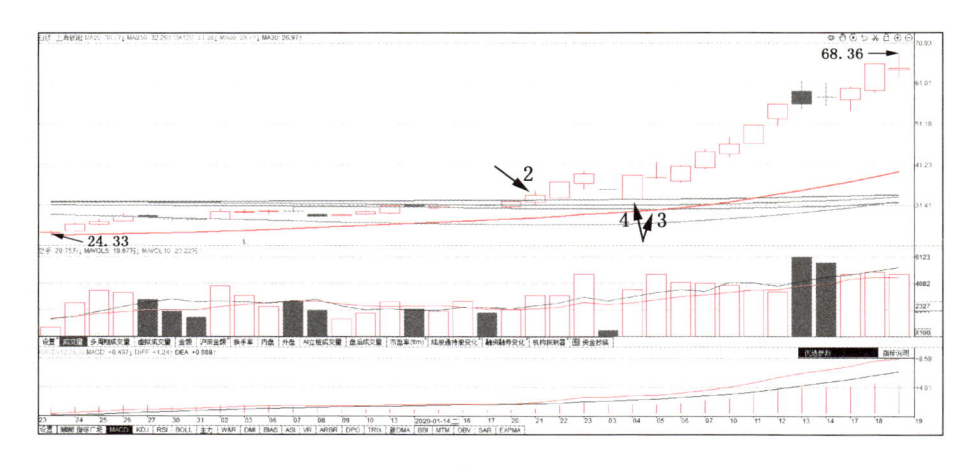

图 6－2

图 6－3 是天风证券（601162）在 2024 年 8 月至 2024 年 10 月这段时间的日 K 线图。见图中右 4 处，股价突破最上面一线就是建仓的机会，因为突破时，恰

好遇到 30 天均线金叉 120 天均线,即突破遇金叉,伴随着金叉的突破爆发力强。可惜没有回抽最上面一线,否则也是建仓的机会。当然,股价之前在黄金通道内回抽 90 天均线和 120 天均线也是建仓的机会。炒股只是在正确的时间做正确的事,赚钱是副产品,是一种奖励,是你本来就应该得到的。

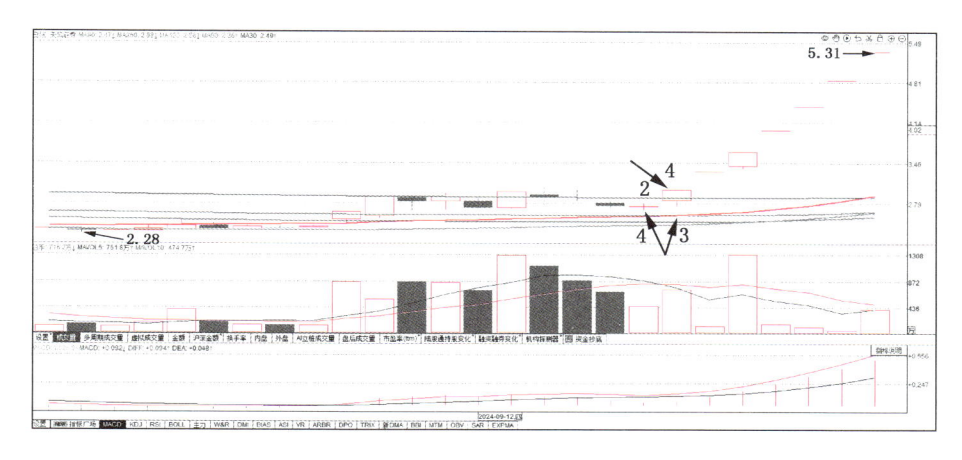

图 6—3

图 6—4 是神雾节能(000820)在 2023 年 12 月至 2024 年 1 月这段时间的日 K 线图。见图中 3 处,股价回抽最上面一线(250 天均线)就是建仓的机会,因为回抽时,恰好遇到 30 天均线金叉 250 天均线,即回抽遇金叉。这里的金叉构成强支撑并提供向上的动能。猜到、做到、赚到,是一笔操作的三个状态。猜到是你的判断,做到是你的交易系统,赚到是你的离场纪律。

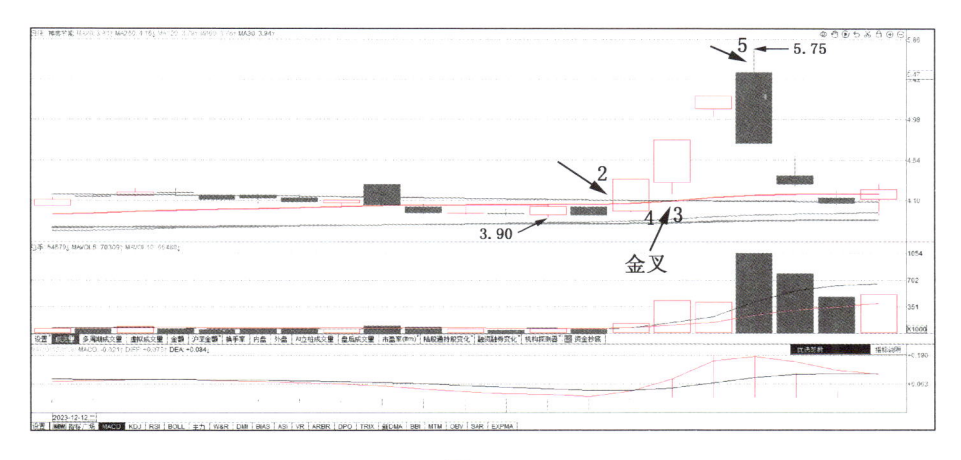

图 6—4

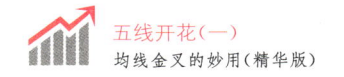

第二节　周 K 线图出现金叉

> **要点**
>
> (1) 做中线主要看周 K 线图；
> (2) 30 周均线和另外四条均线中的某一条或某几条均线金叉；
> (3) 股价放量突破及回抽 30 周均线（或其他某条均线）就是买点；
> (4) 有时也会用到金叉的预判。

图 6－5 是每日互动（300766）在 2024 年 9 月至 2025 年 2 月这段时间的周 K 线图。五线粘合（说明筹码高度集中，当然集中在主力手中）构成了"黄金通道"。见图中 3 处，伴随着 30 周均线金叉 60 周均线，股价选择了向上变盘。在"黄金通道"内，股价回抽 90 周均线就是建仓的机会。随后，股价突破与回抽最上面一线也是建仓的机会。

请大家一定要学会将技术和热点结合起来，只有这样才能让技术发挥出巨大的威力。2025 年春节期间，DeepSeek 热潮席卷全球。DeepSeek 的出现迅速拉近了中美人工智能的差距，也因此被称为国运级的成果。由于每日互动为 DeepSeek 提供了海量的用户行为语料数据，用于训练和优化 DeepSeek 的模型，所以该股成了 DeepSeek 概念股的龙头。这里我要强调一点：在未来很长一段时间，A 股市场都会围绕着 DeepSeek 反复炒作，这也是我们选股的方向。因为 DeepSeek 的出现，无论是在 AI 技术创新、对中国股市的潜在影响，还是对多个行业的推动作用上，都展现出了巨大的潜力。

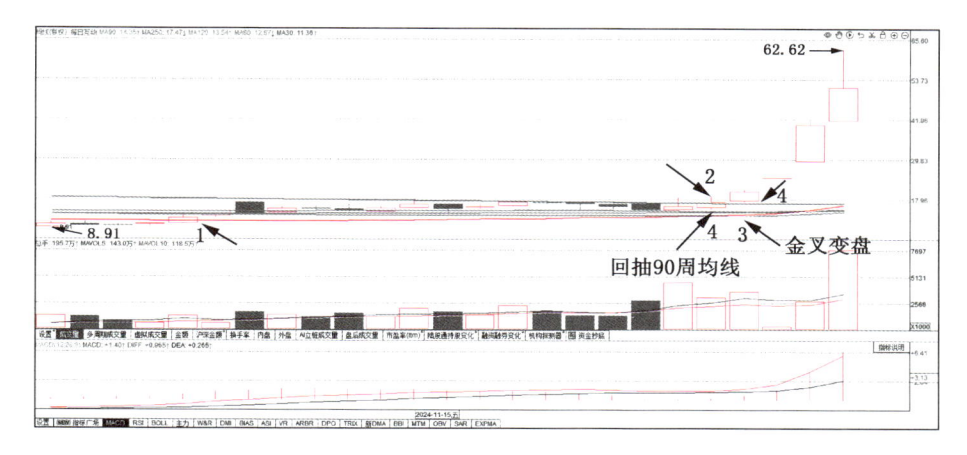

图 6-5

图 6-6 是美格智能(002881)在 2024 年 10 月至 2025 年 2 月这段时间的周 K 线图。见图中 4 处,股价回抽最上面一线就是建仓的机会。因为回抽时,恰好遇到 30 周均线金叉 60 周均线,即回抽遇金叉。这里的金叉构成强支撑并提供向上的动能。交易取得成功需要过三个关卡:一是学会止损;二是找到好的进场机会;三是拿得住盈利的股票。

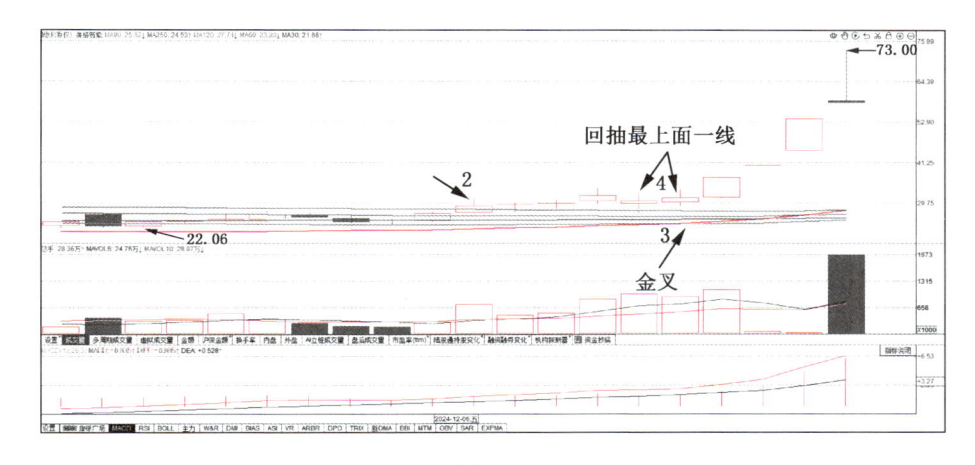

图 6-6

图 6-7 是拓斯达(300607)在 2019 年 10 月至 2020 年 5 月这段时间的周 K 线图。见图中 4 处,股价在"黄金通道"内回抽 60 周均线(最下面一线)就是建仓的

111

机会，因为回抽时，恰好遇到30周均线金叉90周均线，即回抽遇金叉。这里的金叉构成强支撑并提供向上的动能，同时封杀了股价下跌的空间。所以股价很快重返30周均线上方。正确的操作不一定每次都能赚钱，但它却是风险最小的做法，如果因为某一次没有赚钱而去改变自己的做法，这往往就会成为亏损的开始。

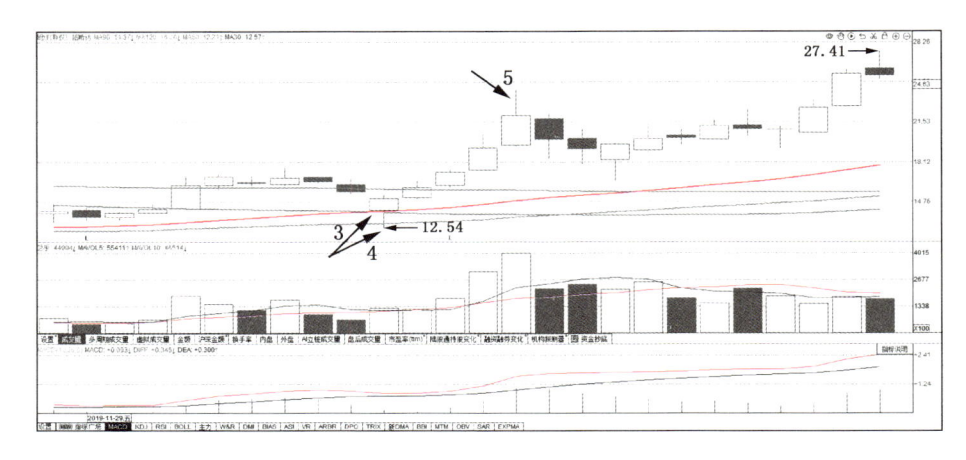

图6—7

图6—8是全通教育(300359)在2024年10月至2025年2月这段时间的周K线图。见图中3处，30周均线金叉90周均线。买点依然是在金叉的上一个交易周股价回抽60周均线时，或者在金叉的这个交易周的周一开盘就买。因为一旦金叉，股价就会选择向上突破，这就是金叉的妙用(预判)。良好的交易习惯是交易者在股市长期生存，稳定盈利的重要标志，而在此之前所有的盈利都是浮云。

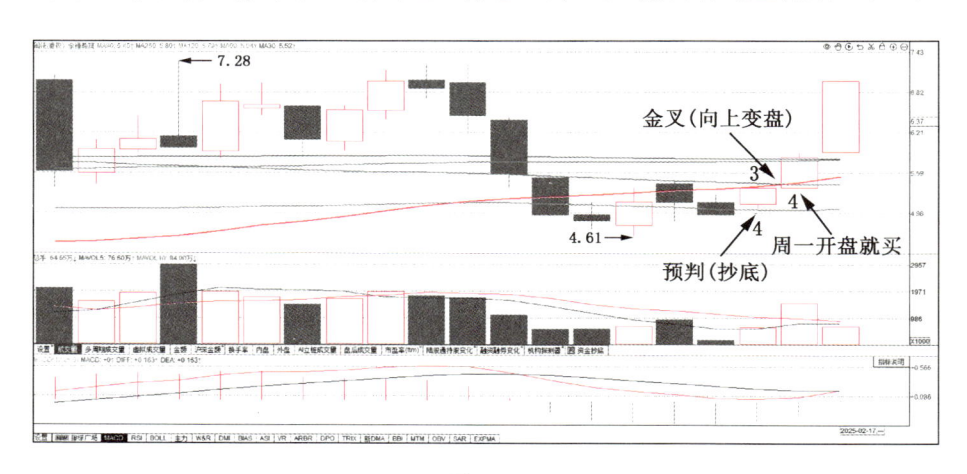

图6—8

图6－9是华友钴业(603799)在2020年9月至2021年2月这段时间的周K线图。见图中4处,股价回抽60周均线就是建仓的机会,因为回抽时,恰好遇到30周均线即将金叉120周均线。这里的金叉对股价有着向上的牵引作用,所以股价很快重返30周均线上方。学会一技之长,把命运掌握在自己手中。

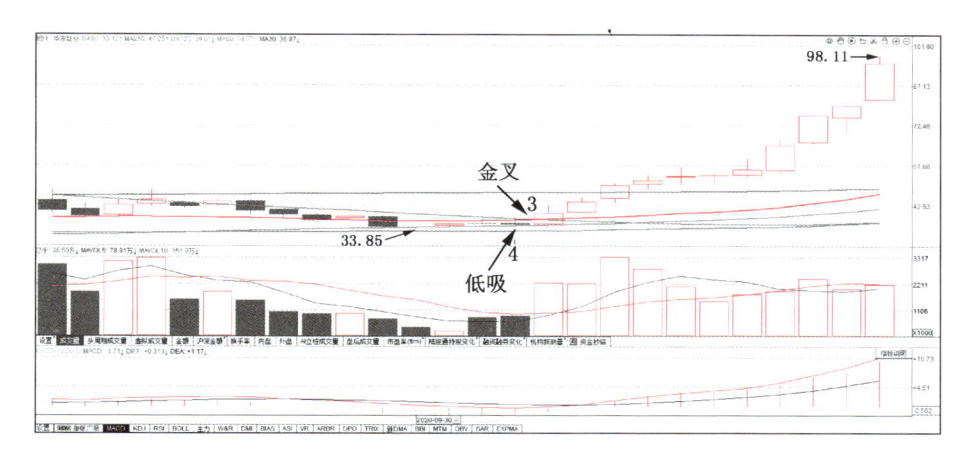

图6－9

图6－10是兆新股份(002256)在2021年5月至2021年9月这段时间的周K线图。见图中4处,股价回抽120周均线就是建仓的机会,因为回抽时,恰好遇到30周均线金叉120周均线,即回抽遇金叉。这里的金叉构成强支撑并提供向上的动能,所以回抽后股价开始了新一轮上涨。"五线开花"的技巧并不多,关键是熟能生巧,学会融会贯通、综合运用,最后达到无招胜有招。

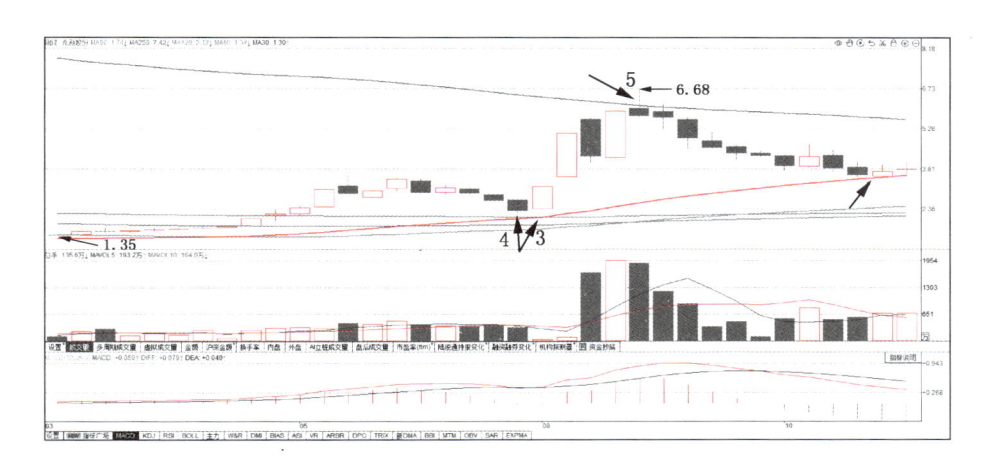

图6－10

图 6-11 是甘露国际发展(06836)在 2020 年 5 月至 2020 年 12 月这段时间的周 K 线图。见图中 4 处，股价在"黄金通道"内回抽 30 周均线就是建仓的机会，因为回抽时，恰好遇到 30 周均线金叉 60 周均线，即回抽遇金叉。这里的金叉构成强支撑并提供向上的动能，同时封杀了股价下跌的空间。所以回抽后股价开始了新一轮上涨，连续拉升后股价有横盘迹象时可择机抛出。万变不离其宗，股市也是如此，这个"宗"就是股市运行的内在规律。

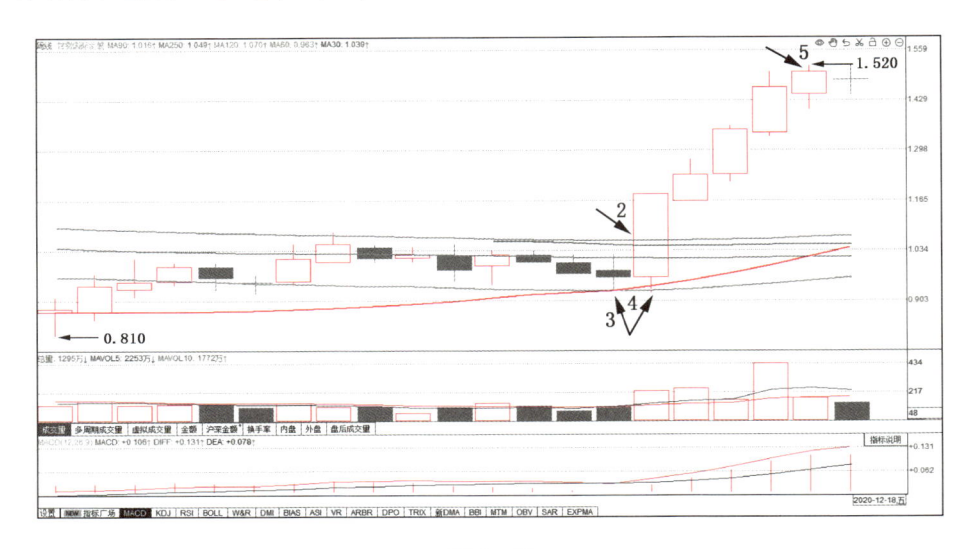

图 6-11

第三节　月 K 线图出现金叉

要点

(1)做长线主要看月 K 线图；
(2)30 月均线和另外四条均线中的某一条或某几条均线金叉；
(3)股价放量突破及回抽 30 月均线(或其他某条均线)就是买点；
(4)有时也会用到金叉的预判。

图 6-12 是汉宇集团(300403)在 2021 年 10 月至 2022 年 7 月这段时间的月 K 线图。见图中 3 处,股价突破 30 月均线就是建仓的机会,因为突破时,恰好遇到 30 月均线金叉 60 月均线,即突破遇金叉。这里的金叉提供了向上的动能,随后股价回抽 30 月均线也是建仓的机会。当然,我们也可以利用金叉的预判:在金叉的上个交易月逢低建仓(抄底),或在金叉的这个交易月的月初逢低建仓,因为一旦金叉,股价就会选择向上突破。

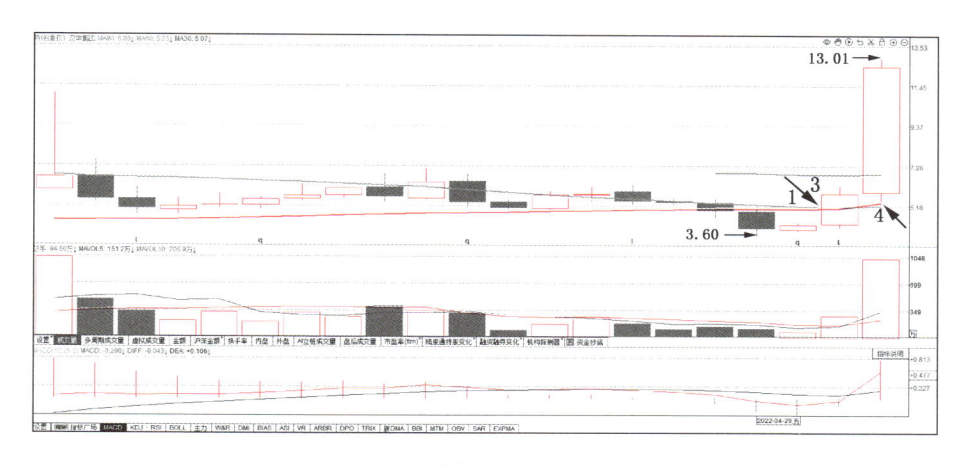

图 6-12

图 6-13 是*ST 同洲(002052)在 2024 年 1 月至 2024 年 12 月这段时间的月 K 线图。见图中 3 处,股价回抽 30 月均线就是建仓的机会。因为回抽时,恰好遇到 30 月均线金叉 60 月均线,即回抽遇金叉。这里的金叉提供了强支撑和向上的动能。现在的证券市场是一个"轻大盘、重个股"的时代。注册制下,大多数股票没有操作价值,所以选对个股、踏准个股的节奏才是王道。

图 6-14 是高争民爆(002827)在 2023 年 1 月至 2024 年 11 月这段时间的月 K 线图。见图中 3 处,股价回抽 30 月均线就是建仓的机会,因为回抽时,恰好遇到 30 月均线金叉 60 月均线,即回抽遇金叉。这里的金叉提供了强支撑和向上的动能。

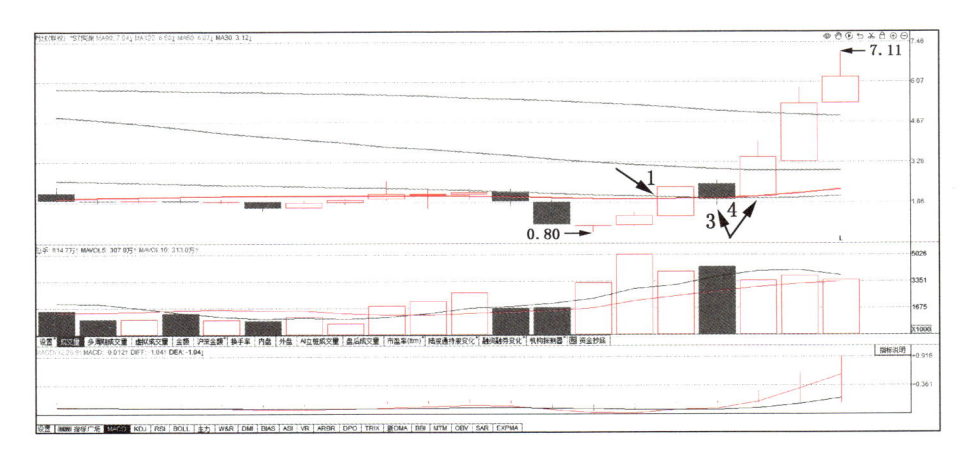

五线开花(一)
均线金叉的妙用(精华版)

图6-13

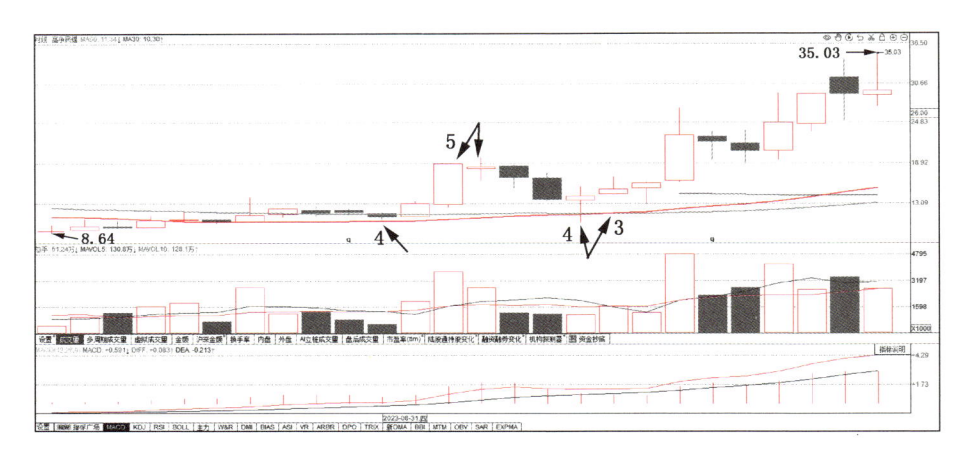

图6-14

图6-15是宁波建工(601789)在2021年4月至2022年3月这段时间的月K线图。见图中3处,股价回抽30月均线就是建仓的机会,因为回抽时,恰好遇到30月均线金叉60月均线,即回抽遇金叉。这里的金叉提供了强支撑和向上的动能,只做突破与回抽,不参与调整的过程。

116

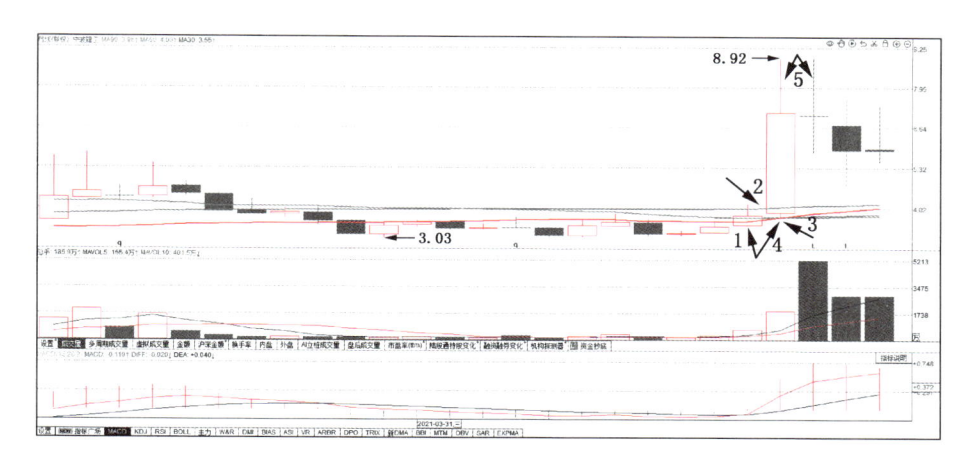

图 6－15

图 6－16 是有研新材(600206)在 2020 年 10 月至 2021 年 8 月这段时间的月 K 线图。见图中 4 处，股价回抽 30 月均线就是建仓的机会，因为回抽时，恰好遇到 30 月均线即将金叉 90 月均线，即回抽遇金叉。这里的金叉提供了强支撑和向上的动能。

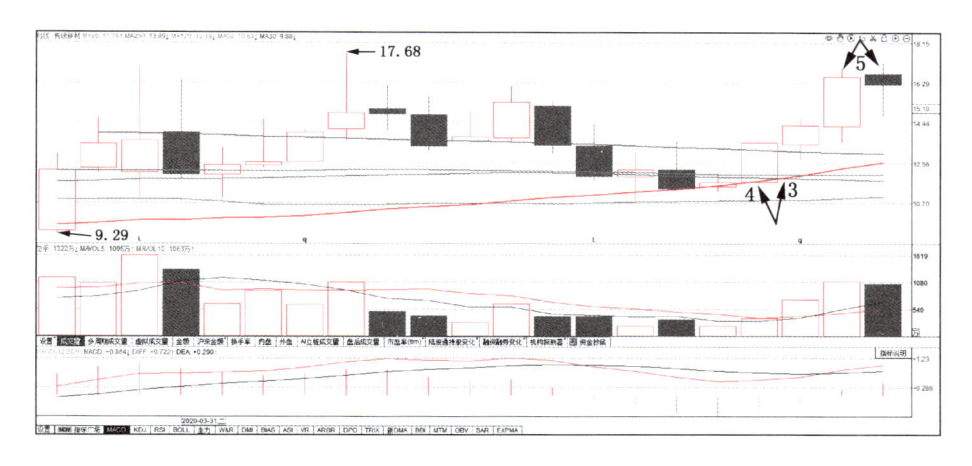

图 6－16

图 6－17 是东方精工(002611)在 2023 年 9 月至 2024 年 11 月这段时间的月 K 线图。见图中 3 处，股价回抽 30 月均线就是建仓的机会，因为回抽时，恰好遇到 30 月均线金叉 90 月均线，即回抽遇金叉。这里的金叉提供了强支撑和

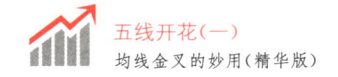

向上的动能。

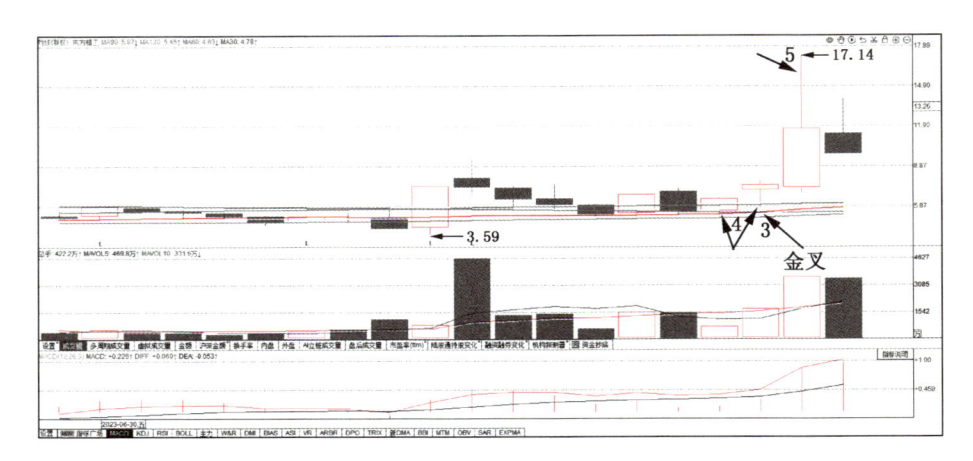

图 6—17

图 6—18 是广博股份(002103)在 2023 年 9 月至 2024 年 11 月这段时间的月 K 线图。见图中 3 处,股价回抽 30 月均线就是建仓的机会,因为回抽时,恰好遇到 30 月均线即将金叉 90 月均线,即回抽遇金叉。这里的金叉提供了强支撑和向上的动能。

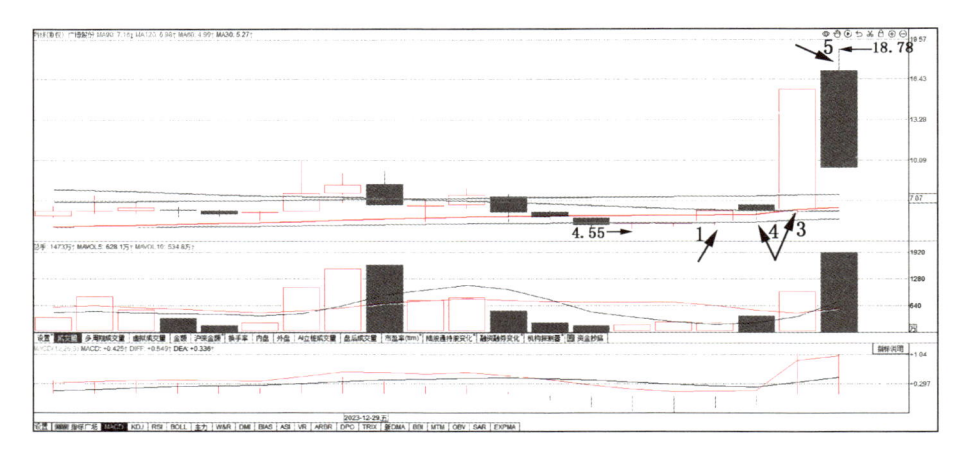

图 6—18

图 6—19 是方正控股(00418)在 2014 年 4 月至 2015 年 5 月这段时间的月 K 线图。见图中 3 处,股价突破 30 月均线就是建仓的机会,因为突破时,恰好

遇到30月均线金叉120月均线,即突破遇金叉。这里的金叉提供了向上的动能,随后股价回抽30月均线也是建仓的机会。当然,我们也可以利用金叉的预判:在金叉的上个交易月逢低建仓(抄底),或在金叉的这个交易月的月初逢低建仓,因为一旦金叉,股价就会选择向上突破。

图 6—19

图6—20是岩石股份(600696)在2020年6月至2021年6月这段时间的月K线图。见图中4处,股价突破与回抽120月均线就是建仓的机会,因为回抽时,恰好遇到30月均线金叉120月均线,即回抽遇金叉。这里的金叉提供了向上的动能。当然,我们也可以利用金叉的预判:在金叉的上个交易月逢低建仓(抄底),因为一旦金叉,股价就会选择向上突破。

图6—21是亚钾国际(000893)在2020年1月至2022年5月这段时间的月K线图。见图中4处,股价回抽最上面一线(120月均线)就是建仓的机会,因为回抽时,恰好遇到30月均线即将金叉250月均线,即回抽遇金叉。这里的金叉提供了强支撑和向上的动能。

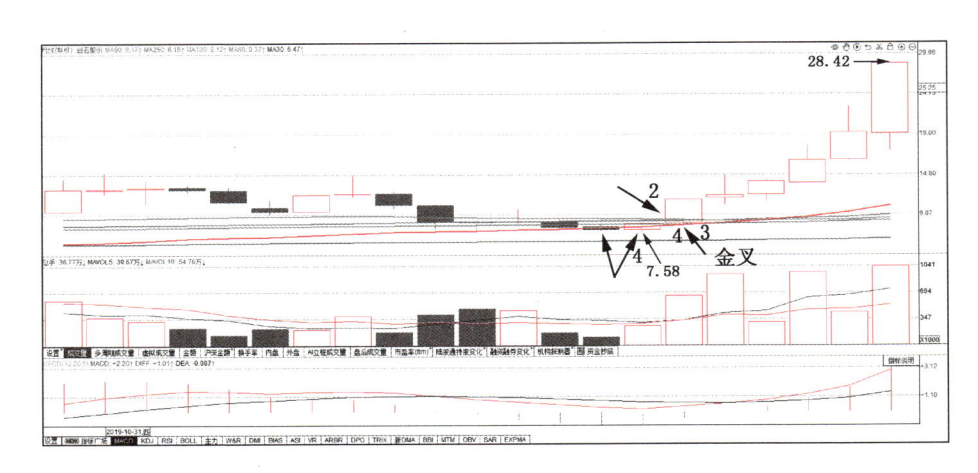

图 6－20

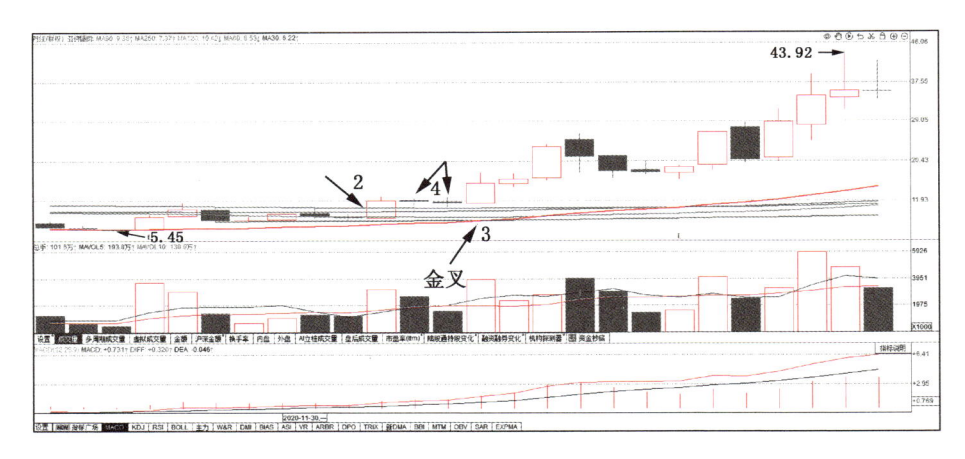

图 6－21

图 6－22 是光迅科技(002281)在 2024 年 1 月至 2024 年 12 月这段时间的月 K 线图。见图中 4 处，股价回抽 60 月均线就是建仓的机会，因为回抽时，恰好遇到 30、60、90 月均线相交于一点，即回抽遇金叉。这里的金叉提供了强支撑和向上的动能。在实盘操作时，要做到眼中只有图形，而心中只有纪律。

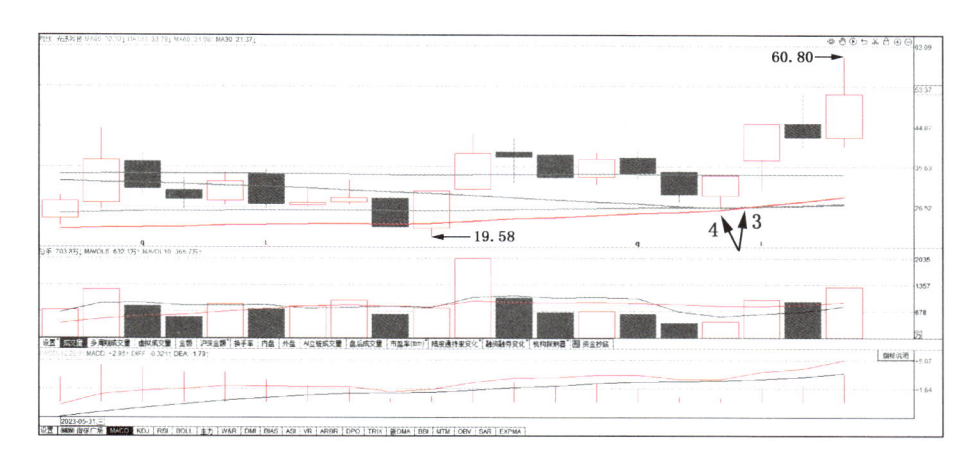

图 6—22

第四节 季 K 线图出现金叉

要点

(1)做长线也可以看季 K 线图；
(2)30 季均线和另外四条均线中的某一条或某几条均线金叉；
(3)股价放量突破及回抽 30 季均线(或其他某条均线)就是买点；
(4)有时也会用到金叉的预判。

图 6—23 是东方电子(000682)在 2018 年 9 月至 2023 年 6 月这段时间的季 K 线图。见图中右 4 处，股价回抽 30 季均线就是建仓的机会，因为回抽时，恰好遇到 30 季均线金叉 90 季均线，即回抽遇金叉。这里的金叉提供了强支撑和向上的动能。所以，尽管股价一度跌到 60 季均线，但很快股价重返 30 季均线上方，这就是金叉的妙用。

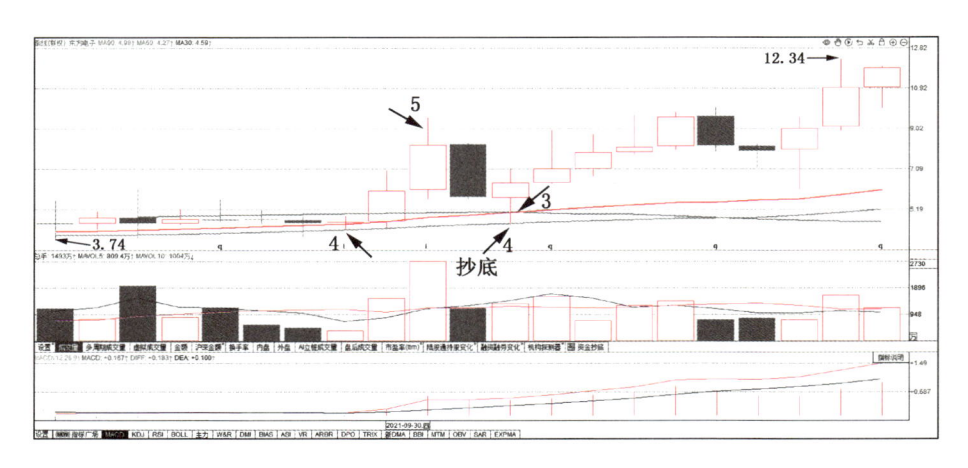

图6—23

图6—24是葛洲坝(600068)在2019年3月至2024年12月这段时间的季K线图。见图中4处，股价突破与回抽30季均线就是建仓的机会，因为回抽时，恰好遇到30季均线金叉90季均线，即回抽遇金叉。这里的金叉提供了向上的动能。当然，我们也可以利用金叉的预判：在金叉之前逢低建仓(这样可以降低我们的持仓成本)。

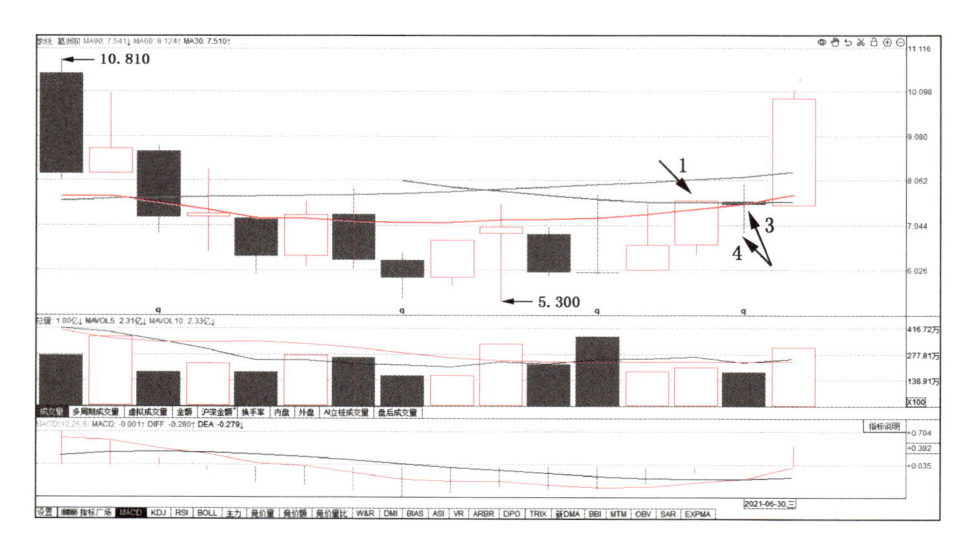

图6—24

图 6-25 是华银电力（600744）在 2019 年 6 月至 2021 年 9 月这段时间的季 K 线图。见图中 4 处，股价回抽 90 季均线就是建仓的机会，因为回抽时，恰好遇到 30 季均线金叉 90 季均线，即回抽遇金叉。这里的金叉提供了强支撑和向上的动能。

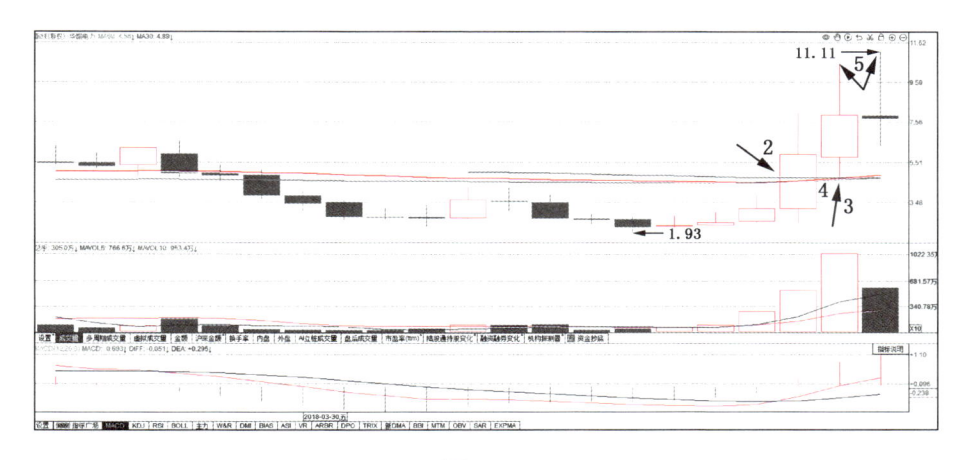

图 6-25

图 6-26 是金杯汽车（600609）在 2016 年 3 月至 2020 年 9 月这段时间的季 K 线图。见图中 3 处，当 30 季均线金叉 90 季均线时，股价选择了向上突破。所以最佳的建仓机会就是金叉的上个季度逢低建仓，见图中 4 处，因为一旦金叉，就是见证奇迹的时刻。

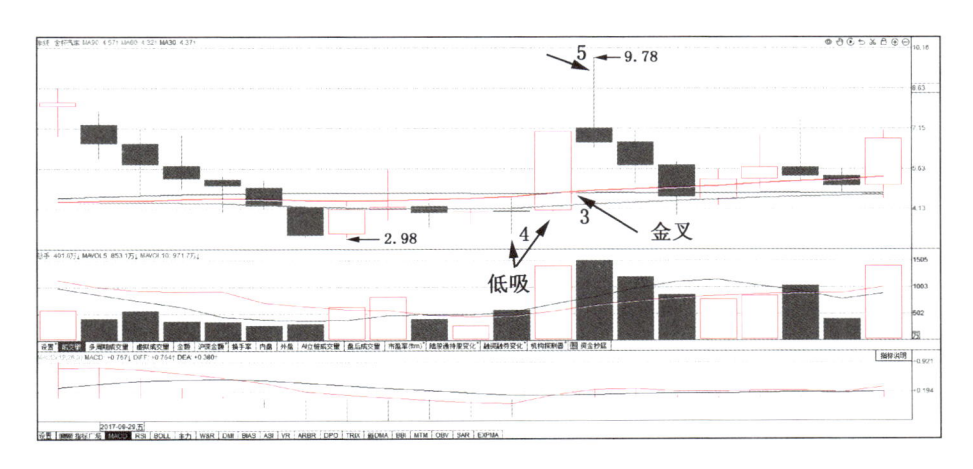

图 6-26

第五节　分时 K 线图出现金叉

要点

(1)做短线主要看分时 K 线图(5、15、30、60 分钟 K 线图)；
(2)30 均线和另外四条均线中的某一条或某几条均线金叉；
(3)股价放量突破及回抽 30 均线(或其他某条均线)就是买点；
(4)有时也会用到金叉的预判；
(5)将日 K 线图和分时 K 线图结合起来判断效果会更好。

图 6－27 是葫芦娃(605199)在 2024 年 11 月 22 日至 2024 年 12 月 3 日这段时间的 15 分钟 K 线图。见图中 4 处，股价回调到上一个交易日的涨停板价位附近时就是建仓的机会，因为五线布局是倚天剑分类 4，且 30 均线刚刚金叉 250 均线。

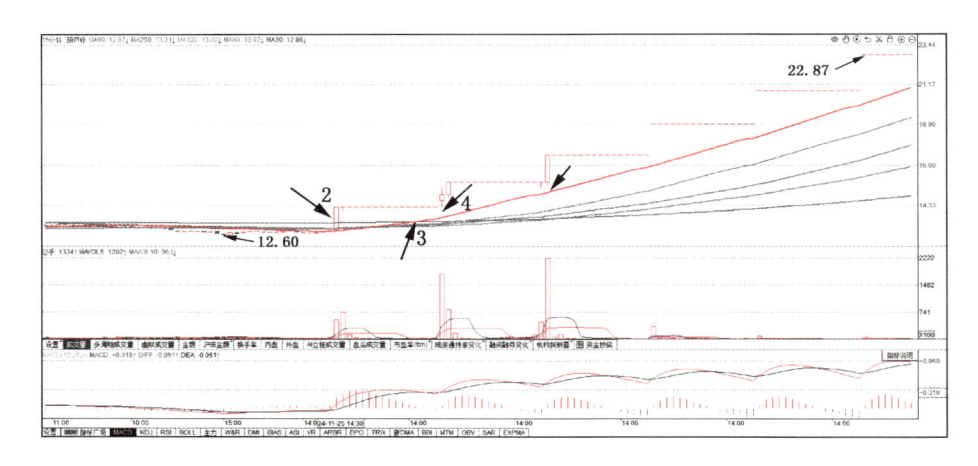

图 6－27

图 6－28 是大业股份(603278)在 2024 年 11 月 26 日至 2024 年 12 月 5 日这段时间的 15 分钟 K 线图。见图中 4 处，股价回调到最上面一线附近时就是

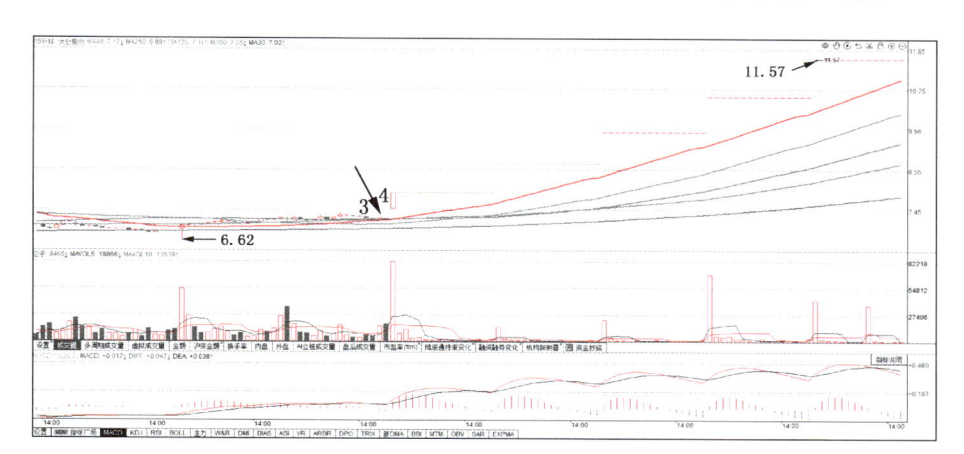

建仓的机会,因为五线布局是倚天剑分类3,且30、90、120均线交于一点。

图 6－28

图 6－29 是魅视科技(001229)在 2024 年 11 月 18 日至 2024 年 11 月 22 日这段时间的 15 分钟 K 线图。见图中 4 处,早盘涨停板打开时就是建仓的机会,因为五线布局是倚天剑分类3,且30、60、90、120均线交于一点。

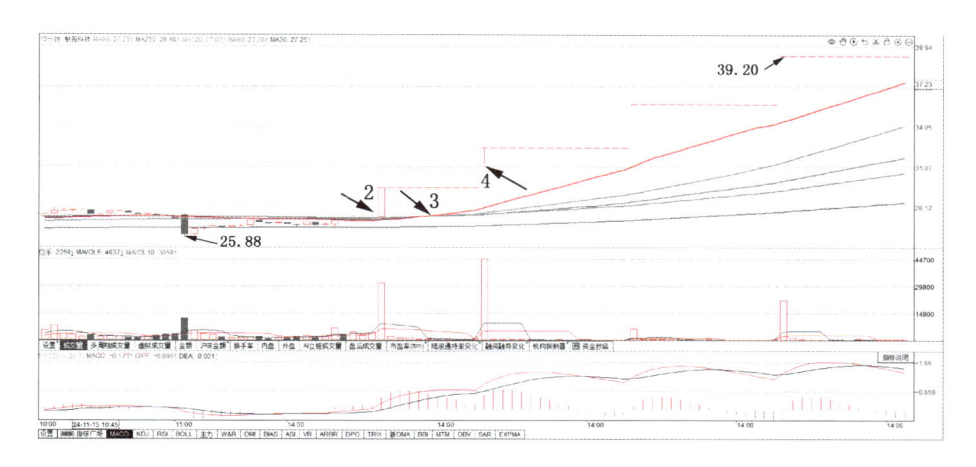

图 6－29

图 6－30 是天利科技(300399)在 2024 年 7 月 25 日至 2024 年 7 月 31 日这段时间的 30 分钟 K 线图。见图中 4 处,股价在"黄金通道"内回调到 30 均线附近时就是建仓的机会,因为五线布局是"黄金通道",且回抽时恰好遇到 30 均线

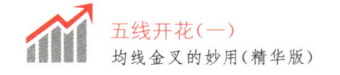

金叉 90 均线。

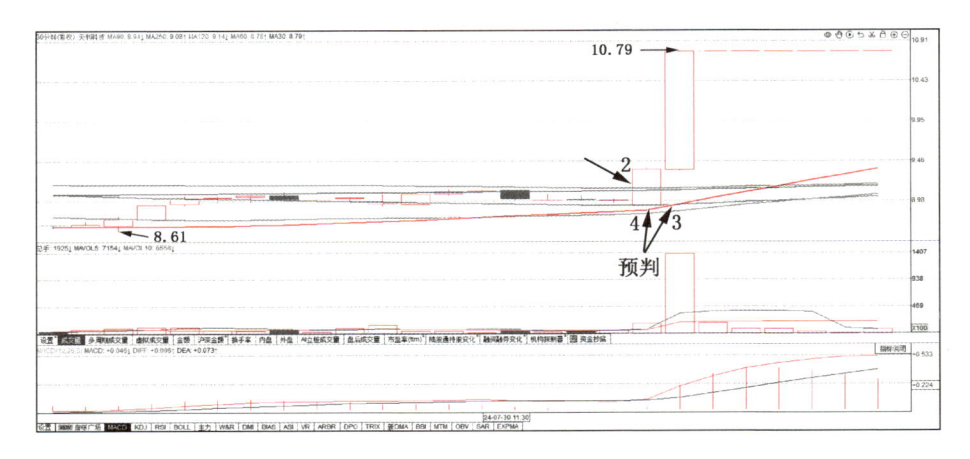

图 6－30

图 6－31 是润贝航科(001316)在 2024 年 7 月 24 日至 2024 年 7 月 29 日这段时间的 30 分钟 K 线图。见图中右 4 处，股价回抽最上面一线时就是建仓的机会，因为五线布局是"黄金通道"，且 30、90、120 均线交于一点。

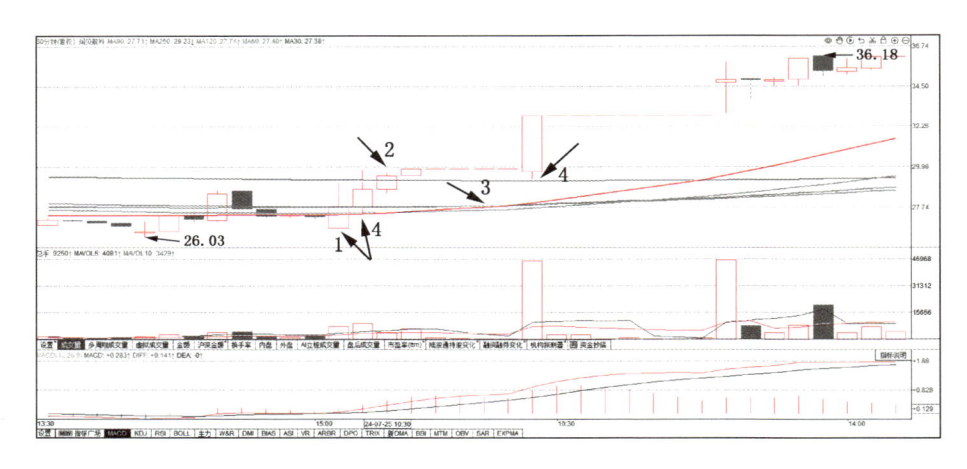

图 6－31

图 6－32 是大智慧(601519)在 2024 年 11 月 27 日至 2024 年 12 月 5 日这段时间的 30 分钟 K 线图。见图中 4 处，股价回调到最上面一线附近时就是建仓的机会，因为五线布局是"黄金通道"，且 30、120、250 均线交于一点。

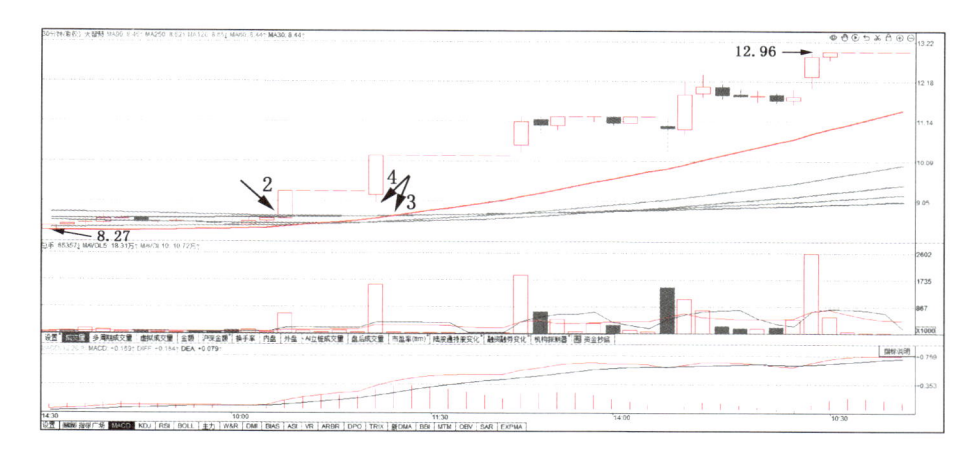

图 6—32

图 6—33 是蔚蓝生物(603739)在 2024 年 4 月 22 日至 2024 年 5 月 9 日这段时间的 60 分钟 K 线图。见图中右 4 处,股价突破最上面一线时就是建仓的机会,因为突破时 30 均线即将金叉 60 均线,伴随着金叉的突破爆发力强。可惜没有回抽最上面一线,否则将是最佳的建仓机会。

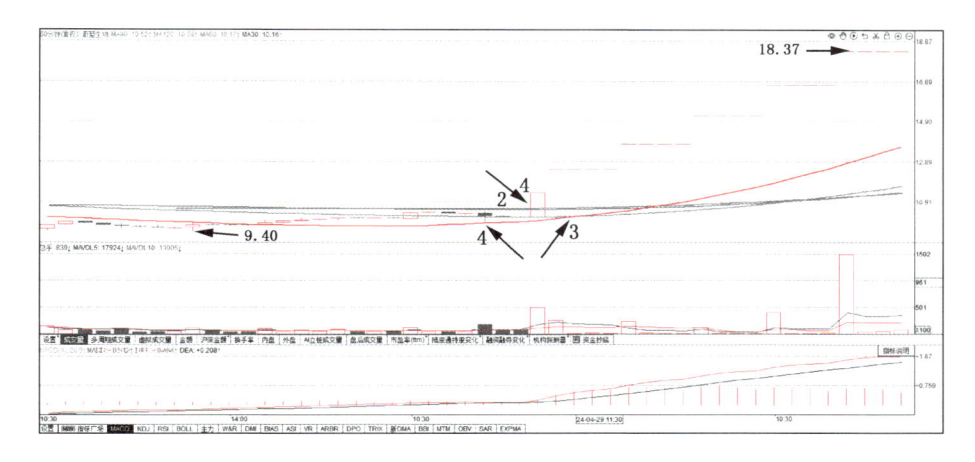

图 6—33

图 6—34 是金安国纪(002636)在 2025 年 1 月 8 日至 2025 年 1 月 21 日这段时间的 60 分钟 K 线图。见图中 4 处,股价回抽最上面一线时就是建仓的机会。因为回抽时,30 均线即将金叉 60 均线,这里的即将金叉构成了强支撑且提

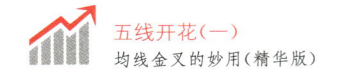

供了向上的动能。

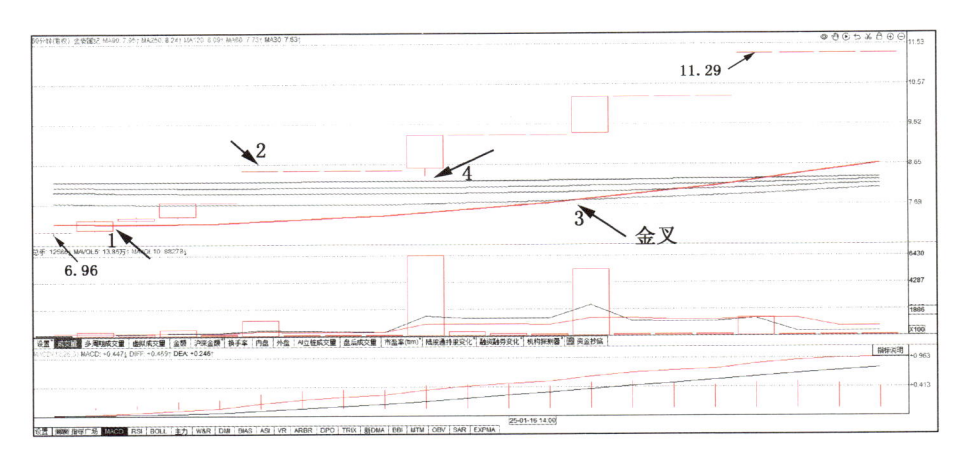

图 6—34

图 6—35 是先锋电子(002767)在 2025 年 1 月 13 日至 2025 年 1 月 21 日这段时间的 60 分钟 K 线图。见图中 4 处，股价回抽最上面一线时就是建仓的机会。因为回抽时，恰好遇到 30 均线金叉 60 均线，这里的金叉构成了强支撑且提供了向上的动能，同时封杀了股价下跌的空间。

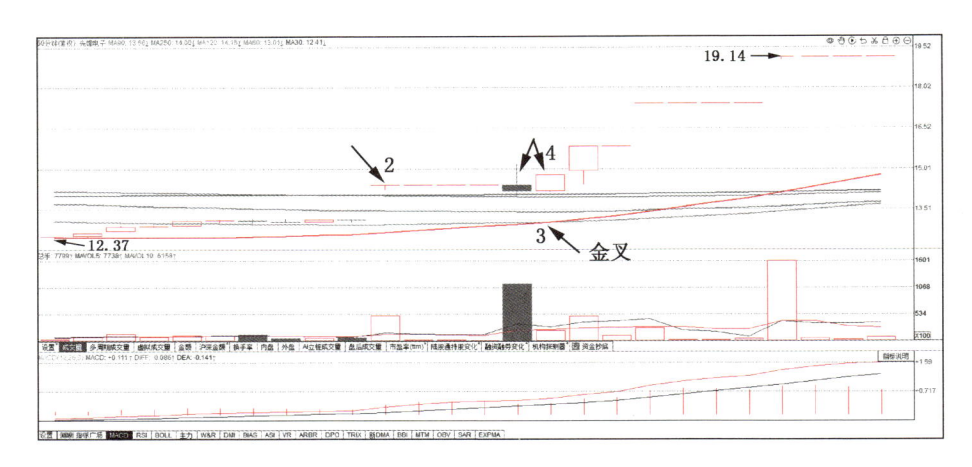

图 6—35

图 6—36 是祖名股份(003030)在 2025 年 1 月 11 日至 2025 年 1 月 21 日这段时间的 60 分钟 K 线图。见图中 4 处，股价回抽最上面一线时就是建仓的机

会。因为回抽时恰好遇到 30 均线金叉 60 均线，这里的金叉构成了强支撑且提供了向上的动能，同时封杀了股价下跌的空间。

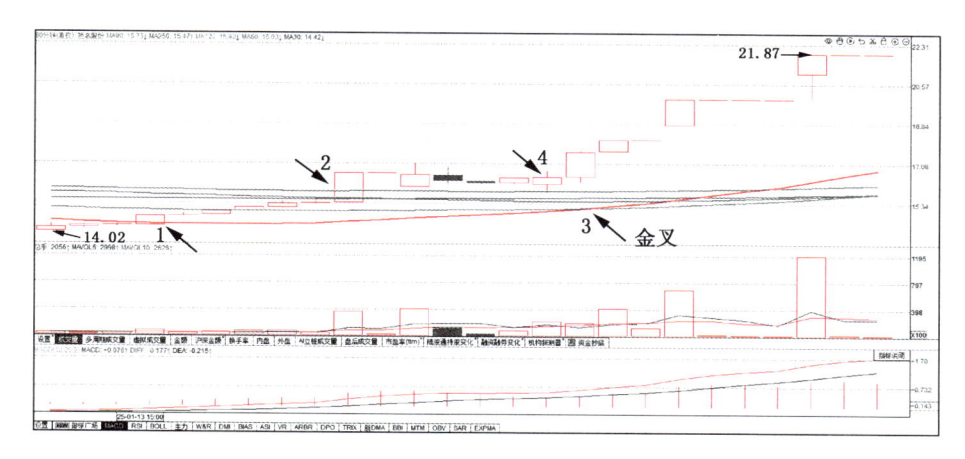

图 6-36

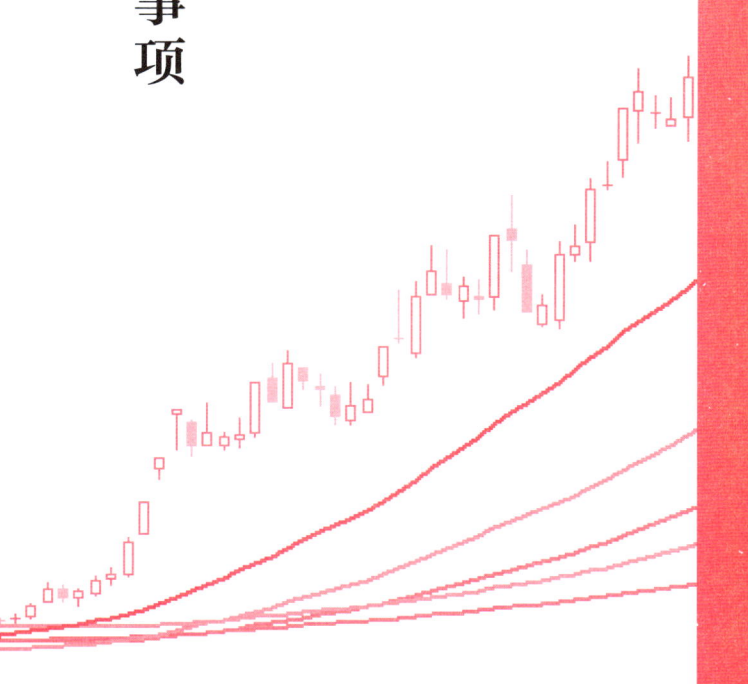

第七章 金叉的注意事项

在运用均线金叉的操盘技巧时，有几个要点大家需要注意一下：

1. 均线金叉的时间周期越长越可靠；
2. 伴随着均线金叉的突破爆发力强；
3. 经常配合其他操盘技巧一起使用；
4. 适用于所有的金融市场和交易品种。

第一节　均线金叉的时间周期越长越可靠

要点

（1）金叉的妙用适用于所有的时间周期；

（2）时间周期越长越可靠，效果越好，尤其是用到"金叉的预判"时；

（3）可靠性排名：季Ｋ线图＞月Ｋ线图＞周Ｋ线图＞日Ｋ线图＞分时Ｋ线图。

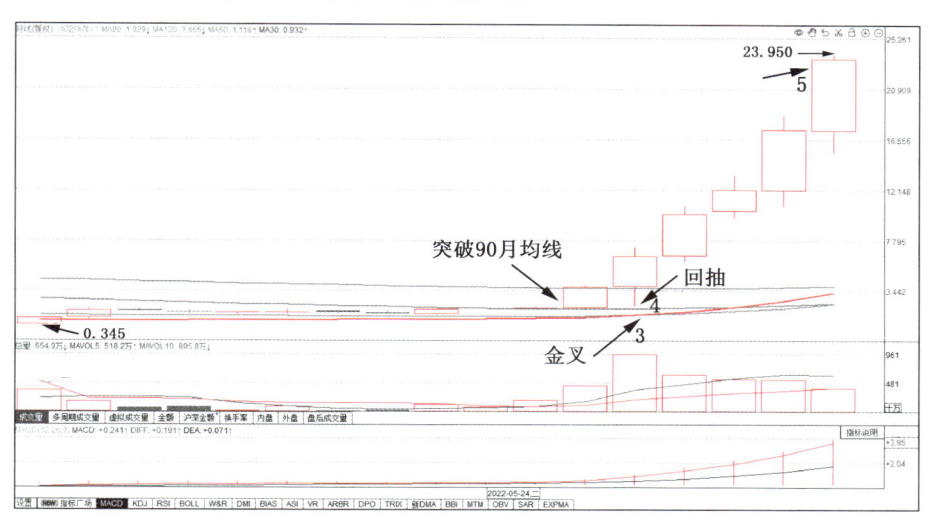

图７－１是中国铸晨81（00810）在2021年1月至2022年12月这段时间的月Ｋ线图。见图中右4处，股价回抽90月均线就是建仓的机会，因为回抽时，恰好遇到30月均线金叉60月均线，即回抽遇金叉。这里的金叉提供了强支撑和向上的动能，同时封杀了股价下跌的空间。

图７－１

五线开花(一)
均线金叉的妙用(精华版)

图7-2是工业富联(601138)在2023年1月至2024年6月这段时间的月K线图。见图中4处,股价回抽60月均线就是建仓的机会,因为回抽时,恰好遇到30月均线金叉60月均线,即回抽遇金叉。这里的金叉提供了强支撑和向上的动能。

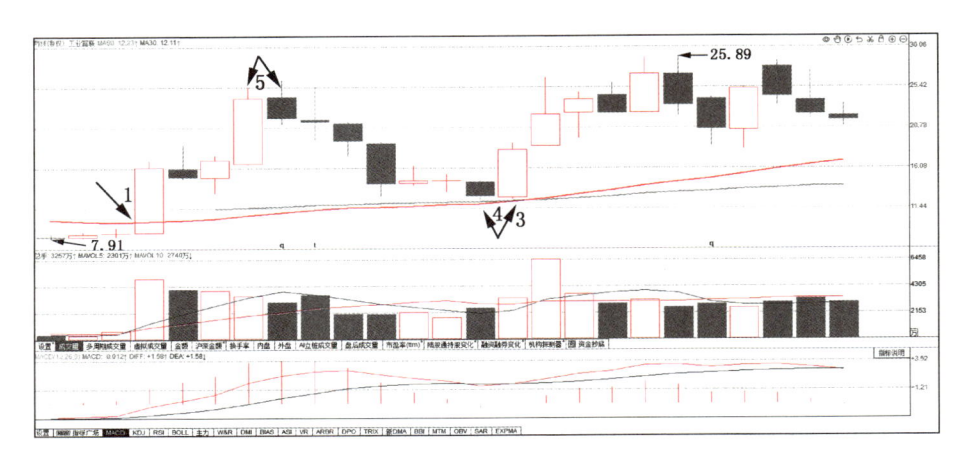

图7-2

图7-3是潍柴重机(000880)在2024年1月至2025年2月这段时间的月K线图(除权后)。见图中4处,股价两次回抽30月均线都是建仓的机会。因为回抽时,恰好遇到30月均线金叉250月均线,即回抽遇金叉。这里的金叉提供了强支撑和向上的动能。

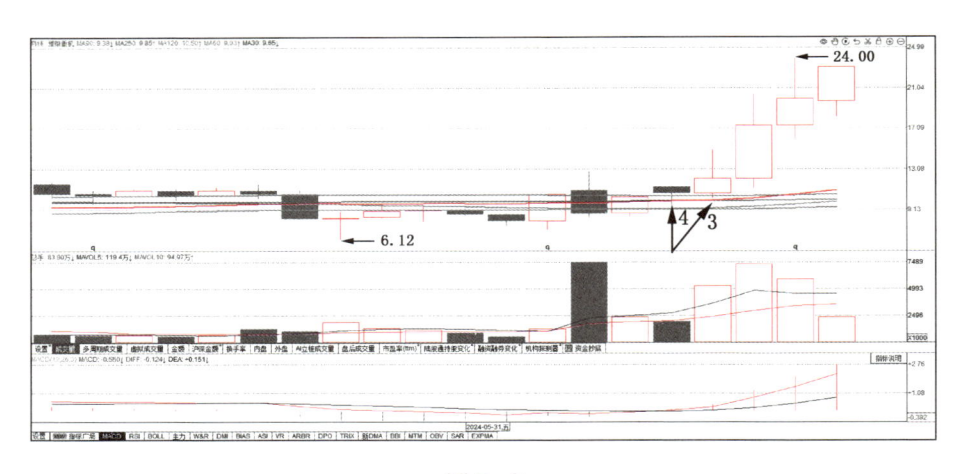

图7-3

第七章 金叉的注意事项

图7－4是葛洲坝(600068)在2015年9月至2017年4月这段时间的月K线图。见图中右4处，股价回抽90月均线就是建仓的机会，因为回抽时，恰好遇到30月均线金叉90月均线，即回抽遇金叉。这里的金叉提供了强支撑和向上的动能。当然，也可以利用金叉的预判：在金叉的上个交易月逢低(靠近60月均线)建仓。

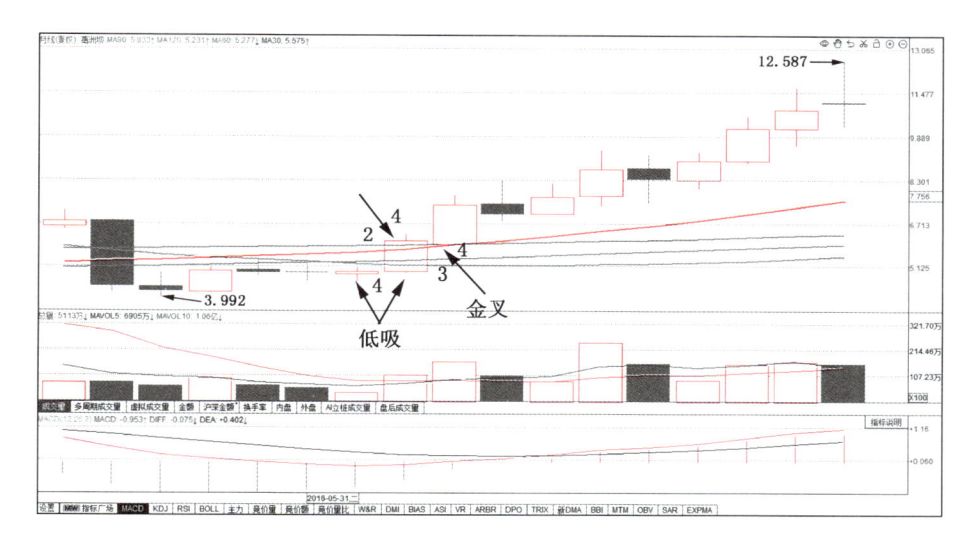

图7－4

图7－5是茶花股份(603615)在2023年5月至2024年12月这段时间的月K线图。见图中右4处，股价回抽30月均线就是建仓的机会。因为回抽时，恰好遇到30月均线金叉90月均线，即回抽遇金叉。这里的金叉提供了强支撑和向上的动能。当然，之前股价两次回抽30月均线时也是建仓的机会。

请牢记：30月均线通常是黑马的起涨点。

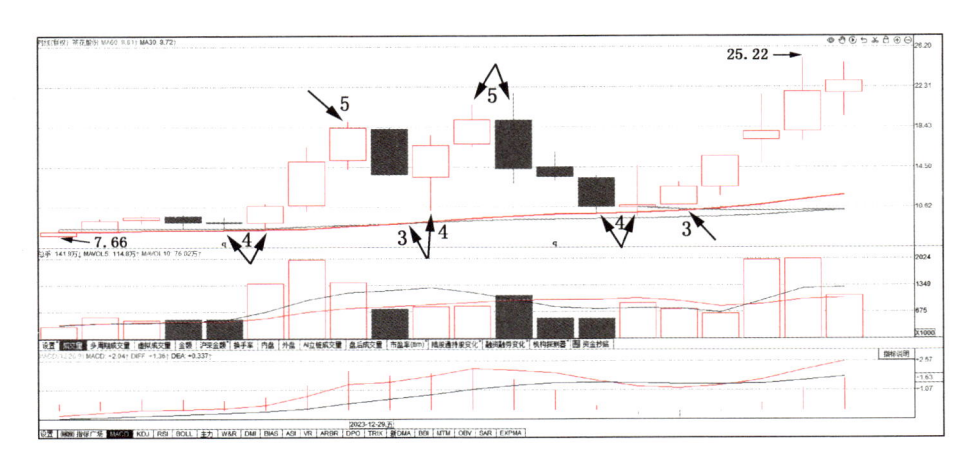

图 7－5

图 7－6 是顺钠股份(000533)在 2023 年 4 月至 2024 年 12 月这段时间的月 K 线图。见图中右 4 处，股价回抽 30 月均线和 90 月均线都是建仓的机会，因为回抽时，30 月均线即将金叉 90 月均线，即回抽遇金叉。这里的金叉提供了强支撑和向上的动能。当然，之前股价回抽 60 月均线时也是建仓的机会，见图中左 4 处。

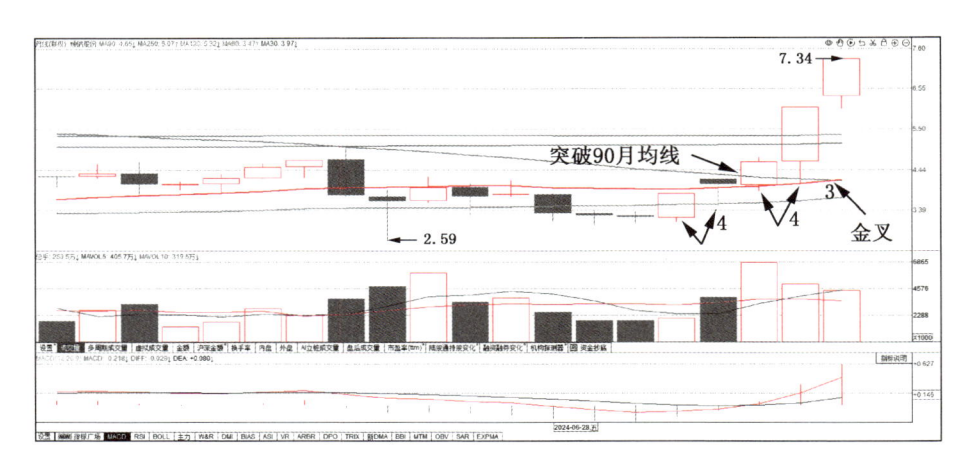

图 7－6

第二节 伴随着均线金叉的突破爆发力强

要点

(1)股价放量突破30均线；

(2)30均线和另外某一条或某几条均线金叉；

(3)伴随着金叉的突破爆发力强；

(4)突破与回抽都是建仓的机会。

图7-7是银都股份(603277)在2020年5月至2020年6月这段时间的日K线图。见图中4处，股价突破最上面一线时就是建仓的机会，因为突破时30天均线正在金叉60天均线，伴随着金叉的突破爆发力强。可惜没有回抽最上面一线，否则将是最佳的建仓机会。

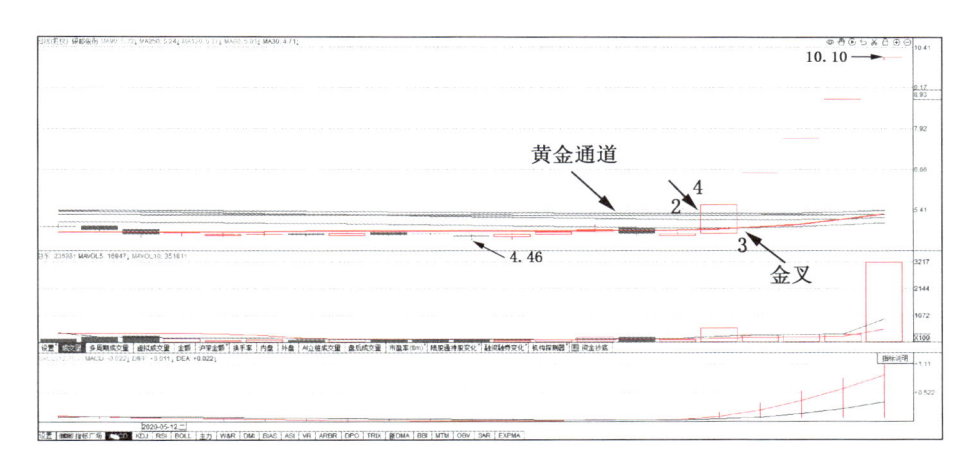

图7-7

图7-8是豫能控股(001896)在2020年11月至2020年12月这段时间的日K线图。见图中左4处，股价突破最上面一线且一阳站四线，突破就是建仓的机会，因为突破时30天均线正在金叉60天均线，伴随着金叉的突破爆发力强。随后股价回调到最上面一线附近也是建仓的机会，见图中右4处。

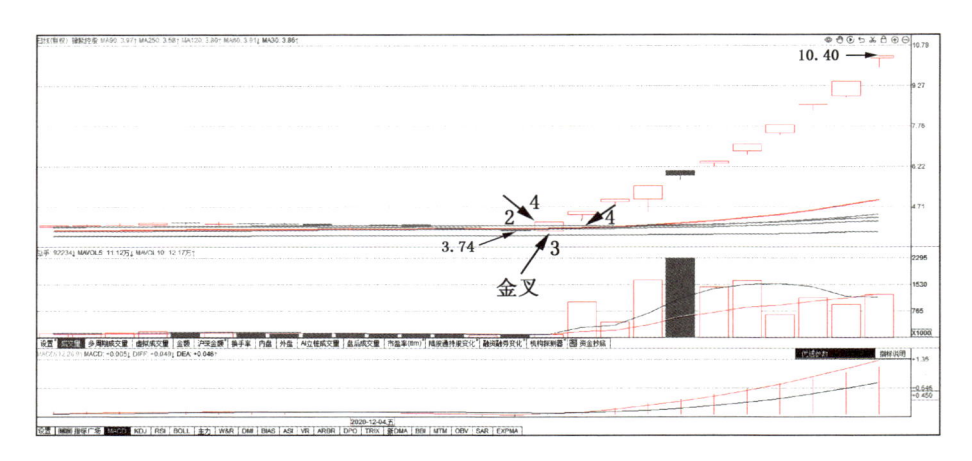

图 7－8

图 7－9 是中国白银集团(00815)在 2024 年 2 月至 2024 年 4 月这段时间的日 K 线图。见图中下 4 处，股价突破与回抽 30 天均线时都是建仓的机会，因为突破时 30 天均线正在金叉 60 天均线，伴随着金叉的突破爆发力强，之后股价突破 120 天均线也是建仓的机会。可惜没有回抽 120 天均线，如果回抽，将是最佳的建仓机会。追求正确的操作，盈利放在第二位。当你悟透了这句话，盈利也就水到渠成了。

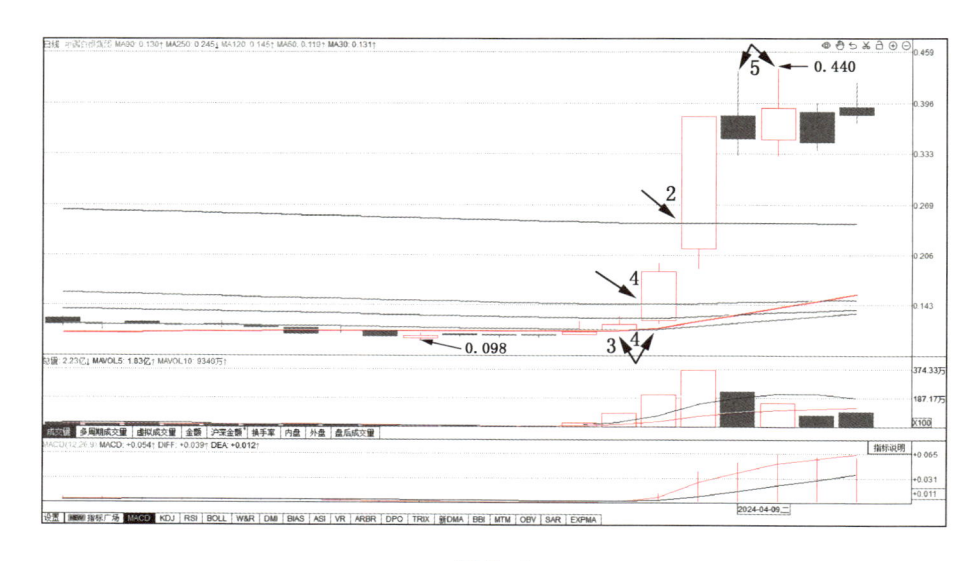

图 7－9

图 7-10 是深圳瑞捷(300977)在 2024 年 5 月至 2024 年 6 月这段时间的日 K 线图。见图中 4 处，股价突破 120 天均线时就是建仓的机会，因为突破时 30 天均线正在金叉 120 天均线，伴随着金叉的突破爆发力强。可惜没有回抽 120 天均线，否则将是最佳的建仓机会。当然，第二天股价高开后回抽 250 天均线也是短线机会。

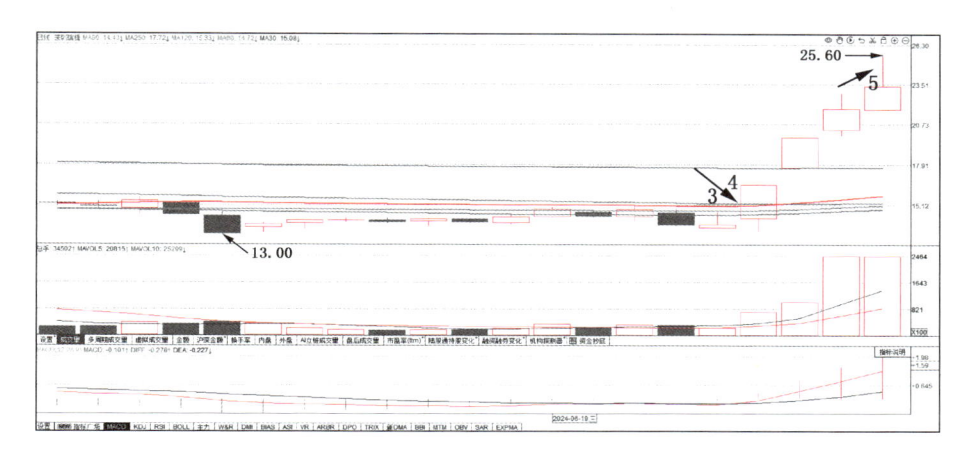

图 7-10

图 7-11 是中电华大科技(00085)在 2022 年 8 月至 2023 年 1 月这段时间的周 K 线图。见图中 4 处，股价突破与回抽 30 周均线时就是建仓的机会，因为突破时 30 周均线即将金叉 90 周均线，伴随着金叉的突破爆发力强。你要相信，无论股指涨跌，每天都有上涨的个股，每周都有连续拉升的个股，每月都有"妖股"出现。所以，关键是踏准个股的节奏。

图 7-11

第三节　经常配合其他操盘技巧一起使用

要点

（1）牢记金叉的三大妙用：突破遇金叉，回抽遇金叉，金叉的预判；

（2）经常会配合"五线开花"其他技巧一起使用，效果会更好，一起使用也就是出现了"技术共振"。

图 7-12 是好利科技（002729）在 2022 年 4 月至 2022 年 6 月这段时间的日 K 线图。五线的布局是"黄金通道"，见图中右 4 处，股价在"黄金通道"内回抽 30 天均线时就是建仓的机会，因为回抽时 30 天均线正在金叉 90 天均线，即回抽遇金叉。

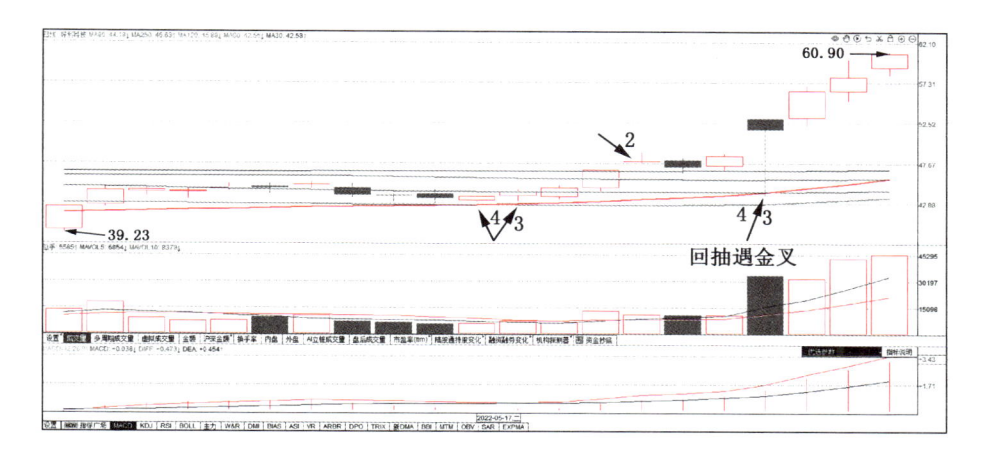

图 7—12

图 7—13 是欧陆通(300870)在 2024 年 8 月至 2024 年 12 月这段时间的日 K 线图。五线的布局是"黄金通道",见图中 4 处,股价在"黄金通道"内回抽 30 天均线时就是建仓的机会,因为回抽时 30 天均线即将金叉 60 天均线,即回抽遇金叉,随后股价选择了向上突破。

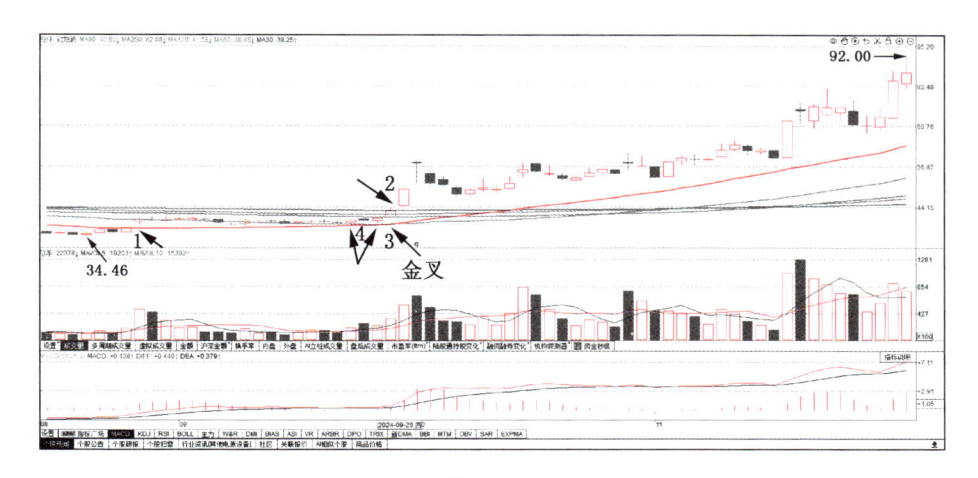

图 7—13

图 7—14 是润泽科技(300442)在 2024 年 8 月至 2024 年 10 月这段时间的日 K 线图。五线的布局是"黄金通道",见图中 4 处,股价在"黄金通道"内回抽 30 天均线时就是建仓的机会,因为回抽时 30 天均线刚刚金叉 60 天均线,即回

141

抽遇金叉，随后股价选择了向上突破。

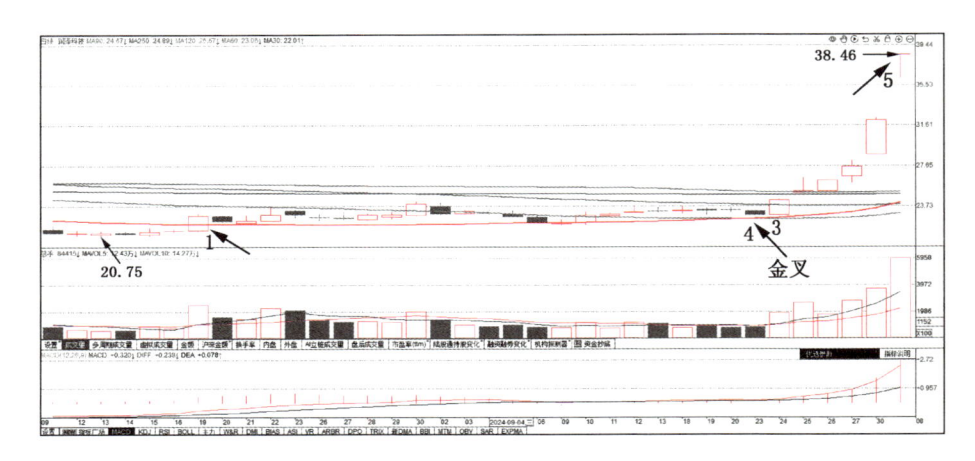

图 7-14

图 7-15 是金阳新能源（01121）在 2020 年 9 月至 2021 年 4 月这段时间的周 K 线图。行情启动前五线的布局是倚天剑分类 4，见图中 4 处，股价回抽最上面一线（250 周均线）时就是建仓的机会，因为回抽时 30 周均线即将金叉 250 周均线，即回抽遇金叉。伴随着均线的金叉，股价开始了新一轮的上涨。

图 7-15

图7－16是智城发展控股(08268)在2024年8月至2024年12月这段时间的周K线图。五线的布局是"黄金通道",见图中3处,股价在"黄金通道"内回抽90周均线时就是建仓的机会,因为回抽时恰好遇到30周均线金叉90周均线,即回抽遇金叉,随后股价选择了向上突破。

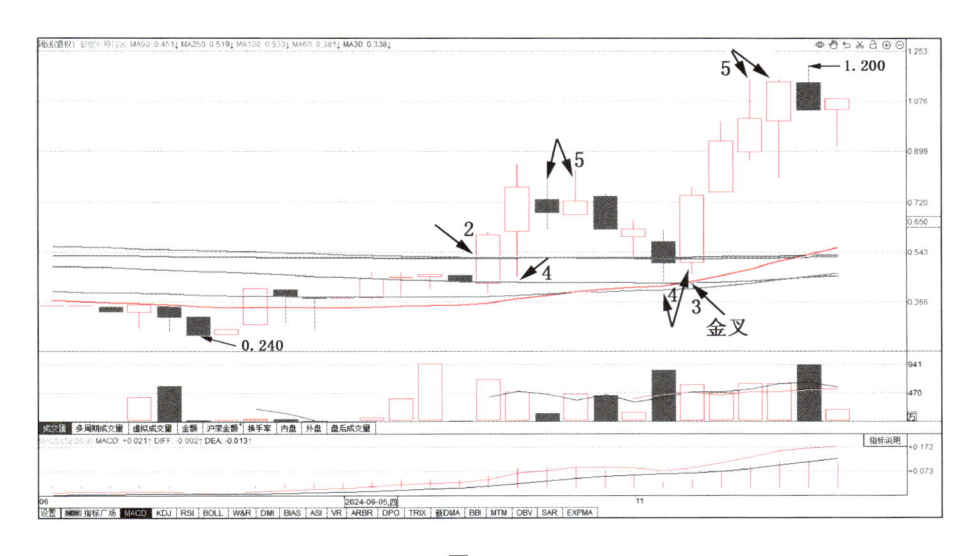

图7－16

图7－17是众生药业(002317)在2021年5月至2024年11月这段时间的月K线图。四线的布局是"黄金通道",且30月均线和60月均线粘合后并列上行组成了屠龙刀(分类1)。见图中3处,股价在"黄金通道"内回抽30月均线时就是建仓的机会,因为回抽时恰好遇到30月均线金叉90月均线,即回抽遇金叉。随后股价选择了向上突破。

图7－18是爱仕达(002403)在2023年9月至2024年12月这段时间的月K线图。四线的布局是"黄金通道",且30月均线和60月均线粘合后并列上行组成了屠龙刀(分类1)。见图中3处,股价在"黄金通道"内回抽60月均线时就是建仓的机会,因为回抽时恰好遇到30月均线即将金叉90月均线,即回抽遇金叉。随后股价选择了向上突破。

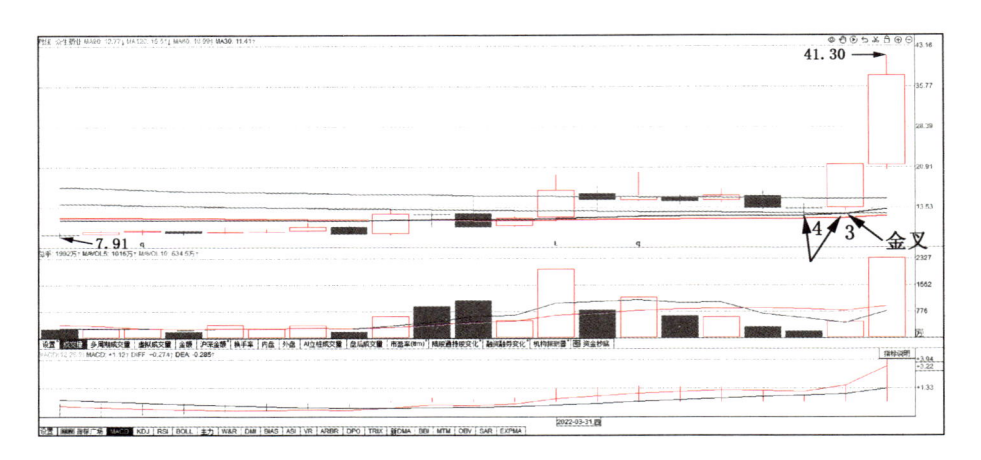

图 7-17

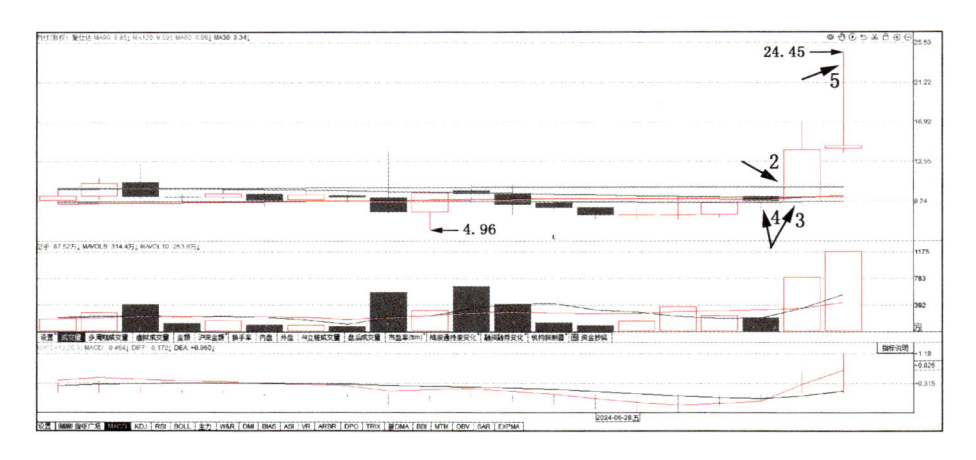

图 7-18

第四节　适用于所有的金融市场和交易品种

在金融全球化的今天,从周一到周五,每天 24 小时,位于全球各地的股票、证券、期货,以及金融、外汇等各类交易市场轮流开放,连续成一个 24 小时不间断的全球交易大市场。每当星期一的早晨,第一缕阳光照耀在新西兰的国土上,全球交易就拉开了新一周的序幕。从大洋洲的新西兰和澳大利亚开始,接着是亚洲的日本、中国、新加坡以及印度等地，然后是欧洲的德国、法国、英国、荷兰等地开市交易，最后以美国为代表的美洲市场将一天的交易引向高潮，紧接着大洋洲新的一天又开始了……职业投资者可以随时随地通过电脑和手机进行交易，可以很快切入全球任何一个活跃的金融市场，可以选择的交易产品范围极其广泛，既有传统的商品期货、股票证券、国际货币，也有完全信息化的金融期货以及各类金融衍生产品。"五线开花"操盘技巧适用于所有的金融市场和交易品种，而且这也是一套永不过时的操盘技术，适用于过去、现在和未来……

图7－19是京东集团-SW（09618）在2024年7月至2024年11月这段时间的周K线图。见图中左4处，股价突破30周均线时就是建仓的机会，因为突破时30周均线正在金叉60周均线，伴随着金叉的突破爆发力强。随后股价回抽30周均线也是建仓的机会。知识就是财富，认知可以变现，这一点，股市比任何市场都更有效率。

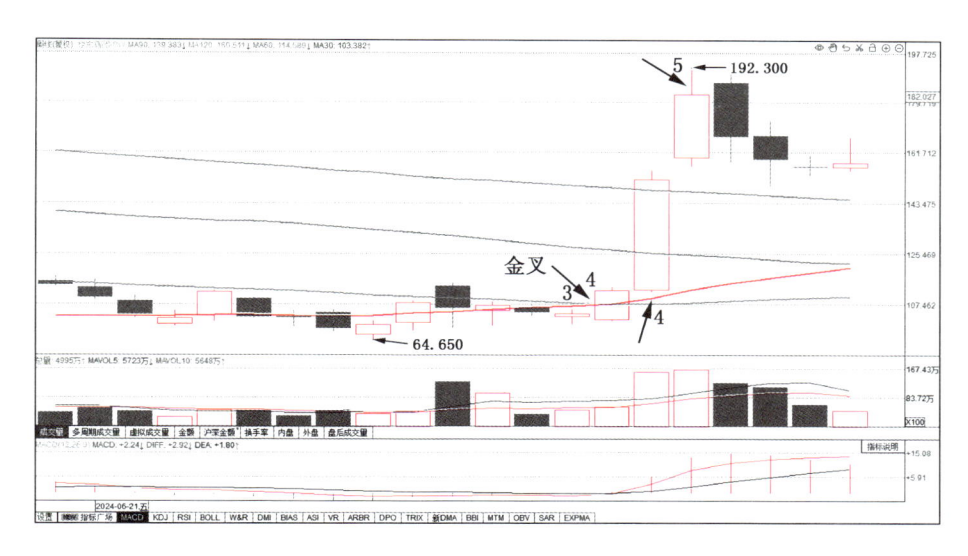

图7－19

图7－20是蔚来（NIO）在2019年11月至2020年11月这段时间的周K线图。见图中4处，股价回抽60周均线时就是建仓的机会，因为回抽时恰好遇到30周均线金叉60周均线，即回抽遇金叉。这里的金叉构成了强支撑且提供了向上的动能。所以，随后该股开始了新一轮的上涨。

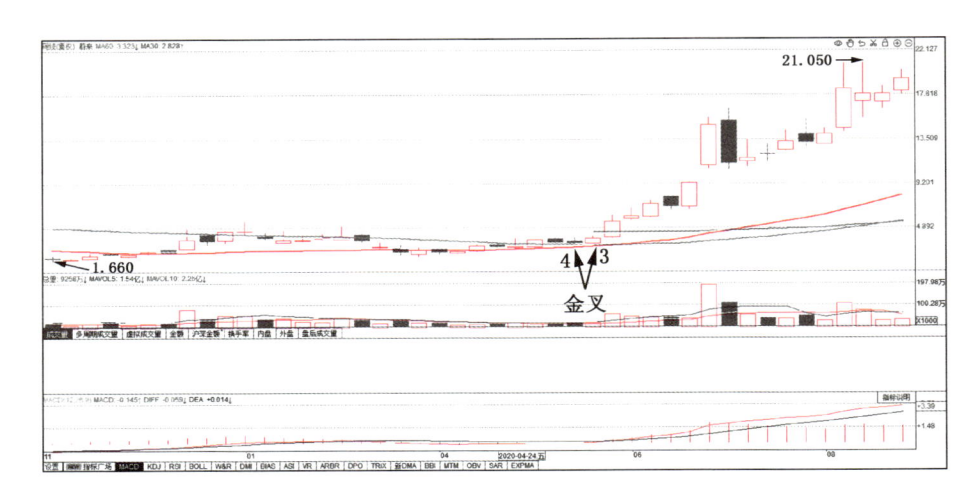

图 7-20

图 7-21 是中国碳中和(01372)在 2021 年 1 月至 2021 年 4 月这段时间的周 K 线图。见图中右 4 处，股价回抽 120 周均线时就是建仓的机会，因为回抽时恰好遇到 30 周均线金叉 60 周均线，即回抽遇金叉。这里的金叉构成了强支撑且提供了向上的动能。当然，之前股价回抽 30 周均线也是建仓的机会。股市操盘就是要做到简单、粗暴、有效，"五线开花"的技巧就这么多，关键是熟能生巧，学会融会贯通、综合运用，最后达到无招胜有招。

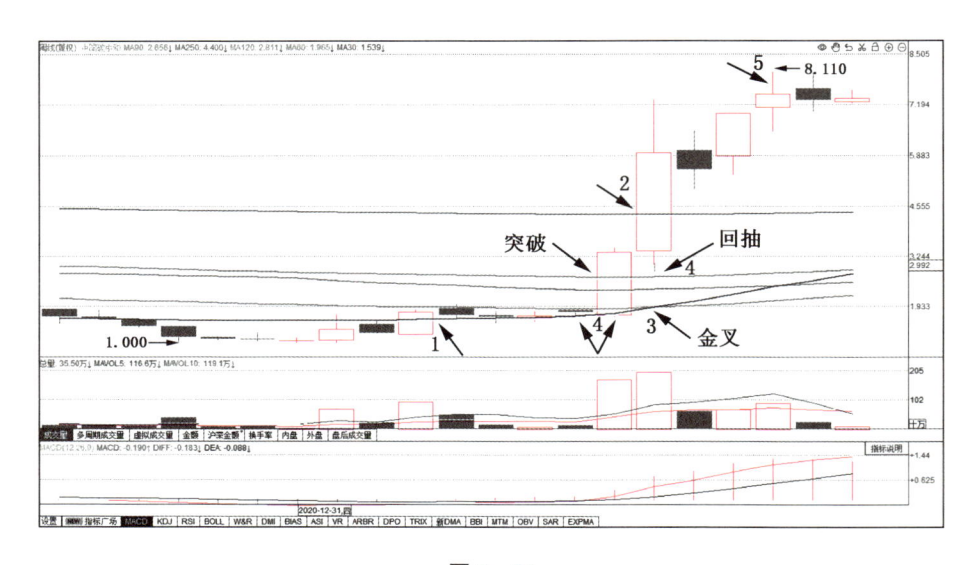

图 7-21

图7-22是海洋海昌公园(02255)在2021年1月至2022年6月这段时间的周K线图。见图中3处,股价回抽90周均线时就是建仓的机会,因为回抽时恰好遇到30周均线金叉90周均线,即回抽遇金叉。这里的金叉构成了强支撑且提供了向上的动能。所以,随后该股开始了新一轮的上涨。我们应该用像玩游戏一样的心态去做股票,最大的乐趣就是可以反复验证我们的操作方法好不好。

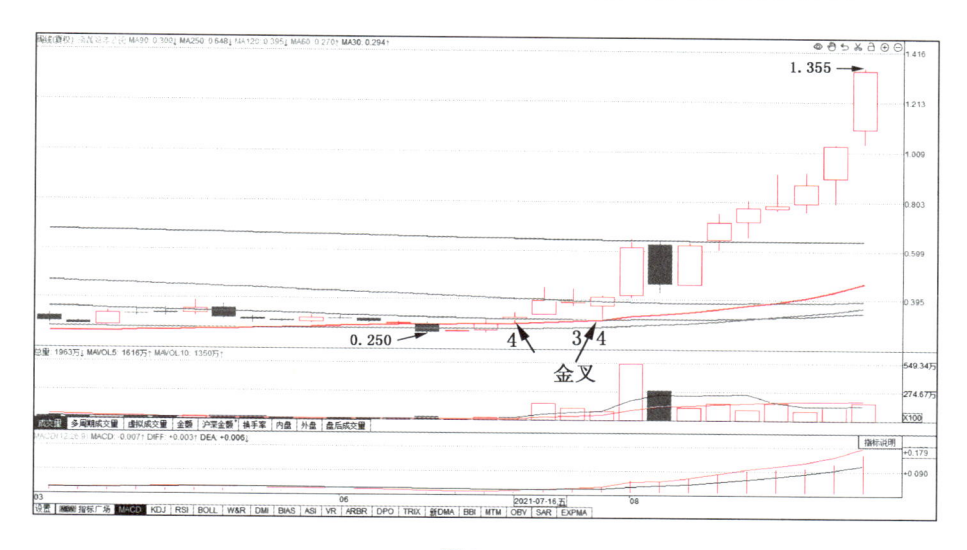

图7-22

图7-23是渤海银行(09668)在2024年8月至2024年10月这段时间的日K线图。见图中4处,股价回抽60天均线时就是建仓的机会,因为回抽时恰好遇到30天均线金叉90天均线,即回抽遇金叉。这里的金叉构成了强支撑且提供了向上的动能。所以,随后该股选择了向上突破。学会独立思考很重要,永远做最有把握的事,抓住属于自己的机会。

图7-24是哔哩哔哩-W(09626)在2024年2月至2024年10月这段时间的周K线图。见图中4处,股价回抽30周均线时就是建仓的机会,因为回抽时恰好遇到30周均线金叉60周均线,即回抽遇金叉。这里的金叉构成了强支撑且提供了向上的动能。所以,随后该股开始了新一轮的上涨。股市里能做到持续盈利的人,都是在千锤百炼后,练成了严于律己、知行合一。

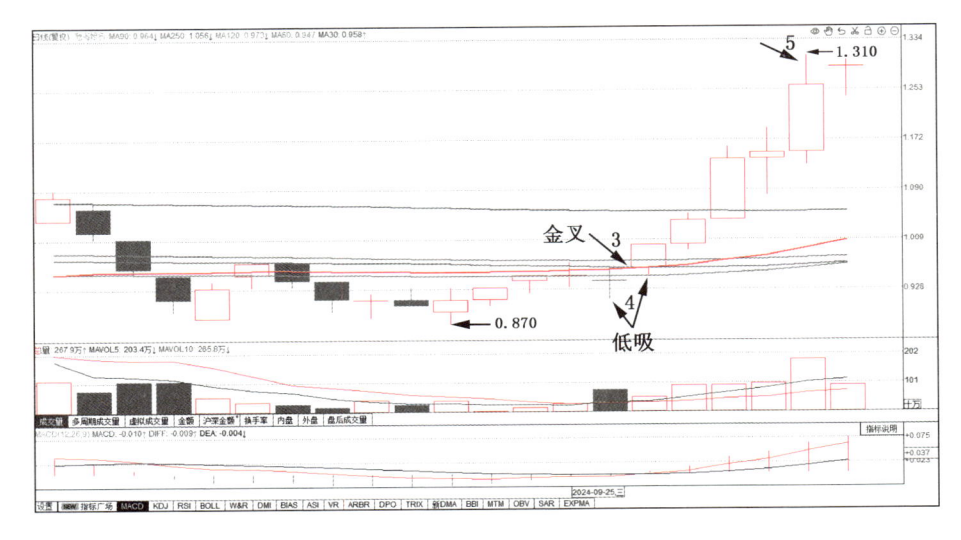

图 7—23

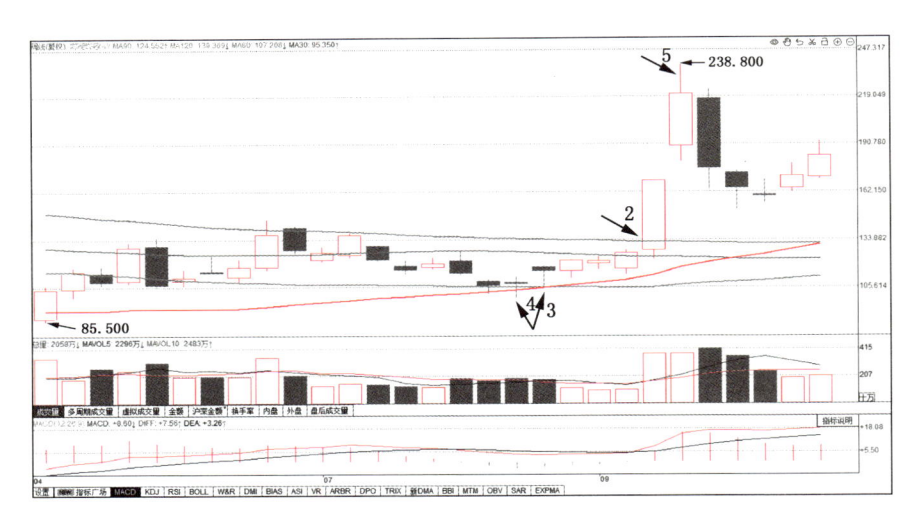

图 7—24

图 7—25 是中国金融租赁(02312)在 2018 年 1 月至 2018 年 8 月这段时间的周 K 线图。见图中 4 处,股价回抽 30 周均线时就是建仓的机会,因为回抽时恰好遇到 30 周均线金叉 90 周均线,即回抽遇金叉。这里的金叉构成了强支撑且提供了向上的动能。所以,随后该股开始了新一轮的上涨。学习高手的方法远比告诉你一个股票代码有价值,懂得融会贯通才是学习的意义。

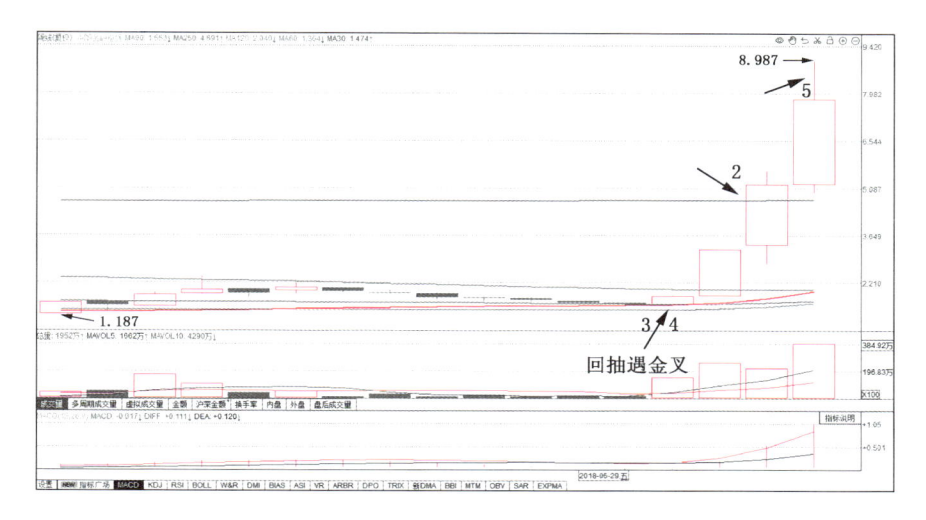

图 7-25

图 7-26 是中国唐商(00674)在 2024 年 9 月至 2024 年 12 月这段时间的周 K 线图。见图中左 4 处,股价在"黄金通道"内回抽 60 周均线时就是建仓的机会,因为股价回抽 60 周均线时,30 周均线即将金叉 60 周均线,即回抽遇金叉。这里的金叉构成了强支撑且提供了向上的动能。随后该股回抽 90 周均线时也是建仓的机会。每个游资都有自己拿手的操盘手法,我们也要找到属于自己的操盘技巧,练到极致就好了。

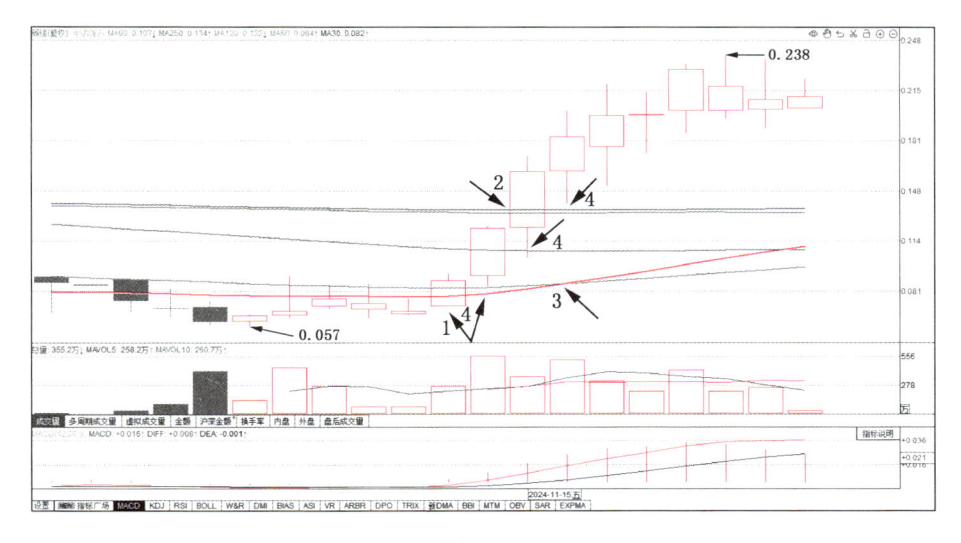

图 7-26

图7-27是贝壳-W(02423)在2024年8月至2024年10月这段时间的周K线图。见图中4处，股价回抽30周均线时就是建仓的机会，因为回抽时恰好遇到30周均线金叉60周均线，即回抽遇金叉。这里的金叉构成了强支撑且提供了向上的动能。把一件事情做到极致，普通人也能改变自己的命运。成功投资的秘诀就是按照可靠的盈利模式反复操作。

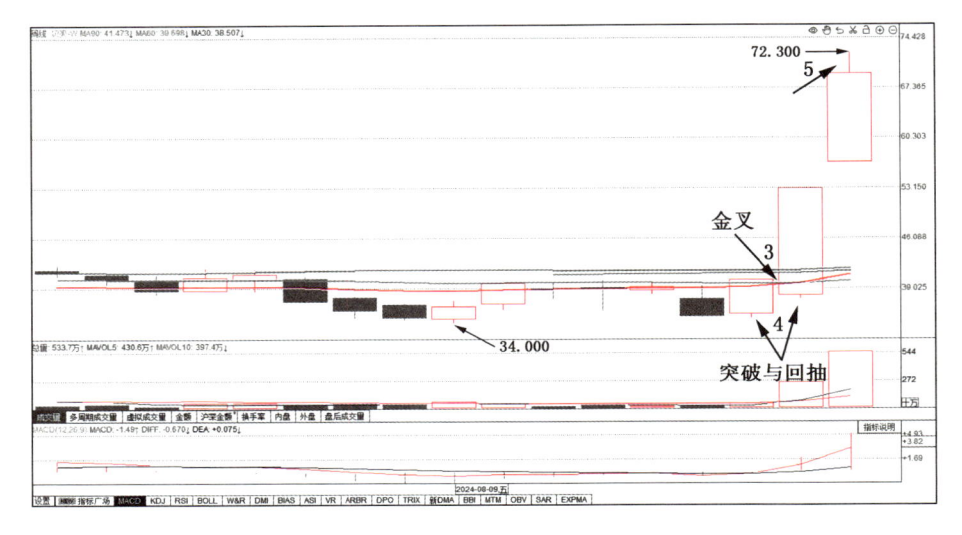

图7-27

图7-28是汇量科技(01860)在2024年9月至2024年11月这段时间的日K线图。见图中4处，股价在"黄金通道"内回抽90天均线时就是建仓的机会，因为回抽时恰好遇到30天均线金叉90天均线，即回抽遇金叉。这里的金叉构成了强支撑且提供了向上的动能。随后突破最上面一线也是建仓的机会，因为突破最上面一线后就打开了股价上涨的空间，上面再也没有其他均线压制股价了。之后该股开始了一轮主升浪行情。希望每一位读者朋友都能做好自己的交易计划，而不是毫无目的地随意操作。

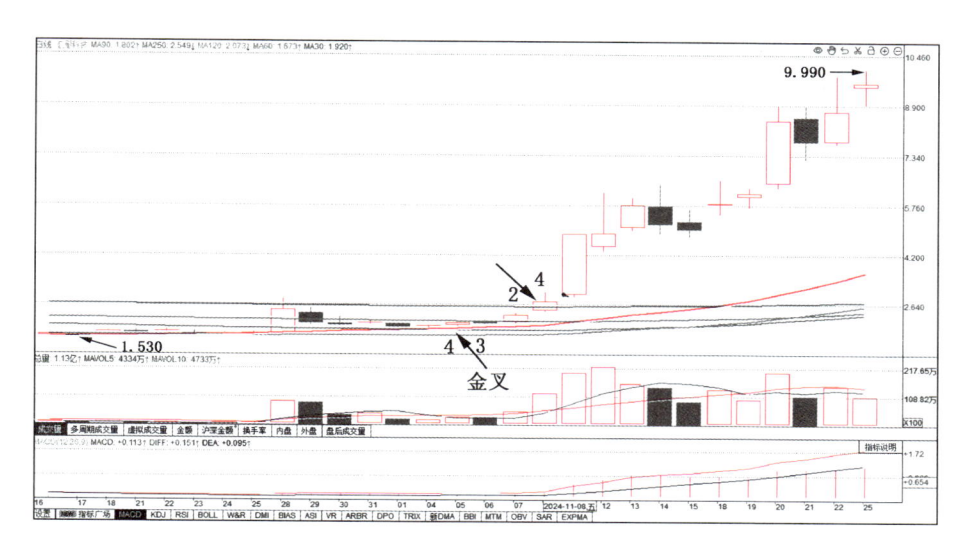

图 7−28

图 7−29 是大地电气(870436)在 2024 年 9 月至 2024 年 11 月这段时间的日 K 线图。见图中 4 处,股价回抽最上面一线时就是建仓的机会,因为回抽时恰好遇到 30 天均线金叉 90 天均线,即回抽遇金叉。这里的金叉构成了强支撑且提供了向上的动能。所以,随后该股开始了新一轮的上涨。尊重盘面,顺势而为最重要。方向错了不重要,但是没有规则、没有计划、没有纪律,则注定亏损,别把侥幸当成自己的幸运。能从灾难性打击中快速恢复过来,是每个交易者必修的内功。

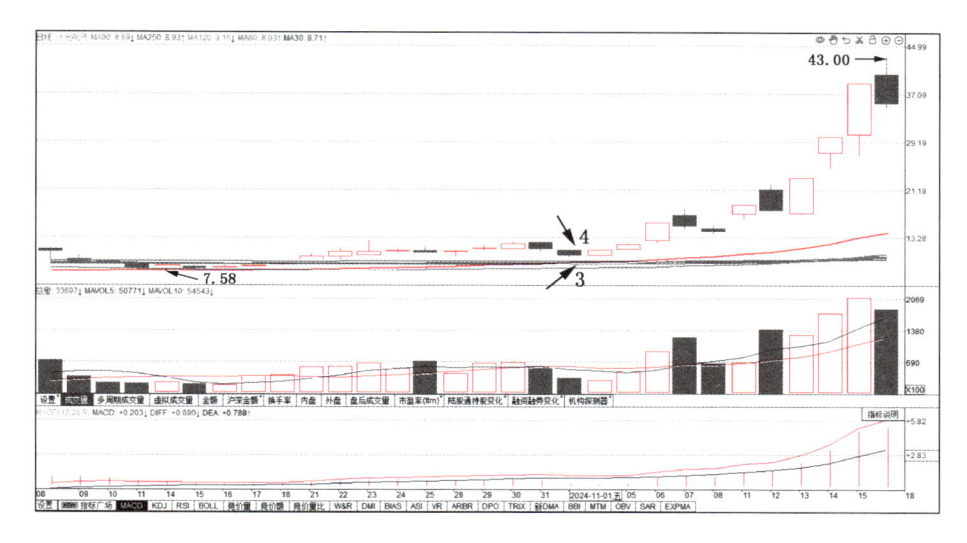

图 7−29

图 7-30 是闽灿坤 B(200512)在 2006 年 8 月至 2006 年 9 月这段时间的日 K 线图。见图中 4 处，股价回抽 30 天均线和 60 天均线就是建仓的机会，因为回抽时，恰好遇到 30 天均线金叉 60 天均线，即回抽遇金叉。这里的金叉提供了强支撑和向上的动能，同时封杀了股价下跌的空间。把自己最擅长的模式做到极致，练到炉火纯青，就是高手。

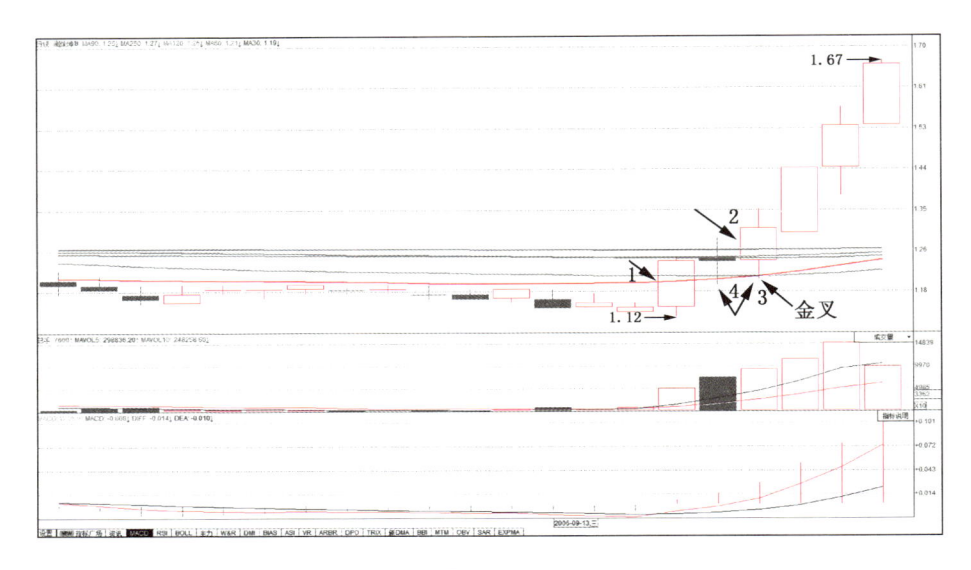

图 7-30

图 7-31 是欧线集运 2504 在 2023 年 11 月至 2024 年 1 月这段时间的日 K 线图。图中我们看到 30 天均线在低位走平了很久，正所谓"横有多长，竖有多高"。见图中 4 处，期价回抽 30 天均线时就是建仓（做多）的机会，因为回抽时 30 天均线即将金叉 60 天均线，即回抽遇金叉。这里的金叉构成了强支撑且提供了向上的动能。所以，随后伴随着均线的金叉，该期货品种开始了新一轮的上涨。我们每一次的操作都是追求最大的盈利，而不是追求完美的交易。

图 7-32 是烧碱 2501 在 2024 年 10 月至 2024 年 11 月这段时间的日 K 线图。见图中 4 处，期价回抽 30 天均线时就是建仓（做多）的机会，因为回抽时恰好遇到 30 天均线金叉 90 天均线，即回抽遇金叉。这里的金叉构成了强支撑且提供了向上的动能。在一轮行情中的输赢说明不了任何问题，连续稳定的盈利才是正途。

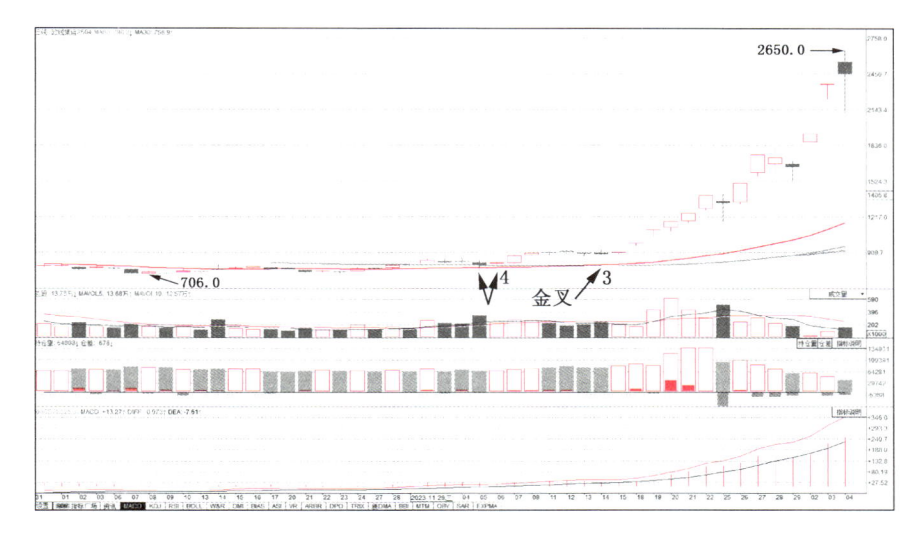

图 7－31

图 7－32

图 7－33 是红枣 2503 在 2020 年 12 月至 2021 年 8 月这段时间的周 K 线图。这里又用到了金叉的预判：当 30 周均线金叉 90 周均线时，该期货品种选择了向上突破。所以我们应该在金叉的上一周或金叉的这一周逢低建仓（做多），见图中 4 处。不畏高，不贪低，心到手到，知行合一。

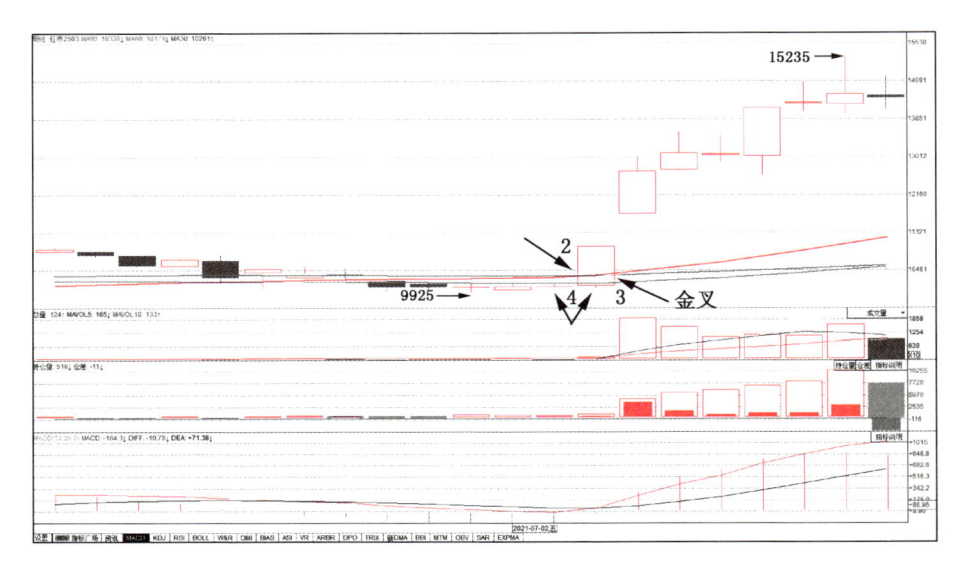

图 7－33

图 7－34 是白糖 2503 在 2022 年 1 月至 2023 年 9 月这段时间的月 K 线图。见图中 3 处，期价回抽 90 月均线和 30 月均线时就是建仓（做多）的机会，因为回抽时恰好遇到 30 月均线金叉 90 月均线，即回抽遇金叉。这里的金叉构成了强支撑且提供了向上的动能。我们要记住：市场永远是对的，错的只是我们自己。

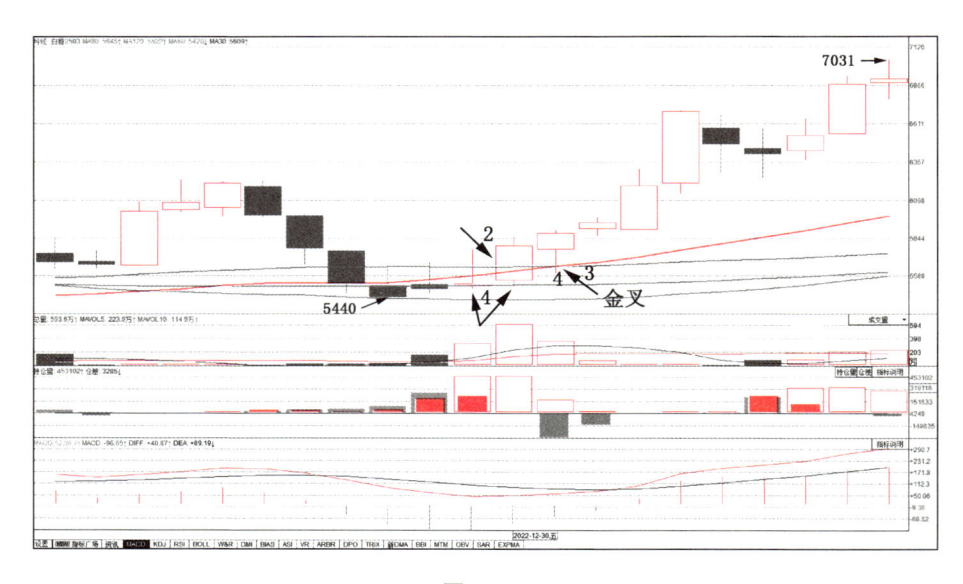

图 7－34

图 7-35 是菜油 2509 在 2018 年 7 月至 2022 年 5 月这段时间的月 K 线图。见图中 3 处,期价突破 30 月均线时就是建仓(做多)的机会,因为突破时恰好遇到 30 月均线金叉 90 月均线,即突破遇金叉。随后期价回抽 30 月均线也是建仓(做多)的机会。期货市场有句名言:如果你爱一个人,就让他去做期货,因为那里是天堂!如果你恨一个人,也让他去做期货,因为那里是地狱!

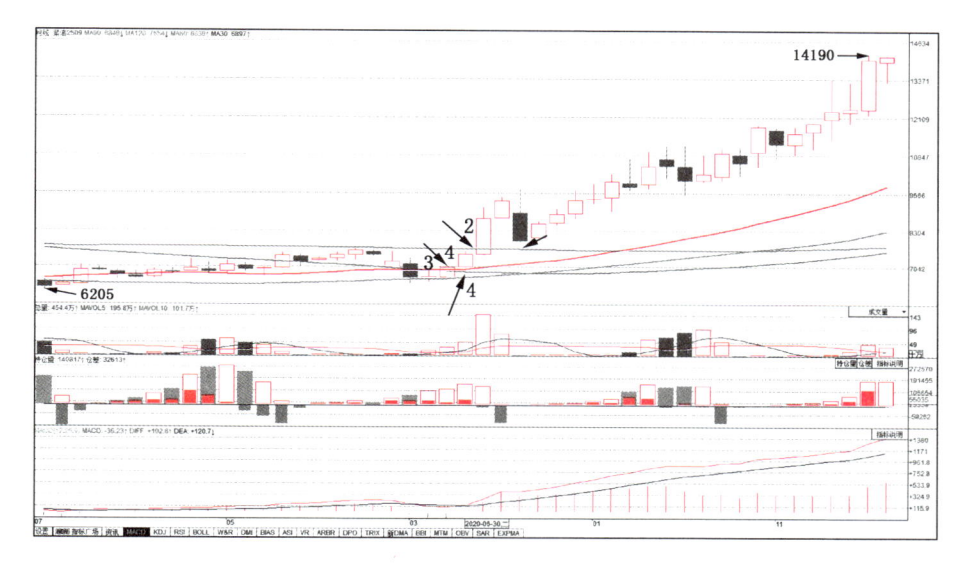

图 7-35

图 7-36 是沪金指数在 2018 年 1 月至 2024 年 12 月这段时间的月 K 线图。见图中 3 处,30、90、120 月均线交叉于一点。这里的三线交于一点构成了强支撑且提供了向上的动能,随后该指数开启了长达数年的主升浪行情。所以请大家记住:三线交于一点让我们很容易发现黑马。

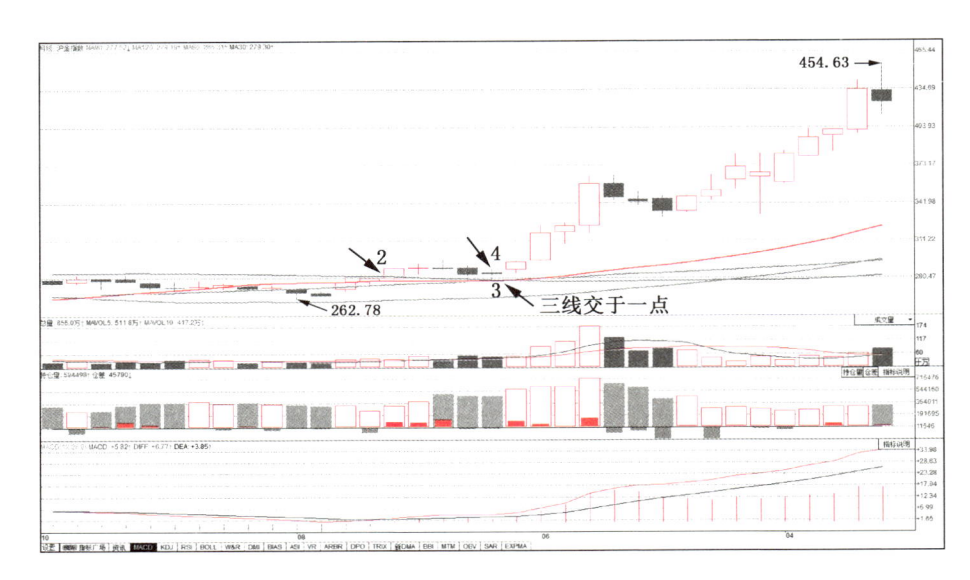

图 7－36

第八章

抓住主力的软肋

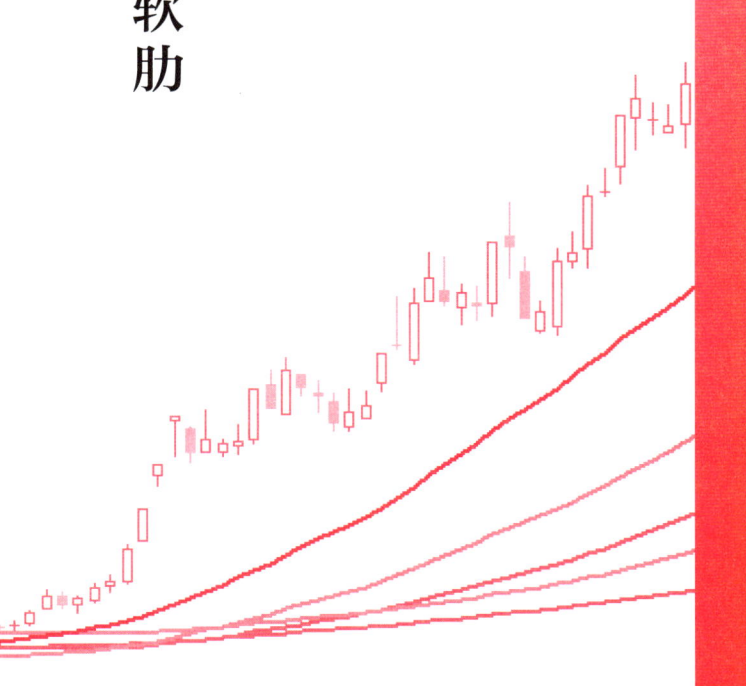

华尔街有句名言：一个好的操盘手是一个没有观点的操盘手。这句话的意思：一个真正成功的投资者在股市操盘的过程中不要事先假定个股突破的方向，也就是不做预测，而是让主力告诉我们向上还是向下，我们跟着主力走就对了。市场资金不可能照顾到每只股票，实盘首选单阳突破或一阳站N线的个股，突破买或回抽买。突破与回抽是主力的两大软肋。另外，五线（30、60、90、120、250）中的任何一条均线都可以是买点的参考。放量突破哪条线，第一次回抽该均线就是机会；若失败，则反抽该均线时先抛出，遵守纪律。

第一节　放量突破

如果投资者具有比较强的读盘能力，就可以事先识别黑马个股，预先潜伏于其中耐心等待涨升机会固然是件美事，但问题是股价何时启动不是投资者所能知道的，那么投资者可以等待股价启动时迅速介入，也可以与主力共舞。笔者经常强调"五线开花"的灵魂是30均线，但其他的均线也可以作为买点的参考，关键是看主力放量突破的是哪条均线。"五线开花"的核心思维就是寻找单阳突破或一阳站N线的个股，突破买或回抽买。这一核心道破了顶尖高手心里知道却从来不敢轻易捅破的窗户纸，找到经典的单阳突破的股票才能真正做到一买就涨，这也是所有投资者的梦想。"突破"是趋势展开最可靠、最明确的信号，"突破"代表能量的释放，代表动能的演绎，也代表趋势的波动。这才是最关键，也是最有效、最安全的建仓方式。

图8-1是山东矿机（002526）在2024年10月至2024年12月这段时间的日K线图。五线粘合，多头排列。见图中左4处，该股放量突破30天均线就是建仓的机会。之后该股加速上行，连续上涨后股价远离30天均线时我们再择机抛出。做股票时，不要站在自己的立场上去考虑涨或者跌，要把自己想象成为一个旁观者，用安静的心去体会市场最小阻力的方向。

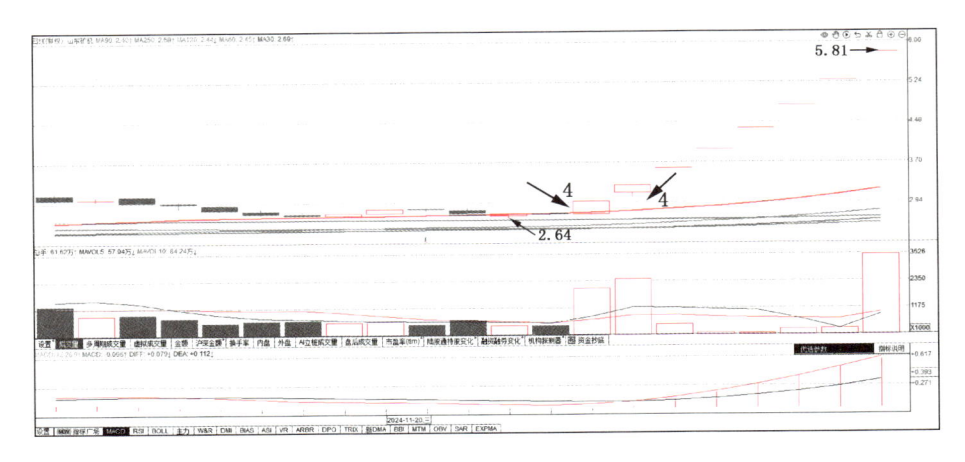

图 8－1

图 8－2 是上海电气(601727)在 2024 年 1 月至 2024 年 11 月这段时间的月 K 线图。见图中 4 处，该股放量突破 30 月均线就是建仓的机会。随后该股回抽 30 月均线时也是建仓的机会。之后该股加速上行，连续上涨后股价远离 30 月均线时我们再择机抛出。攻击个股临界点既可以规避大盘的风险，又可以让我们的资金收益最大化。

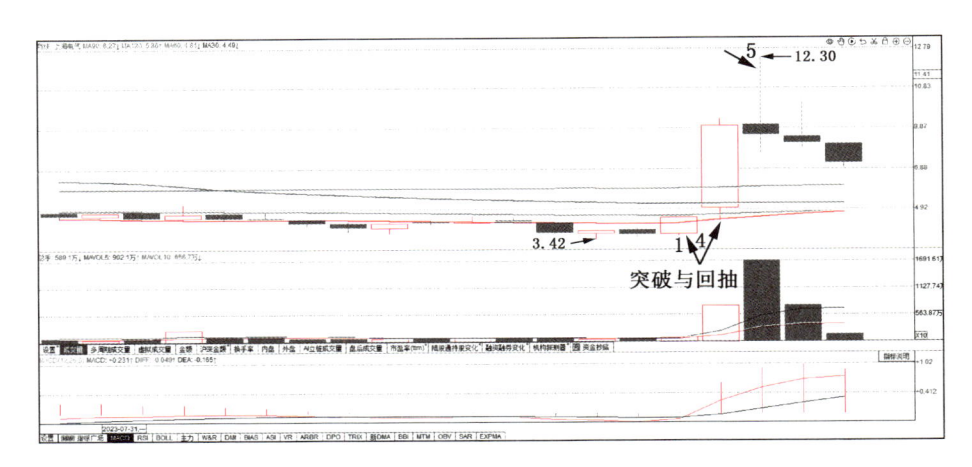

图 8－2

图 8－3 是东百集团(600693)在 2024 年 1 月至 2025 年 1 月这段时间的月 K 线图。见图中 1 处，该股放量突破 30 月均线就是建仓的机会。随后该股回

抽 30 月均线时也是建仓的机会，见图中 4 处。之后该股加速上行，连续上涨后股价远离 30 月均线时我们再择机抛出。任何一只股票都能让我们赚钱，选好了买点，也就成功了一半。

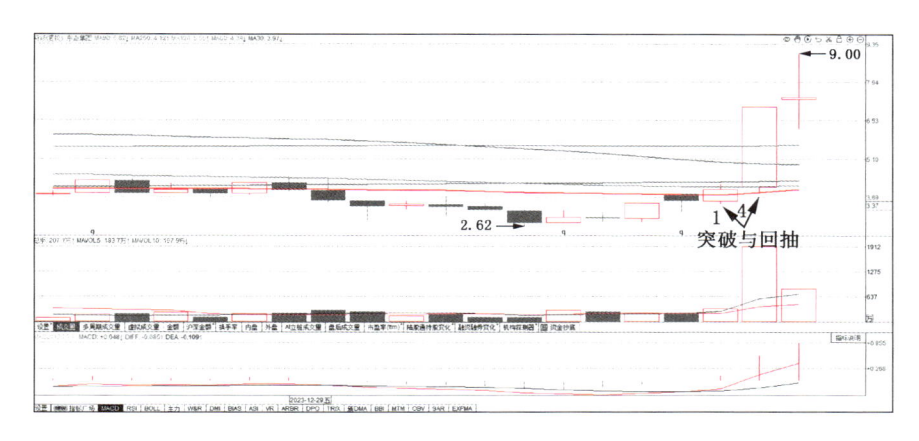

图 8－3

图 8－4 是京东集团-SW(09618)在 2024 年 8 月至 2024 年 10 月这段时间的日 K 线图。见图中 3 处，该股放量突破 30 天均线就是建仓的机会。随后该股回抽 30 天均线时也是建仓的机会，见图中左 4 处。之后该股加速上行，连续上涨后股价远离 30 天均线时我们再择机抛出。另外，突破时，30、60、250 天均线交于一点。这里的金叉对股价有着向上的推动作用。

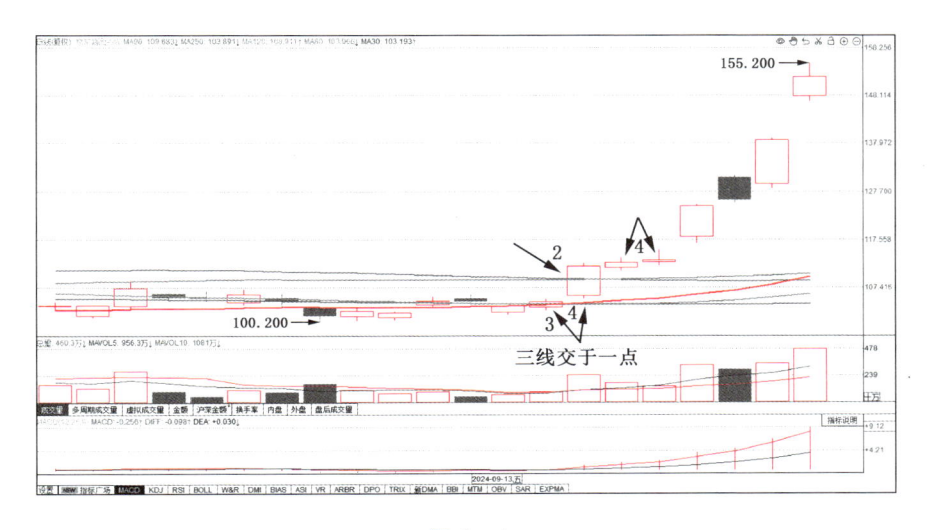

图 8－4

图 8-5 是东方甄选(01797)在 2022 年 5 月至 2022 年 6 月这段时间的日 K 线图。见图中 4 处,该股放量突破 250 天均线就是建仓的机会。随后该股加速上行,连续上涨后股价远离 30 天均线时我们再择机抛出。另外,突破前五线粘合构成了"黄金通道",所以股价放量突破最上面一线后短线爆发力强。做股票永远要跟随在胜利者的后面,等到多空双方胜负已定之时,一定要及时加入胜利者的行列去捞取胜利果实,此刻需要的就是眼疾手快。"顺势而为"应该是至高无上的第一铁律。

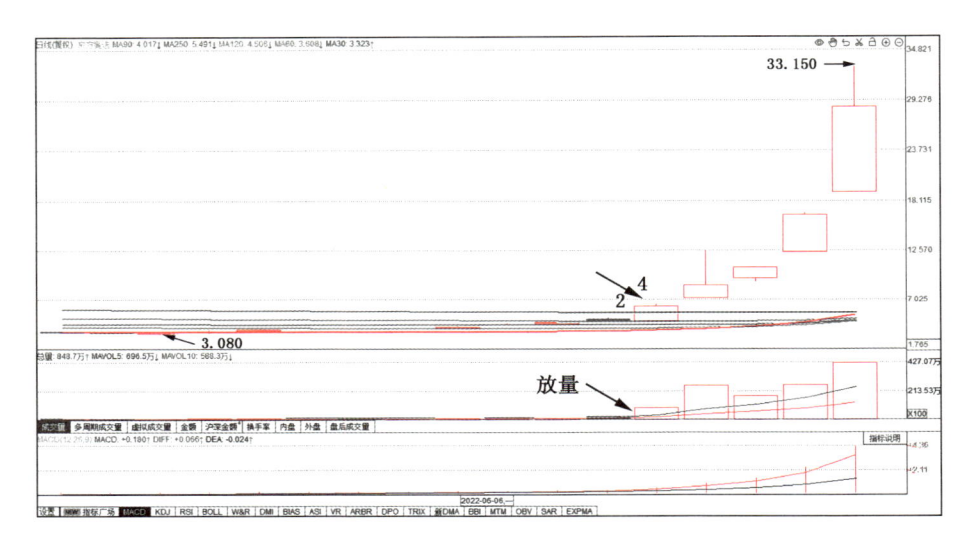

图 8-5

图 8-6 是润和软件(300339)在 2024 年 8 月至 2024 年 10 月这段时间的日 K 线图。见图中 4 处,该股放量突破 250 天均线就是建仓的机会。随后该股加速上行,连续上涨后股价远离 30 天均线高位横盘时我们再择机抛出。另外,突破前五线粘合构成了"黄金通道",突破时恰好遇到 30 天均线金叉 90 天均线,所以股价放量突破最上面一线后爆发力强。买得早不如买得巧,攻击临界点可以让我们的资金效率最大化。

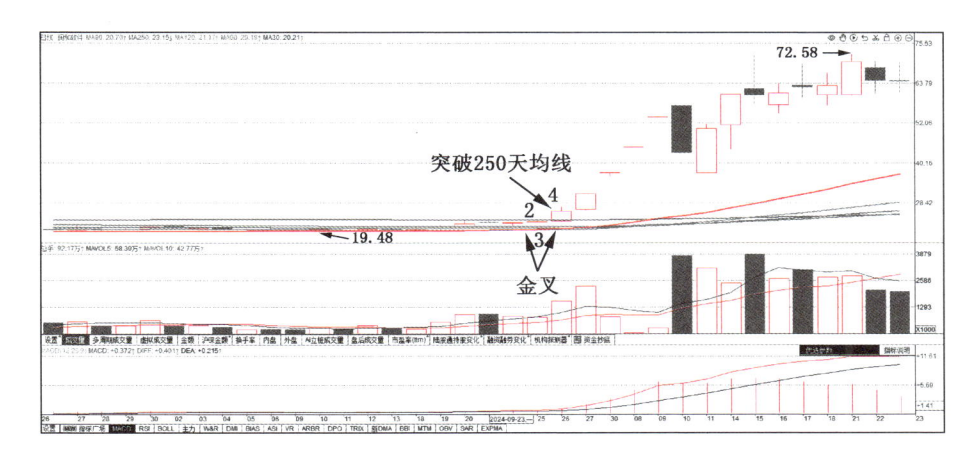

图 8-6

第二节　第一次回抽

在"五线开花"理论中，股价向上放量突破某一阻力位后通常会回抽一下，以此来确认突破的有效性。一旦确定为有效突破，则原先的阻力位就会演变成支撑位，那么回抽就是最佳买点，回抽就是主力给我们送钱。因此很多时候我们只需要找到出现主力放量突破的个股即可，然后将该股放到自选股中，耐心等待股价回抽确认时，再给主力来个一剑封喉，只有在这一刻，主力才是脆弱的。主力一个回抽的动作通常有两层含义：一是突破时消耗了主力的能量，借回抽主力可稍作休息，再度积蓄上攻的能量；二是洗盘，将浮筹赶走，为接下来的拉升做好准备。由此可以看出，股价放量突破后，回抽（尤其是第一次回抽）确认的个股一般具有短线爆发的能力。人外有人，天外有天，永远不要试图去主导市场。在伟大的市场面前，做一个谦卑的人，踏踏实实地做一名跟随者，等待主力发出突破的信号，回抽确认时我们买入即可。因此我们常说炒股在某些时候其实就是等待的艺术。

163

图8—7是美邦股份(605033)在2024年12月至2025年1月这段时间的日K线图。这里用到的操盘技巧：回抽遇金叉(分类4)。见图1处，该股放量突破30天均线，我们放入自选股跟踪关注，随后该股跳空突破最上面一线，我们继续跟踪。之后股价回抽30天均线时就是我们最佳的短线介入时机，因为股价回抽30天均线时恰好遇到30天均线金叉250天均线，这里的金叉构成强支撑且提供了向上的动能，同时封杀了该股下跌的空间。之后该股加速上行，连续上涨后股价远离30天均线时我们再择机抛出。寻找单阳突破的个股是"五线开花"最基本的选股思维，突破买或第一次回抽买。

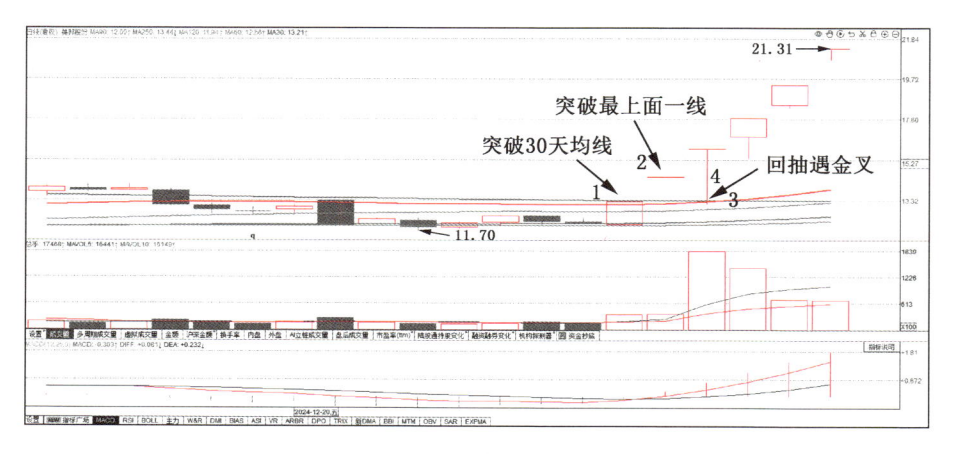

图8—7

图8—8是雄韬股份(002733)在2024年12月至2025年1月这段时间的日K线图。这里用到的操盘技巧：力挽狂澜突破(分类1)。见图2处，该股放量突破30天均线，我们放入自选股跟踪关注，随后该股回抽30天均线时就是我们最佳的短线介入时机，见图中4处。之后该股加速上行，连续上涨后股价远离30天均线时我们再择机抛出。主力的命门在哪里？就是个股放量突破以及第一次回抽的地方。主力最害怕有人在这个时候给予的致命一击。

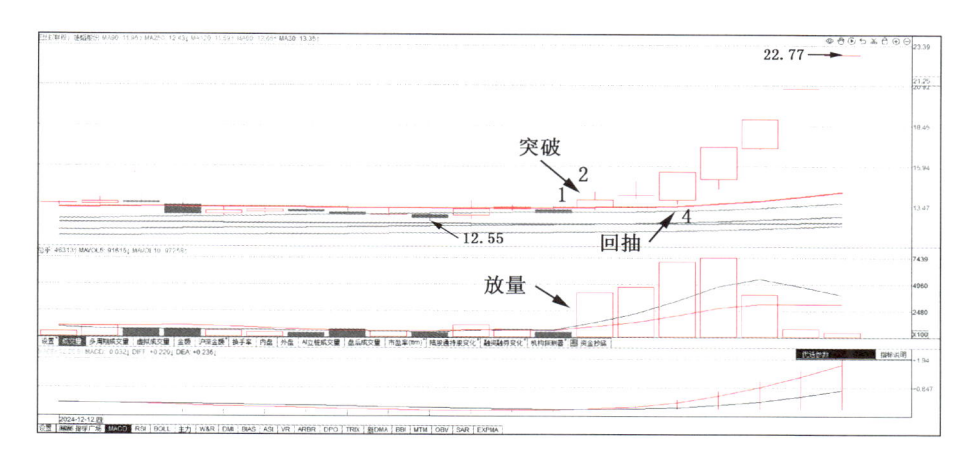

图 8-8

图 8-9 是寒武纪(688256)在 2023 年 1 月至 2025 年 1 月这段时间的月 K 线图。见图 1 处,该股连续放量(主力建仓)突破 30 月均线,我们放入自选股跟踪关注,随后该股回抽 30 月均线(黑马的起涨点)时就是我们建仓的机会,见图中 4 处。之后该股开始了主升浪行情。请注意:该股的 30 月均线在低位走平了很久,走平得越久越好,越久说明主力的时间成本越高,后市一旦行情启动,上涨就会持续得越久,上涨的空间也就越大。

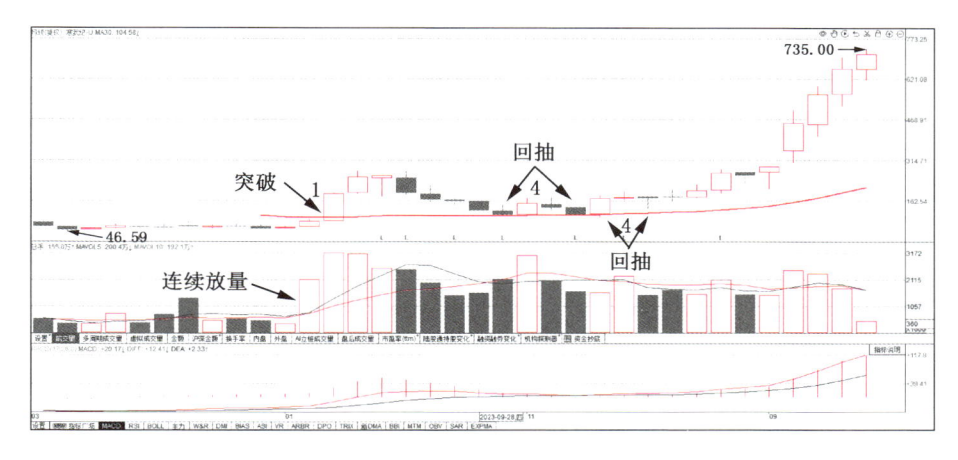

图 8-9

图 8-10 是神宇股份(300563)在 2022 年 6 月至 2024 年 12 月这段时间的月 K 线图。见图 1 处,该股放量突破 30 月均线,我们放入自选股跟踪关注,随

后该股回抽30月均线时就是我们建仓的机会,见图4处。之后该股开始了主升浪行情。另外请注意:该股的30月均线也在低位走平了很久,走平得越久越好,越久说明主力的时间成本越高,后市一旦行情启动,上涨就会持续得越久,上涨的空间也就越大。而且30月均线和60月均线长期粘合在一起又组合成了屠龙刀的均线布局。

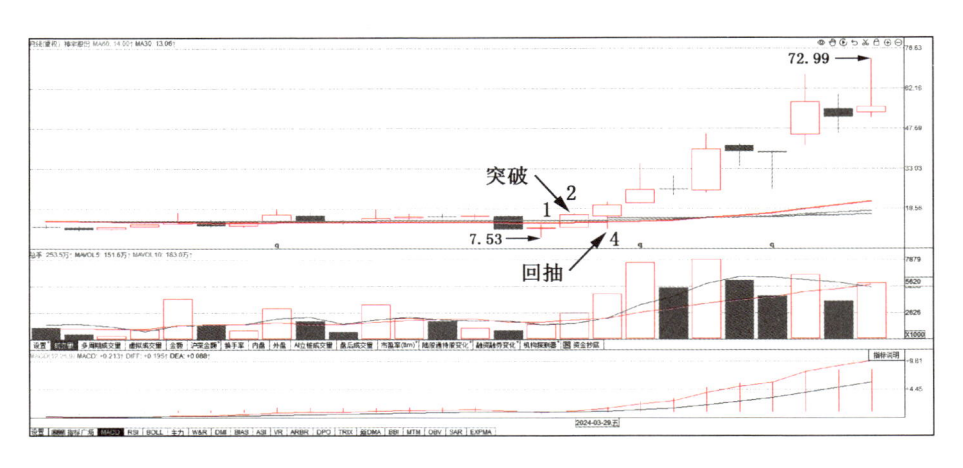

图8—10

图8—11是北特科技(603009)在2022年1月至2025年1月这段时间的季K线图。见图中1处,该股放量突破30季均线,我们放入自选股跟踪关注,随后该股回抽30季均线时就是我们建仓的机会,见图4处。之后该股开始了主升浪行情。牢记操盘顺口溜:左突破放自选,右回抽是买点。炒股就这么简单。

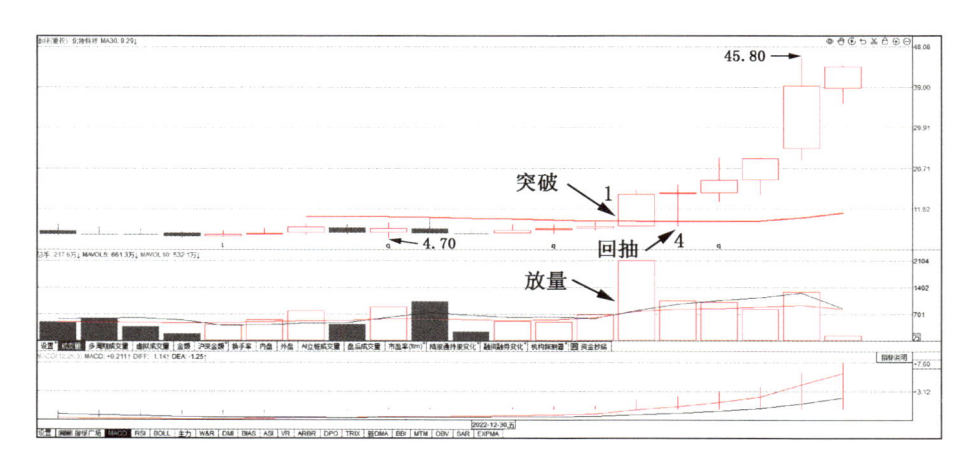

图8—11

图 8－12 是奥普光电(002338)在 2021 年 6 月至 2022 年 9 月这段时间的月 K 线图。该股放量突破 60 月均线，我们放入自选股跟踪关注，随后该股回抽 60 月均线时就是我们建仓的机会，见图中右 4 处。伴随着 30 月均线金叉 90 月均线，该股选择了向上突破，这里用到的操盘技巧又是金叉的预判。

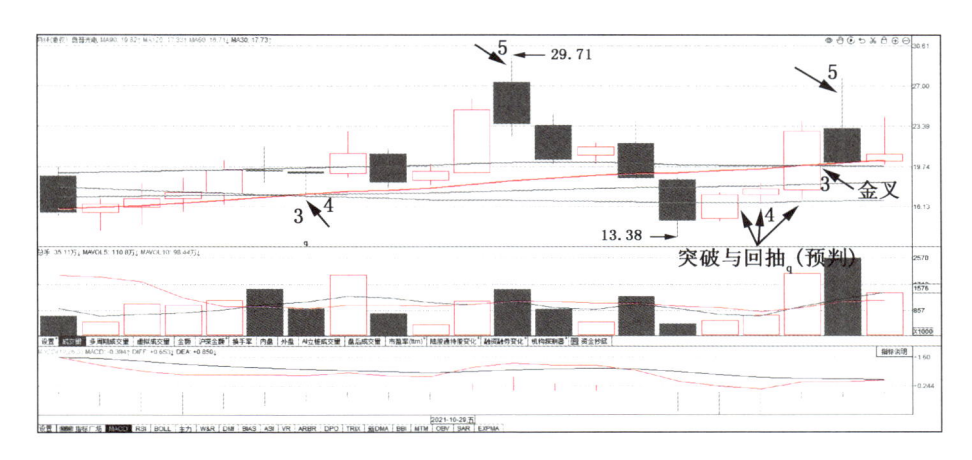

图 8－12

图 8－13 是 ST 浩源(002700)在 2023 年 2 月至 2024 年 1 月这段时间的月 K 线图。该股放量突破 60 月均线，我们放入自选股跟踪关注，随后该股回抽 60 月均线时就是我们建仓的机会，见图中右 4 处。回抽到位时 30 月均线即将金叉 60 月均线。当然，之前股价回抽 30 月均线时也是建仓的机会。

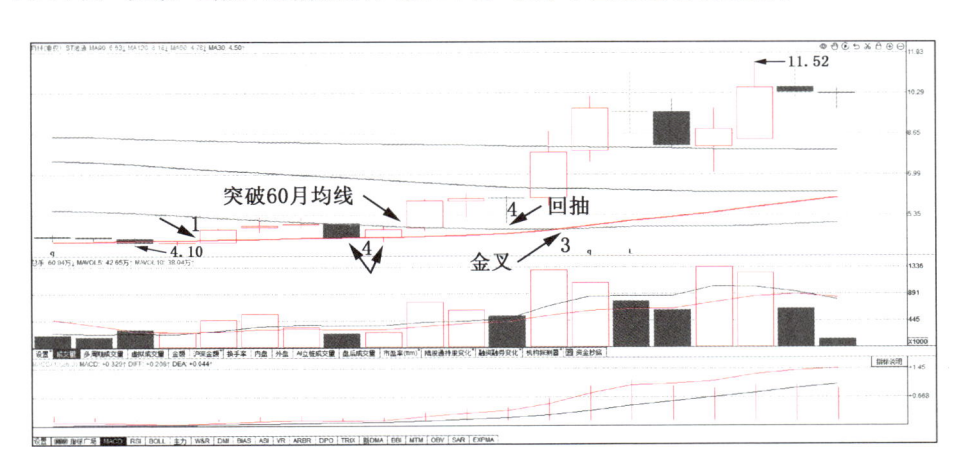

图 8－13

图 8-14 是网易云音乐(09899)在 2024 年 8 月至 2024 年 9 月这段时间的日 K 线图。见图中 2 处,该股放量突破最上面一线,我们放入自选股跟踪关注,随后该股回抽最上面一线(90 天均线)时就是我们建仓的机会,见图中右 4 处。当然,之前股价突破 30 天均线时也是建仓的机会。

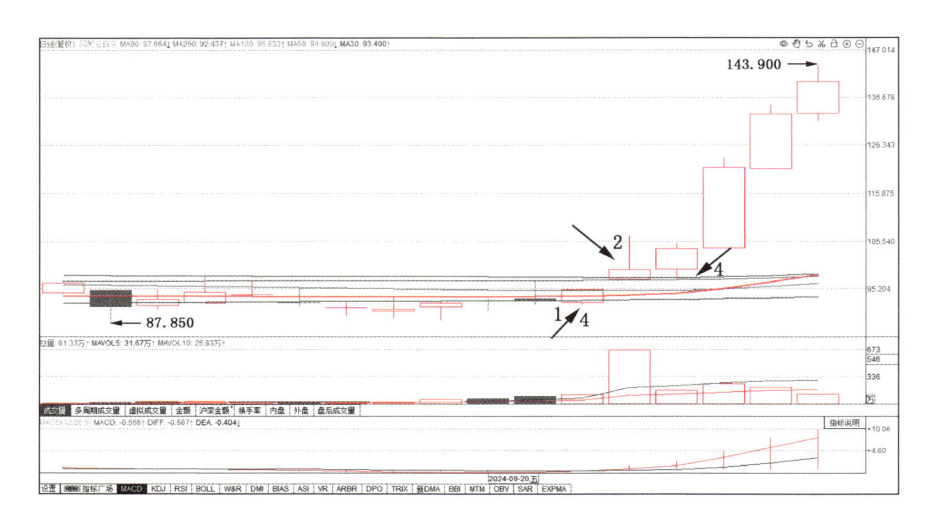

图 8-14

图 8-15 是新宏泰(603016)在 2024 年 8 月至 2024 年 10 月这段时间的日 K 线图。该股放量跳空突破 120 天均线,我们放入自选股跟踪关注,随后该股回抽 120 天均线时就是我们建仓的机会,见图中 4 处。股价启动时五线的总体布局是倚天剑分类 4,所以之后该股走出了一轮主升浪行情。

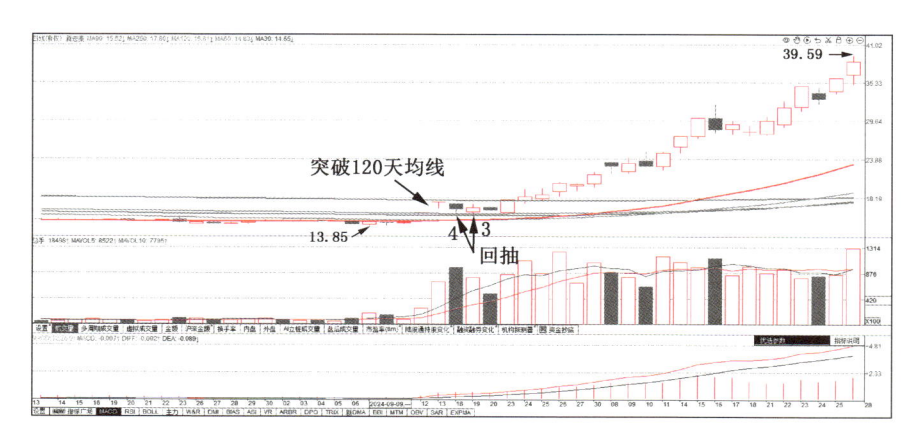

图 8-15

图8-16是海得控制(002184)在2024年8月至2025年1月这段时间的周K线图。五线的总体布局是"黄金通道"。见图中2处,该股放量突破最上面一线,我们放入自选股跟踪关注,随后该股回抽最上面一线(120周均线)时就是我们建仓的机会,见图中右4处。当然,之前股价在"黄金通道"内回抽30周均线时也是建仓的机会。

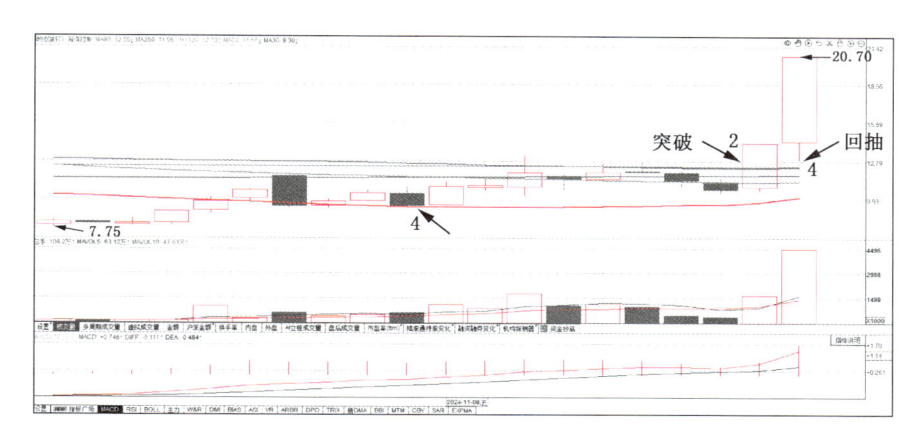

图8-16

图8-17是日出东方(603366)在2024年7月至2024年11月这段时间的周K线图。见图中2处,该股放量突破最上面一线,我们放入自选股跟踪关注,随后该股回抽最上面一线(120周均线)时就是我们建仓的机会,见图中右4处。当然,之前股价在"黄金通道"内回抽30周均线时也是建仓的机会。临渊羡鱼,不如退而结网。总结规律,把未来的投资做好,才是一个理性投资人最紧迫的事。

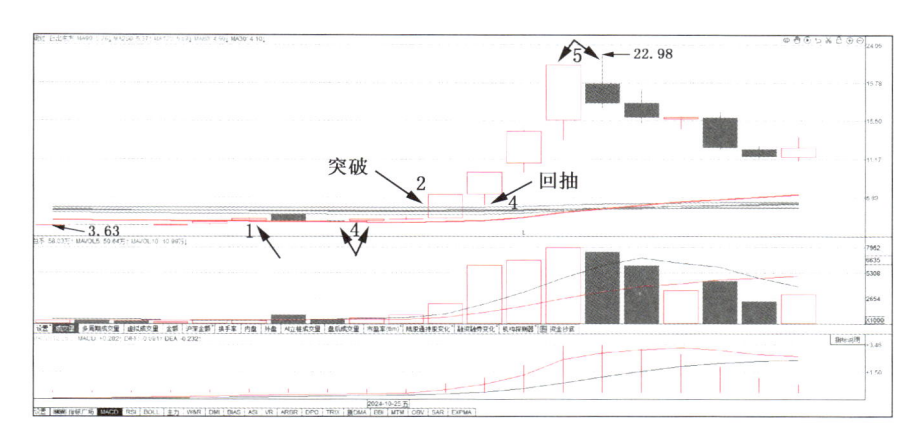

图8-17

图8-18是显盈科技(301067)在2024年9月至2025年1月这段时间的周K线图。见图中2处，该股放量突破最上面一线，我们放入自选股跟踪关注，随后该股回抽最上面一线(120周均线)时就是我们建仓的机会，见图中4处。这就是我们常说的傻瓜选股法，简单、粗暴、有效。

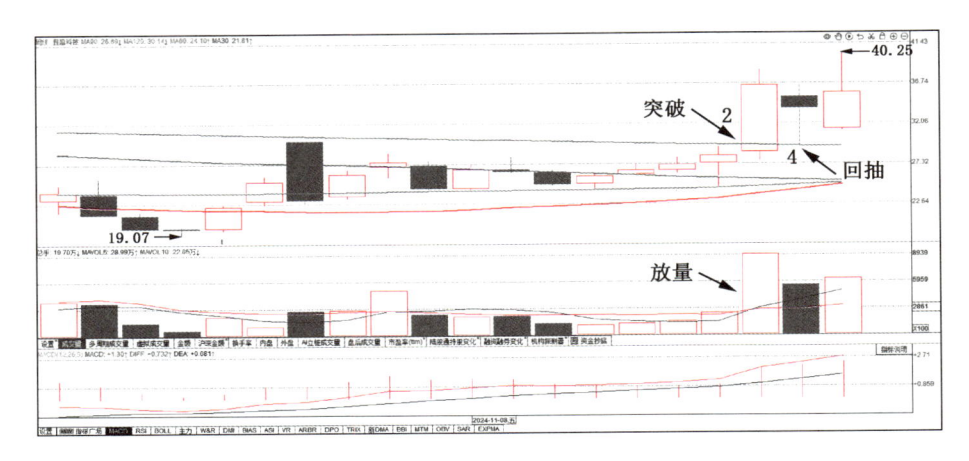

图8-18

图8-19是大东方(600327)在2024年9月至2024年12月这段时间的周K线图。见图中2处，该股放量突破最上面一线，我们放入自选股跟踪关注，随后该股回抽最上面一线(250周均线)时就是我们建仓的机会，见图中右4处。五线皆可以是买点，关键是看主力放量突破的是哪条均线。

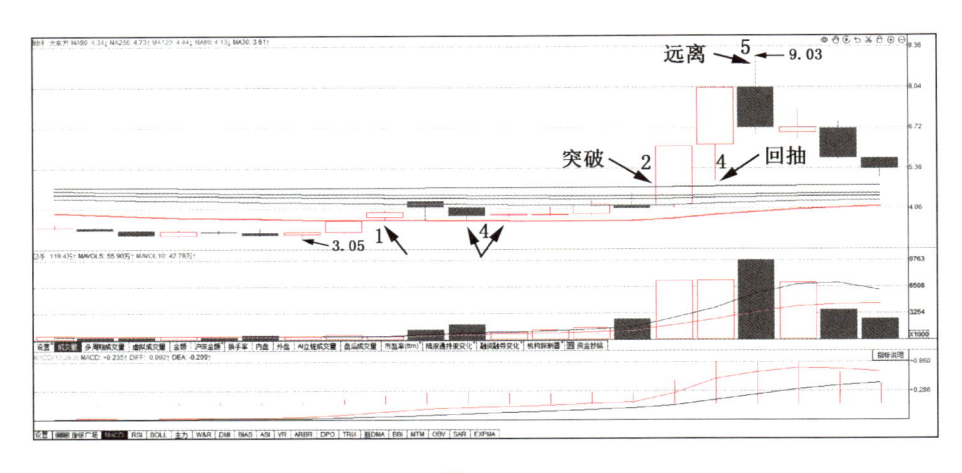

图8-19

第三节　致命一击

一买就涨,是许多投资者梦寐以求的事情,这就需要我们熟练地运用"五线开花"寻找单阳突破的个股,突破买或回抽买,也就是说在实战时我们始终要有攻击临界点的操盘思维。如今,主力操盘的手段层出不穷,手段高明之极让我们散户防不胜防。但纵使其百般变化,股价也必然经过建仓、洗盘、拉升、出货这四个阶段。深入了解主力操盘的流程后,我们应该学习鳄鱼的以静制动、以不变应万变的策略;保留资金、养精蓄锐,一旦认准目标,便精心选择时机给予主力致命的一击。

大家都知道猎豹是世界上跑得最快的动物,它目光锐利,行动敏捷,爪齿锋利,擅长奔跑与攀爬,跑动起来速度惊人,能够捕捉草原上的任何动物,但是,它会等到有把握时才主动出击猎物。它可以躲在树丛中等上一周,等到那最合适的一刻;而且它等待捕捉的并不是任何一只小羚羊,而是一只有病的或者瘸腿的小羚羊,只有确保万无一失的时候,它才会去捕捉。从大自然适者生存的猎豹身上,我们可以学到很多东西。

一个优秀的投资者,在进行每一次操作之前,都应该像猎豹寻找猎物一样,站在一定的高度,仔细分析大势,研究主力资金的动向、大盘的背景、热点和题材、多空双方的力量、个股的投资价值,还有自己的对手等。发现"猎物"之后,不要急于建仓,而是要耐心地等待,等待一个最好的时机。等待是很痛苦的,但也是必需的。猎豹的等待,可以几天几夜,不吃不喝,为的就是等到一个最好的机会。

一个人一生有无数次转折,每次转折都是一个机会,或许有些机会很渺茫,甚至是一瞬间,只要不错过任何能抓到的机会,总有一次能让我们飞升起来。索罗斯说过,当有机会获利时,千万不要畏缩不前。当你对一笔交易有把握时,要全力出击。即使一击不中也要全身而退,大多数人要过"战胜自己"这一关,能尽快意识到自己的弱点才有可能少走弯路。捍卫指令的实质,就是一种植根

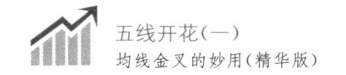

于内心的素养,一种无须他人监督的自觉,也是一种以承认约束为前提的自由。

很多投资者每天花大量的时间和精力研究基本面、消息面、技术面,寻找盈利的模式和方法,真可谓"衣带渐宽终不悔,为伊消得人憔悴",但最终收效甚微。而笔者研究更多的是为什么那么多人亏损,其实很多亏损交易者有共性:频繁交易,追涨杀跌,涨了几天就跑,跌了几天抄低,盈点小钱跑路,亏钱无动于衷等。慢慢地把这些陋习克服了,养成了攻击个股临界点的交易习惯,盈利就不难了。我们要耐心等待我们所能把握的最完美的机会出现,做最精彩的实盘出击。

成功的操盘手具有同样的特点,他们绝不会为炒而炒,而是耐心地等待合适的时机,然后才采取行动。不能太早,也不能太迟,只有耐心等到正确的时间、正确的环境,才能做正确的事情。交易,需要学会耐心等待,就如同一个狙击手,隐藏在茂密的草丛中,或者浓密的树叶中,大气都不敢出一个,静静地等待敌人的出现、临近。在敌人出现之后,也不是马上射击,而是依然耐心,耐心地等到敌人步入狙击手的射程之中,众多敌人出现后,选择追寻目标,等到有足够把握时,轻轻扣动扳机,一击致命。

作为一名投资者,看问题时的冷静,做决定时的杀伐果断,就要像机器在执行程序,该做什么,一刻都不犹豫,一秒都不耽搁。中国历代讲究天时、地利、人和。做投资也是一样,要讲究进场的时机:进得早容易被套,进晚了可能踏空。怎样把握这个时机,就需要耐心等待,控制自己的心态。投资高手应做到静若处子,动如脱兔。不出招则已,出招便是一剑封喉。唯有如此,才能成为股市上的顶尖高手!

后　记

常常听到投资者说要战胜市场,我觉得说这句话勇气可嘉,但实不可取。在股市中你只有顺势而为,在正确的时间节点做正确的事,操作与市场和谐共振,才可能取得好的成绩。逆水行舟,难免有翻船的危险。因此我一直很敬畏市场,同时认识到自己有犯错误的可能,而我也在时刻检讨自己是否犯了错误并加以改正。

大部分投资者亏钱的原因是试图和趋势对抗,喜欢在下跌的趋势中买卖股票,就好比在山腰想拦住一块正往山脚滚下的巨石,结果可想而知。当你在亏钱后怨天尤人之时,有没有想过自己的原因呢?记住,股票没有好坏之分,只有强弱之别。任何一只股票,只要踏准了节奏就都能赚钱,道理就这么简单。会买的是徒弟,会卖的是师父,会空仓休息的是大师。

很多初入市场的投资者犯的最常见的错误就是频繁操作,追涨杀跌。从心理学上讲,频繁买卖股票是一件很过瘾的事情,投资者在下单时会有一种莫名的兴奋感。这种冲动的交易往往会带给投资者巨大的伤害。结果就是:满手交割单,一把辛酸泪!记得有一位前辈曾经说过:有些人来做股票是来过瘾的,他们付钱买快感;有些人来做股票是来赚钱的,他们承受痛苦来赚钱。

从某种意义上来说,投资并不是一个天道酬勤的行业。这个行业的秘诀在于节奏。因此做股票既要踏准大盘的节奏,也要踏准个股的节奏,最关键是把握好临界点。在个股即将或刚刚启动时买入最好:太早浪费成本,太晚成本高、风险大!然而说起来容易做起来真的很难,大多数时候,投资者可能是这样的感觉:卷帷望月空长叹,美人如花隔云端。

其实,股市操盘的秘诀就是五个字:专业化操作。一个优秀的操盘手必须有自己的选股思路和操作习惯,形成专业化条件反射操作本能。没有不赚钱的

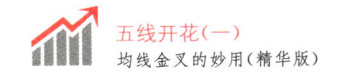

股市,只有不会炒股的人,专业化操作是股市盈利的唯一途径。找到适合你的技术,这个技术就代表了你交易的优势。每当出现你的技术优势时,就一次次地进行交易,没有犹豫,没有恐惧。最终在技术上达到出神入化,心态上宠辱不惊。

每一个专业的操盘手都不是天生的,都是经过后天努力和训练养成的。相信每一个投资者经过不懈的努力,最终都能够达到职业操盘手的境界。当你走到这一步,每一次的操作都有如行云流水,盈利如探囊取物,轻轻松松。你再也不会为贪婪找理由,也不会过问恐惧,那根本就不算事儿。你不会被任何人诱惑,也不会冲动。因为你要做的只有一个:专业化操作,无论是亏损还是盈利。

最后说句心里话:你想过普通的生活,就会遇到普通的挫折。你想追求极致的生活,就一定会遇上最强的伤害。你想要最好,就一定会承受最痛。如果你只有普通人的毅力,没有军人般的执行力与超乎常人的悟性,就不要轻易踏入股市。踏踏实实工作,简简单单生活,或许这才是人生的真谛!

笔者邮箱:shcps@126.com